世界新能源投资译丛

上海市教委(第五期)重点学科:现代电力企业
管理(J51302,上海电力学院)基金资助出版

清洁能源发展

——美国经验与展望

杰里·麦克纳尼
(Jerry McNerney)
马丁·奇克
(Martin Cheek)
著

彭文兵　杨俊保　译

上海财经大学出版社

图书在版编目(CIP)数据

清洁能源发展：美国经验与展望/(美)麦克纳尼(McNerney，J.)，(美)奇克(Cheek，M.)著；彭文兵、杨俊保译. 一上海：上海财经大学出版社，2013.5

(世界新能源投资译丛)

书名原文：Clean Energy Nation：Freeing America from the Tyranny of Fossil Fuels

ISBN 978-7-5642-1651-1/F・1651

Ⅰ.①清…　Ⅱ.①麦…②奇…③彭…④杨…　Ⅲ.①无污染能源-能源发展-研究-世界　Ⅳ.F416.2

中国版本图书馆 CIP 数据核字(2013)第 103409 号

丛书策划　王永长
责任编辑　温　涌
封面设计　张克瑶
版式设计　钱宇辰

QINGJIE NENGYUAN FAZHAN
清洁能源发展
——美国经验与展望

［美］杰里・麦克纳尼(Jerry McNerney)　马丁・奇克(Martin Cheek)　著
彭文兵　杨俊保　译

上海财经大学出版社出版发行
(上海市武东路 321 号乙　邮编 200434)
网　址：http://www.sufep.com
电子邮箱：webmaster @ sufep.com
全国新华书店经销
上海华业装潢印刷厂印刷装订
2013 年 6 月第 1 版　2013 年 6 月第 1 次印刷

787mm×1092mm　1/16　15.25 印张　234 千字
定价：42.00 元

图字:09-2012-388 号

Clean Energy Nation: Freeing America from the Tyranny of Fossil Fuels

Congressman Jerry McNerney, Ph. D. and Martin Cheek

总　序

在全球经济陷入衰退的背景下，可再生能源革命或可能成为人类历史上的第四次革命，其影响是巨大的，其意义是深远的。

回顾世界经济史，几次重大的技术革命都推动了世界经济的高速增长。18 世纪后期到 19 世纪 70 年代，蒸汽机技术的诞生，催生了欧洲的第一次工业革命，人类社会进入资本主义社会，人类社会生产力获得极大的提升；第二次工业革命时期，内燃机和电力广泛应用，电力工业、化学工业、汽车工业等新兴工业部门兴起，成为人类社会新的经济增长点。主要国家的经济结构由轻工业为主导转变为重工业为主导，由农业为主导转变为工业为主导。自 20 世纪四五十年代以来，在原子能、电子计算机、微电子技术、航天技术、分子生物学和遗传工程等领域取得的重大突破，标志着新的科学技术的到来，这次科学技术在人类历史上被称为第三次技术革命。

前三次工业革命带来的经济增长，同时带来化石能源消费的快速增加。化石能源的不可再生性使其供给减少，价格上涨，传统能源消费产生的温室效应也导致生态环境被破坏。传统经济增长无法解决负外部效应。

第四次工业革命应该是以大自然最广泛的能量——“自然能”的广泛应用为主要标志的一次技术革命。自然能包括宇宙作用能（天体间的引力等）、地外天体能（比如太阳能）、地球能（岩浆能、地磁能、水能、风能、板块运动能）等清洁能源。而清洁能源革命的关键在于其是否可以突破可再生清洁能源应用的高成本问题。随着现有资源的逐渐消耗，相关资源的价格长期呈现上涨趋势是大概率事件，而随着各国政府对于可再生清洁能源技术的大力投入，可再生清洁能源取代传统能源将是大势所趋，可再生清洁能源

1 050万千瓦和8 600 万千瓦。到2020年，风电、太阳能发电、核电装机将占电力总装机的16%左右。”国家在可再生清洁能源方面的投资也将达3万亿元人民币。

国家为发展可再生清洁能源进行了大量的研究、规划和投资，同时对可再生清洁能源实业的发展在政策上鼓励、财力上补贴，并鼓励可再生能源技术、管理与投资创新模式的研究。上海电力学院承担的上海市教委(第五期)重点学科“现代电力企业管理”(J51302)的四个研究方向——电力系统优化与安全评价、电力金融与风险管理、智能电网管理、新能源与电力经济——就是在上述背景下产生的。本重点学科的研究目标是：以世界可再生清洁能源及相关学科前沿研究为标杆，发挥现有学科优势，加强学科的可持续发展能力建设，提高学科建设的现代化和国际化水平，经过本期建设，学科总体水平达到或接近国际先进水平，成为国家特别是华东地区现代电力企业管理和电力金融风险管理领域的研究基地、高素质人才培养基地、决策咨询服务基地。

为达到此目标，我们精选了一批国外可再生能源研究机构的研究成果，并且翻译成中文。理查德·W. 阿斯普朗德著的《清洁能源投资——太阳能、风能、乙醇、燃料电池、碳信用等行业的绿色贸易指南》认为，从2002年起，清洁能源产业已经达到两位数的增长率。强有力的政府支持在全球范围内不断扩大，因技术改进带来的清洁能源成本不断降低，这些措施刺激了两位数的增长率，并且很可能在未来几年内继续下去。与没有政府支持的矿物燃料相比，即使政府的支持政策在未来5～10年开始减弱，大多数主要的清洁能源仍然具有很强的竞争力。那时的清洁能源产业将在取代矿物燃料方面开始取得重大进展，并以两位数的增长速度至少持续几十年。

美国彼得·C. 福萨洛等著的《能源与环境对冲基金——新投资范式》认为，在过去的几年里，对冲基金日益强大的力量持续影响着华尔街和伦敦金融城。当2005年对冲基金的收益普遍让投资者感到失望时，它们在能源领域的投资则是另外一番景象。现在看来，它们在世界能源领域的投资主要是顺应了金融市场全球化加速的趋势。中国和印度经济的迅速增长引发的对能源日益增长的需求是导致对冲基金投资能源领域的主要因素。金融模型现在已经发生了变化，包括更多的股权投资、商品交易，并开始模糊了投资银行、风险投资和对冲基金的业务范围。推动金融市场发生很大变化的第二个因素是新近出现的环境金融市场，这既是推动金融市场发生变化的因素，也是一个新的投资机遇。环境市场已经超越了能源价值链，因为新近出现的“绿色”对冲基金证明了其潜在的投资机遇。

上述两本译著对中国正在兴起的可再生清洁能源发展具有较高的借鉴价值。为了让更多的读者和清洁能源研究人员了解国外对这一领域的研究动态和发展现状，2011 年我们又精心挑选了《电力市场经济学——能源成本、交易和排放》和《清洁能源发展——美国经验与展望》两本书。

《电力市场经济学——能源成本、交易和排放》从经济学视角研究了发达国家电力行业市场化改革以后电力市场结构、定价与电力系统的关系，并对其现状和问题进行了评估。而且，对像中国和印度这样的新兴发展市场的能源需求和价格上涨以及环境问题带来的挑战，也作了深入的论述。

《清洁能源发展——美国经验与展望》系统地回顾了美国能源的发展历史，指出了美国能源存在的问题。书中始终认为，依赖传统化石燃料的终结时代已经到来，新能源革命的曙光就在眼前。美国页岩气的蓬勃发展，大大提高了天然气产量，就可以说明这个问题。美国的新能源发展，可以说已经开始引领新能源革命了。新能源的开发与利用，掀开了第四次工业革命的新篇章。因此，研究美国新能源的发展经验、政策及其对未来的展望，对我国经济结构的转型与社会经济再次腾飞，是具有极高的借鉴意义的。

《世界新能源投资译丛》是上海财经大学出版社推出的系列译丛，目前已经出版四本，后续有好的书，将继续引进，以飨读者。本系列丛书相对比较专业，书中翻译难免有不当之处，恳请读者批评指正。

编委会
2012 年 12 月

序　言

很久以前，美国曾站在可再生能源革命的开端。在20世纪70年代末，风力发电厂出现在加利福尼亚洲，一波又一波的资本被吸引到生产太阳能光伏电池的公司，构造精致的无源太阳能建筑设计、超高能效窗和节能灯被生产出来。生物燃料领域中也有一批强大的支持者，他们身处各农林部门和国家实验室内，从事着用微藻类提取纤维素乙醇和柴油燃料的研究。

届时卡特总统宣布了一个目标，即到2000年全国能源消费中将有20%来自可再生能源，他已经在白宫安装了太阳能热水器。要达到20%这一目标需要新政策和资金的支持，由我牵头的联邦实验室正负责构造政策路线图。然而令人困惑的是，里根政府却非常反感可再生能源。他并不重视政策路线图，还系统地否定了风能、太阳能和生物燃料项目。里根总统甚至要求将太阳能热水器从白宫撤除。就这样，在过去的30年里，可再生能源行业在美国一直是一潭死水。

可与此同时，世界上的其他国家在此领域却发展了起来。日本给太阳能发电铺设网络，德国开始制订上网电价方案，给予了电力行业一次非常适时的推动。全球太阳能销售在过去10年里年均增长50%～60%。丹麦一直保持着风力发电行业的开拓者地位，在深层地热资源的勘探和开采方面也取得了长足进步。

最终在美国，我们选出了一些有科学背景的公众人物，其中一些甚至在可再生能源领域有着非常丰富的个人经验。名列首位的是国会议员杰里·麦克纳尼，他是一位拥有数学博士学位的工程师，他从事可再生能源研究已有20多年时间了。他和他的合著者马丁·奇克（一位硅谷作家，他们合著了《清洁能源——发展——美国经验与展望》一书），为我们提供了一份及时而有价值的可再生能源前景评估，非常值得一读。这是一场极富经验的智者间的坦诚讨论，他们甚至已不指望从埃克森石油公司和皮博迪公司那里获得任何政治赞助。

此书对以往的认识是一种挑战，但不具毫无意义的歇斯底里；此书做了一些实实在在的研究，故没有术语和公式的装饰；此书满怀希望，但并无半点天真幻想。

麦克纳尼和奇克在书中将向读者说明，只有当美国重回它此前的领导地位，转变自身定位，成为一个立足于可再生能源超高效利用的国家，才有更光明的未来。在现实中，即将见顶的世界石油生产、被运往波斯湾的大量资金，以及由全球气候变暖带来的种种问题也将成为改革的强大动力。这本激动人心的著作将鼓励它的读者成为这场革命的领导者，寄望于他们采取个人或政治的行动。前方的道路虽不平坦，但当人类真正实现能源独立的那一天，便可知这场旅程值得人类付出不懈努力！

丹尼斯·海斯(Denis Hayes)
布利特基金会(Bullitt Foundation)主席

引 言

能源独立宣言

1776 年夏天，美国站在了十字路口。在费城的宾夕法尼亚州众议院内，13 个殖民地的代表正进行着一场激烈的辩论，其激烈程度堪比炙烤着这个城市的热浪。大陆国会的成员们辩论着独立自主的话题，具体为，是否该为乔治三世国王的独裁政府减少 300 万政治囚徒的问题。他们想实现一些人类历史上从未有过的创举。美国国会向世界解释了为什么殖民地注定要从英皇统治中解放出来[1]，并派了 5 名代表去委员会开始一项文件起草工作，该文件将详述美国人民为何应该生活在自由民主的国度。服务于该委员会的是 33 岁的弗吉尼亚人托马斯·杰斐逊。他利用杰出的语言天分，以简单崇高的语言将美国精神书写到《独立宣言》中。杰斐逊声名远扬的发言，简洁地表达了普通人应有权管理自己、决定自己命运的愿望。从此，一个建立在民主和自由原则上的新国家便诞生了。美利坚合众国自 1776 年 7 月 4 日成立以来一直坚持着一个任重而道远的事业——不断保护并扩张公民的自由、权利和独立。

如今，美国又一次站在十字路口。在位于美国华盛顿特区的国会大厦大厅里，50 个州的代表正在为美国是否应该采取能源政策而激烈争执，就像 1776 年夏天建国先父们在费城激烈争论的那样。今日的国会成员面临的问题是能源自由，具体来说，就是如何解开化石燃料对 3 亿多美国人的束缚。如何实现能源自由是一个复杂的问题，其困难程度类似于《独立宣言》签署者们曾经历过的那样。这一问题上的成败将决定美国未来文明的形式。我们正面临着一个双重危机。首先，化石燃料供给有限。随着年消费量的增长，地球储量开始萎缩，导致了燃料价格的不稳定。其次，大气中吸收的二氧化碳已达到极限，然而大气能源和海洋能源却没有随之快速增长。此外，它本身就是一个威胁。几个因素相结合后给现代文明带来了巨大的挑战。

在这个星球上存活两代的预计9亿多人将面临社会、政治、经济的剧烈动荡，并且不太可能出现能源效率的显著提高和替代燃料的显著增加。国与国之间的油源争夺和应对气候变化中的斗争也许会引发战争。工业或因缺乏能源而终止生产，或因运输网络缺油而无法运输货物。农业或因没有电力抽水和开启农具而受到严重阻碍，城区人民将面临大规模饥荒。失去了原本由化石能源推动型工业提供的生活必需品，绝望的人们也许为了生存而采取非法行为，那时混乱就爆发了。这是一个残酷的未来，我们不能把它留给我们的子孙后代。如果我们能为自己和子孙后代建立起一个由清洁能源和可再生能源推动的社会及清洁高效的经济模式，那么我们完全可以避免这种黑暗的命运，最大限度地降低气候变化带来的危害。

我们必须清楚地认识到在处理能源和气候挑战中的一个主要障碍，即全球气候变化违反了我们的一个基本假设。我们总假想着，地球的自然资源永远在那里守候着我们。我们知道人类反复无常，气候变化多端。然而，纵观历史，我们的星球虽有所反弹，但很多方面是正常发展的。气候变化推翻了人类的这个假想。数十年后，平原和热带稀树草原将变为森林，极地和冰川也将随着地球变暖而融化，佛罗里达和纽约可能消失在海平线上，环境也将变化。但是，我们依然可以采取措施——一些不得不采取的办法——来减轻全球气候变化带来的影响。为了做到这一点，我们必须建立国际共识来组织和实施大规模的计划行动。如此一来，这本身也将是一个巨大的社会变革。这就是为什么我们没有单单把这个即将到来的危机视为一场威胁的原因，而是把它看作一个机遇，一个激励我们实现全球能源自由的重要机遇。

在发展替代能源和最小化气候变化方面，可能存在相当大的风险和失败。然而，如果能实现能源自由，美国将更加强大，与其他国家的交流与联系会更多，也将成就一个更稳定的世界。能源自由有助于减少化石燃烧所产生的空气污染和水污染，这些污染如今正危害着众多美国公民的健康，最终有助于美国自然环境的保护。在追求能源自由道路上的技术创新，也将为许许多多的美国人敞开经济繁荣的大门。新企业将会出现，大胆的企业家、股票投资者、风险投资家将迎来重要机会。新公司将为勤劳的人们提供好的工作。如果加以全球性的推广，新的能源技术以及随之而来的经济繁荣将在整个世界范围内产生连锁效应，这也将有助于推动其他国家的经济发展。

当然，有一些批评者认为投资替代性能源是一种资金浪费，因为在自由市场经济中，传统能源仍比清洁可再生能源便宜多了。然而，这种论断并不可靠，因为他们并没有把潜在的石油成本纳入计算。如果我们把大石油公司从美国纳税者那里征收的补贴考虑进来——即使在那些石油生产者创下利润新纪录时，我们就可以发现石油的真实成本并不低廉。我们也许已经从 1973 年 OPEC 石油禁令中学到了重要一课，那是我们第一次看到美国经济可以如此快地被石油政客操纵和威胁。如果美国决策者在卡特政府期间就开始领导我们走向能源独立，也许如今我们不必面临这场危机。即使如此，仍然有很多的政治家和学者没能从历史中吸取教训。怀疑论者每天都反对美国大规模减少对化石燃料的依赖，他们认为这一行为将对美国经济造成不可挽回的损害，并导致"世界的倒退"。[2]怀疑论者还声称，依靠研发技术和基础设施来实现全国范围内的清洁和可再生能源太过昂贵，而且在任何可能的时间范围内都不实用。他们坚持认为，高得不可思议的赔率将成为实现能源自由的一大障碍。这些人并不懂得美国精神。美国是一个国家，从其本质来看，它已经可以抵御这些不可能性，并且可以达到这些意想不到的结果。尽管面临着全球最强大的军事力量，1781 年美国殖民者在对阵英国的约克镇战役中仍不可能取得决定性的胜利。这个伟大的胜利成为革命战争的转折点。80 年后，亚伯拉罕·林肯总统所领导的美国战胜了奴隶制问题上激烈内战的严峻挑战。直到 1865 年实现和平，我们经历了一场痛苦的重生，作为一个国家获得了更大意义上的自由。19 世纪 40 年代，美国最伟大的一代人，冲破了种种不利因素战胜了法西斯主义，并给西欧国家和日本带去了永久的自由。20 世纪，美国人的耐心和勤奋帮助自己从核毁灭危机中幸存下来，最后以 1989 年柏林墙的倒塌告终。

在如今的美国，我们每天都能目睹到能源消费给人们生活带来的影响。2010 年中期，"深水地平线"号钻井平台石油泄漏事故登上了报纸的头条，因为它污染了沿海的海滩，并损害了墨西哥湾毗邻州的地方经济。最近在中东地区，阿拉伯民主运动推翻了那些抬高石油价格以提高利润的独裁者，此举波及了全球经济。2011 年，我们悲伤地发现，有资料证明能源中的非化石燃料也会对环境和经济造成严重影响。日本的地震和海啸摧毁了福岛第一核电站，随之而来的核泄漏以及核反应堆中心的熔毁给人们带来了恐慌，提醒人们从铀原子中获取能量是有风险的。公众舆论造就了公共政策。美国公民必须明白，获取能源要付出成本。因此，为了美国以及全球有一个更美好的未来，美国需要从国家层面上建立一个全面而长期的能源政策。

美国许多最杰出的人物正在为追求能源自由而辛勤努力。科学家和研究人员们几乎每天都在寻找能改变世界的解决方案。人类天生总要等到情况无法忍受时才开始变革。我们必须要有前瞻性思维，在我们还未到达那个地步之前就积极实施变革。本书的作者意识到了美国以及全球在未来能源需求问题上所要面临的挑战。由于我们的生活与能源息息相关，所以很难想象一个与现在迥然不同的未来。然而，我们有一个美好的愿景与读者一同分享：一个清洁高效的美国，一个拥有能源可持续型经济的世界，一个拥有清洁安静电力车的世界，一个有着优雅风车之景的世界，在那里，我们的屋顶上安装了太阳能电池板，就连偏远的沙漠中也有太阳能电厂，富裕的家庭农场发行了生物质燃料股票和粮食股票，世界各国相互协作来管理全球和当地的气候。是的，我们可以改变自己的未来，在此过程中实现就业和能源的双赢，开启人类历史的新篇章。我相信，通过我们的不懈努力，一定可以达到那个光明的未来。

绝大多数的美国人真的希望他们的国家实现能源自由。[3]我们相信美国凭借其毅力和想象力一定可以实现这一宏伟理想。我们也明白，我们必须团结在一起才能实现能源自由。不管我们信仰共和党还是民主党，抑或是其他政治党派，绝大多数公民都清楚地知道如果美国实现了能源自由之梦，他们以及他们的后代将会享受到多大的福祉。人们想要生活在一个更好、更安全的世界，他们希望第二天早晨能安然醒来，更不用担忧这一天是否有足够的能源来保证他们过上从前的生活。社会意愿总是会推动政治意愿。越来越多的美国人关注到这一事实，所以他们鼓励当地、州和联邦政府的代表争取能源自由，从而保护其民族价值观。

随着21世纪步伐的迈进，美国人必须面对一个重要事实，美国有义务带领世界其他地区研究新的节能技术，开发清洁和可再生能源，继续能源自由之路。美国必须在太阳能、风能、水能、生物燃料、地热能和氢能源的利用方面取得快速进展，以实现对化石能源的高效替代。我们生活在这个激动人心的时刻，一个值得载入史册的时刻，那就是，我们可以且必须采取必要措施实现一个惠及全人类的能源自由愿望。

美国若要兑现托马斯·杰斐逊在1776年作出的高尚承诺，我们就必须声明我们的能源自由之论，并在既定时日内完成目标。如今我们处于这个令人迷茫的十字路口。我们该选择哪一条路？

注释：

[1]*Resolution of Independence*, moved by Richard Henry Lee for the Virginia Delegation, June 7, 1776.

[2]George F. Will, "An Inconvenient Price," *Newsweek*, Oct. 22, 2007, 68.

[3]American Wind Energy Association, "New Poll Shows Overwhelming Bipartisan Support for National Renewable Electricity Standard," press release, Nov. 13, 2007.

目　录

第三部分　美国能源的未来

第一部分

美国能源的过去和现在

在选择从哪里开始这次能源旅程之前，我们必须知道我们现在身处何处且为何身又在此处。我们需要考察美国能源的过去与现在，以历史的视角来思考种种问题。本书后面的内容将对这些问题进行深入的讨论。第一章将探讨为何我们面临着化石燃料时代的终结，同时将思考这对美国及其公民的未来生存意味着什么。第二章将探索美国如何一步步依赖于化石燃料来驱动其经济、社会及政治机构的过程。最后，在第三章中，我们将分析各种化石燃料的替代能源，并考察将它们广泛应用于美国社会的利与弊。

第一章

化石燃料时代的终结

想象一下，如果世界突然失去能源动力，你的生活将会怎样？如果某种因素使得我们星球上的所有石油、煤炭和天然气都耗尽了，你面对的生活将远不是你现在所知道的这样了。你回家按下电灯开关，灯再也不会亮了，房间里漆黑一片。无论你怎样用力按下电视遥控器的按钮，屏幕上也不会出现《幸存者》、《美国偶像》这样的电视节目了。你也不能用卧室的立体声音响听音乐了，从巴赫到布鲁斯·斯普林斯汀你都听不到了。你也不能上网了，你桌子上的电脑从此变成一块无用的高科技废铁。并且，你也不能打电话给朋友和家人了，因为没有了能源，全球电话系统就不能工作了。假如你要早上淋浴，怕是享受不到一个愉快的热水澡了，因为没有电力或天然气来启动你的热水器，但最有可能的是没有水通到你的家中，因为这要靠电力启动水泵把水从水库或井里抽到你的家中。几天之后，冰箱里的大部分食物也会坏掉，因为没有电力来运行厨房电器。

无论你是生活在小城镇还是大都市，如果没有化石燃料，你的社区都将瞬间陷入一片混乱。太阳下山后，路灯也不亮了，犯罪率将大大增加。当地警察局接到报警后也无法快速响应，因为没有燃料驱动，巡逻车变成了一堆废铁。消防车、救护车等其他应急服务设备也将面临同样的问题。你的汽车或卡车的引擎也极有可能是靠化石燃料启动的，那么除非你有一匹马或骡子，否则你将被困在步行和骑单车可达的距离内。如果你像大多数美国人一样驾车数十公里才能到达工作地点，那么你将发现去一趟办公室或者工厂是多么艰难的事。或许这并不是那么重要，但是如果没有燃料来运行设备，那么工厂或者你所在的那个办公大楼都将被关闭，就像世界上其他地区的大多数工作场所一样。

如果没有化石燃料来发电，全国各社区的公立学校就可能被关闭，你就需要找到其他途径来教育孩子。公共图书馆和社区中心由于无法提供给顾客热水、灯光以及其他电动设备而将被市政官员关闭。超市和便利店在存货售空后也将很快被关闭。如果不快速出售，易腐商品很快就会坏掉。仓库里的食物也许足够维持一阵，但是食物要运输到市场才行，运输到哪里也完全依赖于石油。堪萨斯粮仓里的谷物如果不能运出，那么即便再多，对加利福尼亚和纽约的人们来说也没什么用处。全世界大部分粮食生产也将很快停止，因为现代农业生产是依赖于石油和天然气的。人们种植和收割庄稼时会用到石油，大多数肥料生产会使用天然气。化学治虫及其他问题则主要来自石油的使用。在发展中国家，更多的人力和畜力用于种植庄稼，所以人们和动物更容易受粮食短缺的负面影响。然而，比粮食更重要的是饮用水。化石燃料被用于加工和泵取这一宝贵资源，有些水由卡车运输，而这又依赖于石油。几天之内，人们就会对清洁饮用水十分渴望了。如果食物和水突然变得稀缺，那么法律和秩序将会迅速崩溃。

如果化石燃料突然消失，我们的经济将迅速崩溃。商店会售空商品，因为没有燃油卡车和火车来运输货物。现代化的医院无法运作。没有了化石燃料的推动，地球上任何一个国家的飞机和火车都无法运行。信件和包裹也无法轻易被送达，因为它们需要石油能源启动飞机、火车或卡车来运送。化石燃料消失后，国际和国内新闻将无法通过电视、广播、互联网或报刊来广泛传播了。等冬天来临，寒冷气候下的美国人只能裹着毯子在暴风雪中颤抖。

我们难以想象这个场景的发生，然而，实际的灾难远远超出我们所能想象的范围。虽然化石燃料不太可能瞬间消失，但是我们的地球文明的确面临一个未来——从石油中获得的有限能源将很快趋于消失，即便不是，也会变得异常昂贵。即将到来的气候危机和与之相伴的严重环境恶化给人们造成巨大担忧，这恐将导致一场煤炭使用史上的政治性停滞。

随着世界各国觉察到化石燃料时代即将终结这一真实前景，我们将面临越来越多的政治焦虑和社会焦虑。事实上，世界经济完全依赖于化石燃料。一场突如其来的长期世界性石油供应短缺将给人类带来前所未有的困苦。更为复杂的问题是全球气候变化即将带来的威胁。如果全球化石燃料消耗以最高速度继续攀升,由此产生的气候变化将有可能彻底破坏地球文明。全球变暖对水供应的影响可能改变我们目前的政治体制,导致大规模的移民、战争和饥荒。不幸的是,全球变暖和化石燃料的急剧减少可能同时发生,这就更加需要我们在有能力改变时采取行动,建立一个更加健康繁荣的社会。因此,为了更好地理解未来能源面临的社会变革挑战,我们需要先了解一下与化石燃料相关的两个重要概念——哈伯特峰值与温室气体。

哈伯特峰值

1956 年 4 月 8 日,德高望重的地质学家马里昂·金·哈伯特博士,登上了得克萨斯州会议大厅的讲台,他准备给观众投下一枚"重磅炸弹",讲述他的一篇即将发表的科研论文[1]。在他的报告"核能与化石燃料"中,他向美国石油协会成员透露由他精确算得的美国未来石油产量。燃料预测结果并不令人愉快。

哈伯特生长在得克萨斯州中部,并于 19 世纪 20 年代在美国芝加哥大学取得地质学和物理学的博士学位。作为一名大学教授讲学了一段时间后,他来到了壳牌石油公司工作,负责一个专门研究石油勘探和生产[2]的实验室。在壳牌公司,他在争论技术细节时的偏激态度众所周知。同事们都说:"哈伯特是个混蛋,至少是我们这里的混蛋。"[3]细致研究了石油数年之后,他得到了几个地质界的重大发现。例如,在他职业生涯的早期,他就用数学方法证明了行星地壳深处的巨大地质压力使得岩石呈现黏土特征。[4]他的这一成果和其他诸多成果获得了科学界及石油行业地质学家的广泛赞扬。

1956 年 3 月的一天,圣安东尼奥市长正在给会议致欢迎辞,有人打手势叫哈伯特博士来到附近的一个电话亭。就在哈伯特上台致辞前的几分钟,一位回到壳牌公司休斯敦总部的公关人士恳求他取消演讲,或者至少缓和一下他对石油未来的悲观愿景。哈伯特断然拒绝了。他相信他的发现,并坦率地告诉那位公关人士他此番演讲的意图。挂断电话后,他很快发表了演讲,此次演讲被誉为美国石油工业史上最具影响力的演讲之一。哈伯特向观众演示了一个由他用复杂的数学公式创造的钟形曲线。它展示了美国本土 48 个州在过去几十年中石油开采增长的各个阶段。这张图是基于美国石油探明总储量为 1 500 亿～2 000 亿桶来绘制的，这个估计值在当时的地质学家看来已经相当准确了。哈伯特向出席会议的人预言美国本土 48 个州的石油产出将在 1965～1971 年间某个时刻到达顶峰。[5]此后，石油产出就缓慢下降，因为全国的石油储量开始减少(见图 1－1)。

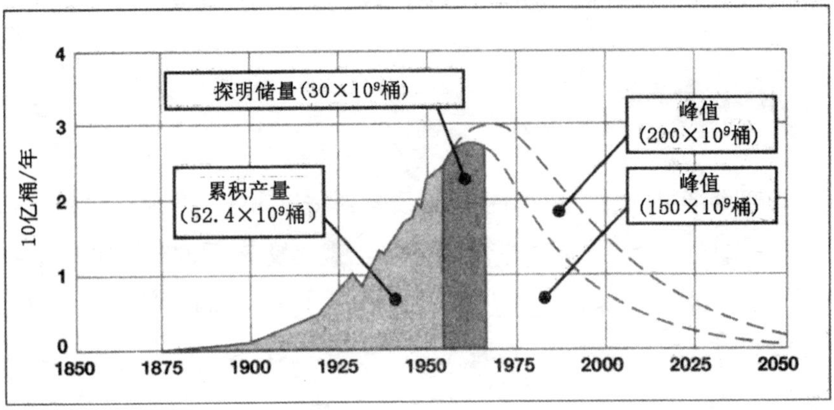

图 1－1　美国石油峰值(由鲍勃・雪在图形设计工厂绘制，以马里昂・金・哈伯特 1956 年“核能与化石燃料”报告中原图为基础)

美国石油行业成员了解到，哈伯特预言一旦成真，后果将不堪设想，于是他们便立刻展开了行动。他们开始组织反驳地质学家预言的运动。这在一定程度上是对哈伯特演讲产生的情绪化反应。毕竟，数十亿美元的未来危在旦夕。许多石油工业的地质学家开始质疑哈伯特在计算过程中使用的数据，说美国仍有大量的石油可开采，比如阿拉斯加州边界上就有[6]。有人甚至认为哈伯特是个世界末日的疯子。他们说其他科学家早在 1900 年就开始预言石油供应终结，并误称美国的石油只能维持 10 年左右。但那些科学家使用的数学算式与哈伯特的并不同。他们按产出年增长率算出了美国石油储量，可事实正好相反，在 20 世纪更多油田被发现，这使得石油工业得以维持其高利润的繁荣时期。[7]

然而，现实最终证明了哈伯特的计算是正确的。直到 1970 年 11 月，美国石油产量真的达到了峰值点，然后一路下降到今天，正如哈伯特在 19 世纪 50 年代预言的那样[8]。当时并没有人知道现实峰值发生的确切时刻，直到几年后的一天，数据才显示美国油田的产油量确实在逐渐下降。这对美国和全世界来说是一个重要的里程碑，被通称为“哈伯特峰值”。它也给我们提供了一个警示性信息，一国的能源需求若几乎全部依赖于化石燃料，这是不能长久的。

在19世纪70年代，美国人开始意识到他们正面临着一个未知的石油前景。加油站汽油告急，随后欧佩克实行石油禁运令，此举严重损害了经济。纷乱扰动了国家，领导人这才真正理解美国石油峰值出现的重大影响。1974年6月6日，哈伯特应邀对国会的环境小组委员会发言，在那里，他作为美国地质调查局的高级研究地质学家，讨论了他推导的公式和数据。然后，他预测了地球上石油产量到达顶峰的可能日期。在发言中，他告诉国会成员：“以最高2.1万亿桶的世界年均石油产出量来计算，峰值将出现在2000年左右。”[9]同月，国家地理杂志的一篇文章引用了他的话——“石油时代的终结就在眼前了”。[10]

哈伯特对世界石油产量峰值的估计并不如他对美国的预测那样，没有命中靶心。按照他的理论，我们需要将石油储量的准确估计值输入公式，然而这个数据通常未经外部资料的证实。当新油田被发现或地缘政治局势降低石油耗量时（就像发生在19世纪七八十年代的美国节能运动），这个值也会随之发生变化。并且，许多欧佩克国家倾向于高估自己的石油储量，这就增加了数据的不确定性。最重要的是，在哈伯特预言后的30年里，许多先进的石油勘探和钻井技术被研发出来，这使得原油开采的速度更快。甚至哈伯特自己都曾指出，他的著名曲线并不是一个水晶球，而只是一个依赖于准确储量的数理预测。预测的精确度取决于代入公式的数字的精确度。但是，普林斯顿大学的名誉教授肯尼斯·S. 迪菲斯认为，哈伯特最初对全球石油产量峰值点时间作出的估计——2000年——应该很接近现实了。迪菲斯在哈伯特就职于壳牌实验室期间任他的下属。迪菲斯认为，他的同事一定会基于更准确的地球石油储量进一步修正他的预测结果。如今，一些石油专家借鉴哈伯特的方法，采用更精确的数据进行计算，预测世界石油产出量大约在2010年达到顶峰。[11]还有一些专家认为，即使这一历史性的标志时刻还未到达，但距之也不远了，预测它可能会发生在2005～2020年间。[12]也许要等到它发生后的一两年内全球石油产量明显下降，我们才知道它发生的确切时间。但我们知道，当世界石油产出到达钟形曲线的顶点后，就不可避免地开始下降，那将是人类史上一个戏剧性的转折点。这一时刻标志着我们必须承认要开发其他能源来替代石油，否则我们只能借日子活命了。

一些石油专家认为，世界上仍有大量的石油，只是埋在地下等待人们去发现而已。的确，从油砂、油页岩这类非传统能源中仍可提取出数万亿桶石油。“油砂”，也称为焦油砂，是一种由沙子或黏土、水、超稠油组成的沥青混合物。据加拿大阿尔伯塔省能源部的资料，目前该省的东北部地区是这种石油产品的最大供应商。“油页岩”并不是真的石油或者页岩，而是一种细密的沉积岩，里面含有有机化合物的固态混合物，这种有机化合物名为干酪根，它可以被加工成看起来很像石油的液态烃。[13] 据美国能源部(EIA)石油储备办统计，全球油页岩储量——包括美国绿河流域所覆盖的犹他州、怀俄明州和科罗拉多州的庞大储备——理论上相当于 1.8 万亿桶的潜在可提取石油产品。然而，将这些非传统化石燃料提取出来并转化为可用能源，比从油田里提取石油要昂贵得多，并且还会给环境带来严峻挑战。其提取过程将污染地下水，其转化为可用形式的过程将产生大量的有毒污染物和温室气体。

说到世界上易提取的石油，我们显然正面临着一个顶峰。墨西哥的坎塔雷尔油气田是世界第二大石油生产总公司，仅次于沙特阿拉伯的加瓦尔油田。该公司位于墨西哥坎佩切湾，其石油产量占墨西哥全部石油的 60%。这是一个成熟的油田，其产量在 2004 年底达到顶峰，日均输出石油 210 万桶。[14] 自那时起，其产量便不断下降。由于墨西哥经济如此严重地依赖其国内的石油产业，坎塔雷尔及其他石油产地的产能下降将给该国社会经济和政治带来巨大后果。几乎可以肯定，石油顶峰引起的墨西哥问题将波及整个周边地区。据美国能源部(EIA)对美国进口数据的统计可见，按原产地分，墨西哥是美国的第二大石油供应国，仅次于加拿大。邻国石油储量的持续下降将对本国经济产生严重影响。墨西哥的坎塔雷尔油田毫无疑问是一个信号，全世界的其他油田也将一个接一个到达产油顶峰，这迫使工业文明去反思该如何正确地使用石油。除产油顶峰之外的另一个问题是，世界各地日益增长的化石燃料消费量。据美国能源部统计，美国以全球

4%的人口每日耗油 2 100 万桶，用于驾车、家用和工业生产。美国贪婪地消耗着这个星球的石油，这使得许多人认为美国给世界上其他国家树立了一个铺张浪费的典型，其他国家正加速赶上美国奢华的生活方式。最显著的是中国和印度。中国和印度人口共 25 亿左右，约占全球人口的 1/3。经历过去几十年的经济全球化和现代化，这些亚洲国家已稳步发展为消费者驱动型的社会，这需要不断增长的化石燃料供应来维持其经济扩张。当然，世界各国不断加深的工业化和日益增长的人口正创造出一个巨大的消费军团，这需要能源来满足他们对现代生活方式的需要。但是，在石油顶峰到达之后不久，工业世界将被迫面临一个棘手的问题，即处理经济供求这一根本问题。当全球石油供应不可避免地迅速衰落时，这些队伍日益壮大的消费者们该如何获得他们所需的能源？

世界要想沿着这条路继续走下去而不产生大规模的负面影响，显然是不可能的。我们要做的是，利用哈伯特的著名预言来做一些重要决定，帮助我们在这个石油日益减少的未知世界里存活下来。在石油储量既定的条件下，决定哈伯特峰值的一个关键因素就是时间因素。在峰值曲线的下降阶段，我们不得不同时面对越来越少的石油和越来越多的竞争。此刻就像泰坦尼克号于 1912 年 4 月撞上了北大西洋冰山的那个晚上，而我们犹如当时的乘客，正站在一艘下沉的船上。在远洋大客轮遭遇破坏后的最初一个小时里，许多不幸的乘客对他们正面临的巨大危险还不以为然。如今，许多美国人否认峰值到达后的危险形势。如果我们不寻找其他能源来维持我们的生活方式，那么必将面临悲剧性的结果。哈伯特峰值给我们一个警告，化石燃料时代终结在即。我们需要做的就是注意到这个警告。

煤炭峰值与温室气体

有些人认为，石油峰值问题容易解决。我们只需要简单地挖取煤炭来替代石油就行了。事实上，的确存在将煤炭转化为油状物质的技术。第二次世界大战期间，在纳粹德国的石油供给即将匮乏时，德国科学家发明了一种名为“费歇尔—托罗普希法”的方法，将煤炭转化为液态燃料，用以运行坦克这样的军事装备。在 19 世纪，美国的一些主要城市用焦炉燃烧煤炭以获取煤气来照明。[15]有人提倡更多地使用煤，因为他们觉得，根据19世纪70年代早期的计算，美国拥有的煤炭储量足够维持250年。然而，这一数字被高估了。[16]世界煤炭协会估计，这个星球上的煤炭探明储量可维持一个半世纪左右。但是，美国国家科学学会（NAS）2007年的一份报告表明，美国决策者缺乏足够的数据来精确预测煤炭储量可维持的时间。此外，该学会发现，当我们挖尽那些容易获取的煤炭后，煤炭挖掘与生产将变得更加困难，对矿工劳作更加危险。报告表明，以目前的生产速度，美国煤炭至少能供应至2030年，那也就是"或许足够维持100年"。[17]

如果在美国煤炭储量方面的数据更好些、供求问题上的结果更确切些，那么我们就能更明智地评估未来的煤炭使用状况。据美国能源部（ELA）预测，在2030年之前，世界煤炭消费将以年均2.5%的速率增长。[18]如果关于美国目前煤炭可用量和全球消费增长率这两项研究被证实，那么我们在未来20年里可能会达到"煤炭峰值"。能源观察小组——一个为德国议会提供信息和分析的科学家团体——在2007年3月发表的一份报告中警告说，全球煤炭生产或将"在2025年左右达到顶峰，其最大产能可比现有产量超出30%"，并且如果这个预言成真，生产"将达到顶峰，然后开始下降"。[19]另一项研究报告由美国能源研究所于2007年2月发布，该研究所为欧洲众议院联合研究中心提供科研信息。这份报告则警告说，全球不断增长的煤炭消费量或许会超出煤炭总产量。报告中称，"自2000年以来，尽管世界煤炭价格在上升，主要由中国推动的煤炭消费量巨大增长并没有伴随煤炭探明储量的相应增加"。[20]

如果化石燃料时代真的走向终点，介于未来几十年里可能出现石油和煤炭产量顶峰，我们必须准备好面对全球经济和社会的巨大转变。到那个时候，我们就必须积极处理与化石燃料的生产和消费相关的另一个严重问题：燃烧这些能源——尤其是煤炭——会产生大量的温室气体即二氧化碳，这大大加剧了全球变暖。阿尔戈尔在其《难以忽视的真相》一书中，强调全球气候变化使世界上数十亿人民和众多生物处于危险境地。

二氧化碳并不是导致地球变暖的唯一因素。水蒸气、甲烷、氯氟烃和一氧化氮也能引起"温室效应"。[21]然而，据美国能源部（EIA）统计，燃烧化石燃料释放的二氧化碳占人类活动所产生的温室气体比例达82%。"温室效应”这个术语由法国数学家傅里叶于1822年创造出来，他把地球大气层比作植物温室的玻璃。[22]大气层就像温室的玻璃一样，太阳光可以穿过它到达地面，然后被土地、水和空气吸收，同时阻止这种热辐射线返回到太空中。其作用类似于栽培植物的温室，遍布全球的空气薄层使得整个星球的平均气温维持在59华氏度(15摄氏度)。这种舒适的热能使得地球适宜生命生存。如果没有温室效应，地球就会像火星那样一片冰冷而没有生命。但大气层也不能拥有过多的温室气体，那样它就留住了过多的太阳热量。就像温室外围的玻璃太厚，不让足够的热量辐射出去，温室气体过度集中就保持了过多的热能。在全球范围内，温室效应使得世界的环境温度升高，从而导致了气候严重变化。金星就是太阳系中的一个典型，其温室气体密度过大，使之温度过高而不适宜生命存在。自工业化以来的两个世纪，巨大的人口增长与化石燃料的消耗增加已使得地球大气的化学成分发生了改变。世界各地的人们为了住房和饮食，砍伐了数百万英亩的林木来做燃料，向大气排放了数十亿吨的二氧化碳。在过去的200年里，燃烧石油、煤炭等化石燃料使得大气中的二氧化碳含量有所提高。很久以前，这些燃料是经史前植物和动物残骸的自然分解进化而来，大自然将很多碳安全地隔离在地下。就像我们学到的那样，燃烧这些古老的能源同时伴随着巨大的成本。二氧化碳一旦释放到大气中，将在那里保留长达一个世纪。[23]我们向大气层释放的这类吸热分子越多，地球就会保留越多的太阳热辐射。科学研究表明，全球变暖是危害星球健康甚至是人类生存的真正危险。科学是客观可靠的。一些在职的政治官员却不愿重视生物圈所面临的这一威胁。他们称之为“骗局”[24]，即便科学家们提供了由文字记载及同行评议的大量证据，证明气候危机确实是一个真实现象，或许使我们的星球变得不再宜居。[25]

很多人为全球气候变化问题提供了有趣的解决方案，其中包括一名诺贝尔奖物理学获得者——工作于德国马克斯·普朗克化学协会的物理学家保罗·克鲁岑。他提出了一个建议，用高空气球向大气平流层释放硫磺微粒，此法是模拟火山爆发时火山灰射入大气层的过程。硫磺微粒就像无数面“小镜子”，将太阳射线反射回太空中，从而降低整个地球的温度。克鲁岑在其发表于《国家地理》杂志中的一篇文章中说道，这个极端而未经检验的大气再造试验只能等到对抗全球变暖的最后一刻才能尝试，并补充道，“我希望我的试验不会发生”。[26]即便不是人为，星球再造试验也许的确会发生。在19世纪八九十年代，以色列的科学家们发现到达地球的阳光已越来越暗淡。燃烧煤炭及其他化石燃料产生的烟尘和尘埃粒子将一部分太阳光反射回太空中。具有讽刺意味的是，这种“全球变暗”现象有助于减缓全球变暖效应。不幸的是，它也可能掩盖全球变暖对地球温度升高的真正影响。一些科学家估计，如果采用减少大气中污染物粒子的方法来降低全球变暗的影响，到2050年全球气温可能会上升2～3摄氏度(约5华氏度)。[27]

2007年4月，美国航天局戈达德太空研究所的首席学者詹姆斯·汉森博士在纽约与众议院下的能源独立与全球变暖特别委员会分享了他的观点——人类活动对全球气候的干扰。汉森是一位世界知名的气候学专家，他的工作使得更多的公众注意到全球气候变化问题。他对众议院议员的讲话催人警醒。总之，他指出，科学的数据和分析“表明地球正在接近气候的危险变化和系统的临界点，这也许伴随着不可逆转的有害影响”。[28]他预测，如果温室气体排放不能得到大幅减少的话，这一全球临界点最早可能在2016年来到。[29]达到该临界点后，灾难性的全球气候变化将势不可当。汉森说道，戏剧性的后果将包括北极海冰区域的冰山完全融化，危害居住在那里的野生动物和人类；美国西部及世界其他地区的水资源短缺；以及干旱引起全世界农业生产的崩溃。汉森还说道，全球变暖给人类带来的“最大威胁”将是南极西部冰原的消融，因为变暖的海水流过其表面使其融化。“越来越多的人意识到，如果我们一如既往地排放由化石燃料燃烧生成的产物，那么本世纪海平面的上升也许要以米为单位来度量了。”他在发言中对国会议员们这样说道。

然而，汉森补充说，要想拯救地球于这场气候灾难之中还是有希望的。关键就在于美国要迅速采取行动。他建议，所有建议措施中最为重要的是，“首先，我们必须逐步停止对煤炭和非常规能源的使用，当然，在可捕捉和隔离二氧化碳的地方除外，技术落后的燃煤电厂应当暂停”。[30]汉森还建议采用“付费—补贴”政策来管理二氧化碳排放。通过这种方法，政府在化石燃料进入市场经济的入口处(如油井、煤矿、海港)收取费用，并对其不断升级。这将增加碳燃料的成本，刺激清洁能源方面的创新。收取的全部资金将作为补贴平均分给美国的每个家庭，用于抵消能源成本的上升，消费者将看到国家逐步过渡到清洁能源社会。通过提高能源效率和安装可再生能源设备(如太阳能、风能或地热能)来降低能源成本的消费者,可以在账单上看到费用和补贴两栏。如果汉森之类的科学家们对全球变暖效应的预测是正确的,那么我们不得不回答一个重要问题——人类该如何处理其每年数十亿吨的温室气体排放。在气候变化给世界造成更恶劣的破坏之前,我们必须尽快作出回答。因为解决这个历史性难题的关键部分在于减少对化石燃料的使用,我们将在后面几章更详细地讨论能源独立在处理未来气候变化问题上的作用。

面对我们的燃料未来

幸运的是,我们并不是毫无希望,我们还有选择。在未来 10 年或 20 年内,我们在能源独立方面做出的选择将决定我们的文明——甚至人类自身——能否幸存于 22 世纪。我们属于智慧物种,在过去成功解决了很多威胁人类生存的问题。我们已经适应了这些困难并得以发展。我们知道,在化石燃料变得不再如过去 200 年那么易得之前,我们还有一些时间准备。但是,我们必须现在就准备。我们越晚采取措施,就越难面对社会和政治的重大问题,这犹如一场扑向我们的巨大海啸。加重我们困境的另一个不可回避的事实就是,世界人口正在快速增长,到 2050 年预计将达到 90 多亿。这将给我们星球上的资源带来沉重的负担,因为需求呈指数级增长,而化石燃料和其他物资的供应却日益萎缩。人口爆炸将集中发生在中国和印度,到 21 世纪中期两个国家拥有的人口将超过 30 亿。这两个国家也是城市化发展较快的国家。维持高速增长的工业化基础设施建设需要消耗大量的燃料。尽管这些国家也意识到危机在即,同时也正在采取措施发展清洁与可再生能源来减轻其影响,但是作为发展中国家,它们更明确地看到了未来的经济发展。它们知道美国经济是靠化石燃料发展起来的,所以认为美国应该对大气中现有的温室气体负主要责任。另外,许多美国的公职人员认为减少化石燃料的使用将对经济产生强烈的负面影响,并且美国不一定要降低温室气体排放,主要发展中国家现在排放的温室气体和美国的一样多。这种政治计算不利于形成降低化石燃料消耗和温室气体排放所需的合作及共识。为了实现真正进步，我们必须克服它，这是我们可以做到的。

我们生长在一个技术发达的非凡时代。过去两个世纪的科技进步已为我们创造了人类史上前所未有的高生活水平。但是大部分人理所当然地认为，现代社会的存在很大程度上要归功于远古燃料中所蕴含的能量。如果没有这些储存了数百万年的石油、煤炭及天然气，如今的全球文明可能远远不同于我们知道的这样。现在我们不得不面对碳氢能源有限这一事实了。

我们到现在都还不够明白，如果世界上的化石能源枯竭，同时又没有准备足够的替代能源，地球上的每个个体将受到何等的影响。因为未来开采碳氢能源的费用将变得异常昂贵。美国现在就必须承担它的神圣使命，在其社会和技术基础设施方面做出重大改变，以适应一个新的世界。如果我们现在没有采取行动来发起一次能源独立运动，那么我们付出的代价将是未来几十年内现代文明的迅速衰落。如果我们能够成功建立一个清洁能源国家，那么为和平与繁荣付出的一切努力都是值得的。

注释：

[1]A Tribute to M. King Hubbert,"Hubbert's Speech,"www. mkinghubbert. com/speech/prediction.

[2]M. King Hubbert,"Nuclear Energy and the Fossil Fuels,"paper presented to the American Petroleum Institute, San Antonio, TX, March 8, 1956, www. energybulletin. net/13630. html.

[3]Kenneth S. Deffeyes, *Hubbert's Peak: The Impending World Oil Shortage* (Princeton, NJ: Princeton University Press, 2001), 2—3.

[4]"Hubbert, Marion King," *The Handbook of Texas Online*, www. hubbertpeak. com/hubbert/bio_doel. htm.

[5]Tribute to M. King Hubbert,"Hubbert's Speech."

[6]A Tribute to M. King Hubbert,"Post-speech Fallout,"www. mkinghubbert. com/speech/postspeech.

[7]Deffeyes, *Hubbert's Peak*, 3.

[8]A Tribute to M. King Hubbert,"U. S. Oil Peak,"www. mkinghubbert. com/speech/usoilpeak.

[9]M. King Hubbert, testimony to the Subcommittee on the Environment and the Committee on Interior and Insular Affairs, United House of Representatives, June 6,

1974, available at www. energybulletin. net/3845. html.

[10]Noel Frove, "Oil: The Dwindling Treasure," *National Geographic*, June 1974, 821.

[11]Deffeyes, *Hubbert's Peak*, 12.

[12]Roger Bezdek and Robert Hirsch, *Peak of World Oil Productions: Implications, Opportunities, and Pitfalls* (presentation), 16, http://www. mkinghubbert. com/files/Candidate%20Briefing. pdf.

[13]Walter Youngquist, "Shale Oil—The Elusive Energy," *Hubbert Center Newsletter*, Oct. 1998.

[14]Maria Dickerson, "Will Mexico Soon Be Tapped Out?" *Los Angeles Times*, July 24, 2006, available at www. energybulletin. net/18505. html.

[15]Elizabeth Shogren, "The Future of Fuel: Turning Dirty Coal into Clean Energy," National Public Radio Report, Morning Edition, April 25, 2006, www. npr. org/templates/story/story. php? storyID=5356683.

[16]Matthew L. Wald, "Science Panel Finds Fault with Estimates of Coal Supply," *New York Times*, June 21, 2007.

[17]Committee on Coal Research, Technology, and Resource Assessments to Inform Energy Policy, National Research Council, "Coal: Research and Development to Support National Energy Policy" (Washington, DC: National Academies Press, 2007); The National Academies, "Major Increase in Federal Research Needed to Determine Size of U. S. Coal Reserves and Meet Increasing Challenges in Mining Safety, Environmental Protection," press release, June 20, 2007.

[18]Richard Heinberg, "Peak Coal: Sooner Than You Think," *Energy Bulletin*, May 21, 2007, www. energybulletin. net/299919. html.

[19]Energy Watch Group, " The Capacity of Coal is Significantly Overestimated," press release, March 3, 2007, http://www. energywatchgroup. org/fileadmin/global/pdf/EWG_Press_Coal_5—3—2007. pdf.

[20]B. Kavalov and S. D. Peteves, "The Future of Coal" (Brussels: Directorate - General Joint Research Centre, European Commission, Feb. 2007).

[21]Al Gore, *An Inconvenient Truth: The Planetary Emergency of Global Warming and What We Can Do About It* (Emmaus, PA: Rodale, 2006).

[22]Samuel W. Matthews, "Under the Sun—It's Our World Warming," *National*

Geographic, Oct. 1990, 19—20.

[23]Union of Concerned Scientists, "Common Sense in Climate Change: Practical Solutions to Global Warming," Sept. 30, 2005, http://www. ucsusa. org/assets/documents/global_warming/cilmatesolns. pdf.

[24]James M. Inhofe, floor statement, U. S. Senate Committee on Environment and Public Works, July 28, 2003.

[25]Naomi Oreskes, "Beyond the Ivory Tower: The Scientific Consensus on Climate Change," *Science*, Dec. 3, 2004.

[26]Kate Ravilious, "Extreme Global Warming Fix Proposed: Fill the Skies with Sulfur," *National Geographic News*, Aug. 4, 2006, http://news. nationalgeographic. com/news/2006/08/060804-global-warming. html.

[27]Public Broadcast System, NOVA episode transcript: "Dimming the Sun," first broadcast on April 18, 2006, http://www. pbs. org/wgbh/nova/transcripts/3310 _ sun. html.

[28]James E. Hansen, "Dangerous Human-Made Interference with Climate," testimony to the Select Committee on Energy Independence and Global Warming, United States House of Representatives, April 26, 2007, http://www. columbia. edu/~jeh1/2007/Testimony_20070426. pdf.

[29]"Earth's" Climate Approaches Dangerous Tipping Point, *Environment News Service*, June 1, 2007, http://www. ens-newswire. com/ens/jun2007/2007—06—01—01. asp.

[30]Hansen testimony, April 26, 2007.

第二章

如何独立于化石能源

尽管地球上很多区域的化石燃料埋藏在地下深处，但是，它们包含的最初能量源自距离地球 9 300 万英里(1.5 亿公里)以外的地方。这个来源就是年龄为 46 亿岁的太阳。相对于 2 000 亿左右颗其他银河系的恒星而言，太阳只是一个相当普通的天体，但它对我们这个小小蓝色世界中的几乎所有生命而言却扮演着一个独特的角色。它给我们光和热，这对我们维系生命来说至关重要。事实上，太阳对于创造和延续生命如此重要，在古代，许多人将之视为神物，包括埃及人、希腊人、罗马人。

要明白太阳是如何产生能量的，就让我们借助想象力旅行一次，穿越真空来到我们的星球。我们在脑海里航行，不断靠近这个明亮球体，其庞大使我们震惊。它大概有 130 万颗地球那么大，它几乎占据了太阳系 99.9%的质量。当靠近时，我们可以看到更多细节，包括从太阳表面跃出的巨大弧形耀斑。再靠近些，我们可以看到一两个较黑暗的斑点，我们称之为太阳黑子。这些都属于强磁场区，所以这些区域的温度高于太阳表面其他区域的温度。看过这些景象后，我们继续我们的想象旅行，穿过数千英里的氢气和氦气层向更深处航行。当到达太阳核心时，我们会发现这里如炼狱一般，温度高达 2 810 万华氏度(1 560 万摄氏度)，同时气压是地球海平面的 3 400 亿倍。[1]

毫无疑问，没有任何宇航员敢冒险进入，因为核心的极端恶劣环境很快将宇航员熔毁。然而，这却为热核反应提供了一个完美环境，创造了我们星球上的所有生灵，包括我们人类。我们的生存正依赖于太阳核心的反应。在太阳核心区域，巨大的气压和高温将氢原子的原子核融合起来形成氦元素。在融合过程中的每一秒，大量的热辐射从一系列反应中释放出来，这种辐射强度是地球上任何一种核武器都比不上的。

这个热反应炉产生的不仅仅是热量，还有辐射和光粒子，科学家们称之为光子。在反应过程中，光子开始遵循随机路径在密集的氢原子中不断碰撞。它们需要数千年才能到达太阳表面。一旦它们脱离了太阳迷宫，光子就永远离开了它出生的地方，开始以每秒 186 282 英里(每秒 299 792 458 米)的速度在真空中运动。因为太阳与我们的距离相对较远，所以绝大多数光子从未到达我们的星球。这是一件好事。假如其中的大部分来到了我们的世界，地球将瞬间被热和辐射烘烤，这里的生命也就不复存在了。幸运的是，我们的星球在科学家所谓的“适居带”中绕太阳运转，这是一个安全的距离，它既不远也不近，适量的太阳能带给我们一个舒适的气候。[2]

一旦光子到达地球，许多这样的微粒将转化为化石燃料。要理解这个过程，重要的是要知道绿色植物是如何储存光能的。把地球上的树木、草地及其他植物体想象成太阳能蓄电池组。植物细胞并不是像我们常用的“金霸王”家用电池一样用酸碱来储存能量，它包含了一种化学物质，这种物质叫做叶绿素。在一种所谓“光合作用”的过程中，这种绿色物质会吸收来自太阳的光子。它储存了光子的能量来帮助维持植物存活和生长。如果你已经回想不起来生物课上讲授的关于光合作用的内容，下面我们将快速地为你复习一下。在植物叶片细胞的内部，叶绿素利用太阳光把从空气中获取的二氧化碳分子与从根部获得的水分子中的氢结合起来。在这个太阳能化学融合过程中，光子能量是第一个被叶绿素吸收的，被用于把水分解成氢和氧。氧原子是这个过程中的副产物。绿色植物将它们释放回大气中，人类和其他物种可以轻易地从中吸取氧气来维持生命。与此同时，植物的光合作用继续使用太阳光能量，这一时间正式将二氧化碳分子与水解出来的氢原子结合起来。这个过程形成一个新的分子化合物，叫做碳水化合物。光子能量被储存于这种碳水化合物的化学键中，等待植物后来作为食物(如糖或淀粉)或纤维状材料(如纤维素)。[3]有时，昆虫、兔子或人类等动物会食用这些蔬菜的叶子或树的果实。在消化淀粉或糖的过程中，动物吸收植物已储存的部分太阳能。这样，地球上的几乎所有生命都是“太阳能驱动”的，包括人类。

自从第一种绿色藻类在25亿年前形成于池塘和湖泊之时，植物就已经开始利用太阳光制造碳水化合物了。煤炭来自生长在2.86亿～3.6亿年前的植物，这个时期称为石炭纪时期。在此期间，地球的陆地上满是广阔的热带沼泽，之后的巨大树林、蕨类和大型多叶植物便是由此演变的。石油和天然气形成于1.44亿～2.13亿年前，那时的海洋、湖泊和内海到处都是细菌；有细胞壁的微小光合生物叫做硅藻；藻群是由微型植物组成的绿色黏性物质，特别是海藻，它们群居在菌落里。所有生命不断从太阳中吸收光子，将它与碳原子和水分子结合起来形成有机碳水化合物。一次偶然的机会，有机物质将被山体滑坡、泥石流、沙尘暴引起的沉积物所覆盖。在泥沙和岩石的缺氧环境下，这些事件中产生的碳水化合物不断腐烂。在数亿年的时间里，这一自然过程把大气层中的二氧化碳存储到地球深处的这些物质当中。这种温室气体的转移逐渐降低地球的温度，使得它适宜后来诞生的人类居住。[4]

渐渐地，在很长一段时间里，地壳活动、火山爆发和大陆漂移改变了地球的地质结构。如果从外太空看，你可以把地球过去的3.6亿年看做一个延时电影，你会发现北美洲、南美洲、欧洲、亚洲、大洋洲、非洲和南极洲分裂，然后不断分离漂远。一些大陆板块相互碰撞——比如印度冲击南亚——就会形成一些地质山脉，如喜马拉雅山脉。在过去的几百万年时间里，地球受地下熔浆的推动，经历了一个缓慢而持续的变化过程。在这段时间里，受地质力量的推动，那些深埋于地下的碳水化合物不断沉降到地壳中。经过岩石下高温高压的作用，有机物中的氧分子被逐渐释放出来。从此，碳水化合物形成一种新的化合物，叫做碳氢化合物。这种化合物的分子是石油、煤和天然气的组成部分，比碳水化合物更具有挥发性。碳氢化合物以一种比碳水化合物更加密实的化学键保存了远古的太阳能。燃烧化石燃料时产生的能量比等量的碳水化合物产生的能量更集中。因为它们都是由远古动植物的化石残骸形成的，碳氢能源通常被称为化石燃料。这些燃料的状态取决于最初由何种生命形成，此外，还取决于形成时的地质条件。高温高压下，泥沙凝固成岩石，局部腐烂的陆地植物堆积形成煤。原油是由海底细泥覆盖在微小的植物上，然后经过数年在逐渐增大的海水压力下分解而来的。天然气，如甲烷，是由最轻的碳氢化合物分子形成，是石油在地下慢慢腐烂时释放出来的。[5]

早期人类化石燃料的历史

所有不断积累的化石燃料层像深埋的海盗宝藏，隐藏于地壳中有数亿年了。在漫长的岁月里，山脉起起落落，海洋诞生消失，将碳氢矿物越埋越深。最终，在侏罗纪公园，霸王龙和其他远古物种行走在这片存储了大量能量的土地上。大型爬行动物时代在 6 500 万年前就终止了，科学家推测当时曾有一个小城市般大小的行星撞击了我们的星球，位置在如今被称为尤卡坦半岛的地方，给恐龙带来了厄运。摆脱了食肉天敌的暴虐，夜间活动的啮齿动物开始进化出各种独特的新物种。哺乳动物时代从此开始。[6]

在数百万年的哺乳动物进化过程中出现了一种更复杂的动物，它们就是灵长类动物，天生对世界充满了好奇。它们进化为用腿直立行走，将其前肢从纯粹的行走中解放出来。它们学会了如何驱逐怕火的动物，然后学会了用火点燃树木和灌木丛来煮肉，光可以照亮黑夜，保护自己不受饥饿。最终，它们还发现了如何用石头制造工具和武器来帮助自己在恶劣的自然条件下生存和繁衍。作为它们的后代，我们继承了这种好奇心，它促使我们尝试木头和灌木以外的能源。人类最终发现了可以点燃的奇怪的黑色煤块和难闻的石油液池。我们了解到，燃烧这些燃料可以给我们提供光和热，还能保护我们免受野生动物的侵害。

人类使用石油至少已有五六千年的历史，今后也毫无疑问会继续使用下去。距今有 4 000 年历史的埃及墓里就画有人类利用石油生产食品的场景。就在如今伊拉克所处的地方，古代的苏美尔人、亚述人及迦勒底人收集了原油和从某些地区沿着幼发拉底河渗透出来的沥青。希腊历史学家希罗多德提到，巴比伦人甚至用沥青为他们的城市筑墙修塔。原油被古代的波斯人和埃及人用做治疗伤口的药物和照亮贵族家庭的燃料。早在 8 000 年前的巴库地区，也就是如今的阿塞拜疆，天然气扮演了一个宗教的角色。天然气散发到空气中，可能最初遭雷击点燃，古代波斯人把它奉为“永恒的火焰”来膜拜。[7]

数千年前，在现在的法国，人们燃烧煤炭获取光和热。在青铜器时代，古代英国的人们将煤炭用于宗教和其他用途。考古学家从这个古老的时期发现了火葬的蛛丝马迹。[8]在公元1世纪时，一个罗马旅行者写道，在阿魁—苏利丝镇的密涅瓦祭坛上，他看到了一种燃烧煤炭的火盆，那里就是现代英国巴斯城如今坐落的地方。中国也发现了化石燃料的实用之处，在人类文明史上，中国也许是首次拥有用煤来改变矿石和金属化学成分的国家。一些历史学家认为，早在3 000年前，产自中国东南部抚顺煤矿的煤炭就被用于熔炉炼铜。2 500年前，中国人可能是第一次将天然气用于实际用途，通过管道从井中输出这些气体，在装有海水的大平底锅下燃烧，从而蒸发液体生产食盐。[8]古代中国和日本的记录也暗指天然气曾被皇室贵族用于取暖和照明。500多年前，中国人开始用竹子和铁钻头钻取地下2 000英尺的油藏。

在古代，北美也使用化石燃料。考古学家们已经确定，13世纪，居住在现在美国西南部的霍皮印第安人挖取煤，用于烹饪食物、取暖和烧制陶器。一些美国土著部落也将沥青用做船的防水涂料和药物。1510年，克里斯托弗·哥伦布发现了特立尼达岛上的沥青。1543年，在他探索新大陆返回墨西哥的途中，西班牙探险家德索托经过得克萨斯州墨西哥湾地区时，发现了沥青，然后用它为探险船做了防水保护。1627年，在纽约靠近现在古巴的地区，方济会的牧师约瑟夫·德拉洛奇曾亲眼目睹了一个石油喷泉，并在他的行记中描述了这一奇观。16世纪，当欧洲人来到北美勘探和居住时，他们绘制了新世界的荒原，并且在其庞大的资源中发现了化石燃料，例如，路易斯·朱丽特和雅克·马奎特神父在伊利诺伊河边发现了煤矿。17世纪，北美的这些资源除了少数煤矿外并未被开发。然而，17世纪下半叶，工业革命的兴起迅速改变了这种情况，化石燃料开始在年轻蓬勃、技术进步的美国发挥重要作用。[10]

化石燃料时代的诞生

苏格兰工程师和发明家，詹姆斯·瓦特在创造现代燃料时代方面或许起了最为重要的作用。他年轻时为富有的业余科学家制造了数学计算工具。然而1764年，他的一位顾客请他修理一个坏掉的纽科门(Newcomen)

蒸汽机模型，从此世界的命运便发生了戏剧性的改变。这个富有实用精神的小伙瓦特，细致地分析了它的设计，发现它非常低效，因为它在运作期间流失了大量的蒸汽热量。凭借他爱钻研改进的本领，瓦特改变其输出功率，使其更有效率。1769 年，他凭借其节能蒸汽机设计第一次获得了专利权。(如今，以“瓦”作为度量电的功率的单位是为了纪念这位工业革命之父。)将科学发现用于工业使用，瓦特开始在商业基础上制造他新改良的蒸汽机。他最初的客户是康沃尔郡的铜矿业主，他们用他的装置从地下泵取水。很快，面粉厂、造纸厂、棉花厂、钢铁厂和威士忌酿酒厂也纷纷使用他的这一革命性机器。在瓦特的蒸汽机问世以前，大部分的英格兰林地被砍伐用做燃料以炼铁、建房和造船。面对即将到来的燃料危机，英格兰发现其丰富的煤炭资源可以作为一种替代能源储存起来。到 1700 年，岛国年均产出 270 万吨煤炭。100 年后，瓦特的蒸汽机使得煤炭生产需求量增加了约 1 000 万吨。19 世纪上半叶，瓦特的燃煤装置出现了很多新的实际用途，包括为跨海船只和穿越英格兰、欧洲、亚洲、澳大利亚、美洲的火车提供能源。瓦特蒸汽机开启了一个发明的新时代，推动了大量的技术革新，而这种技术革新需要一种更便宜、更易得的能源来帮助生产和运作。欧洲和美国地下储藏的大量煤矿推动了工业革命的第一阶段。[11]

19 世纪中叶，煤的广泛使用导致了石油消费量的增长。具有讽刺意味的是，石油开始受到公众的欢迎，如果时光倒转，连如今的环保主义者也会为之鼓掌。在这段时间里，人类捕杀成千上万的抹香鲸，屠杀它们仅仅是为了获取这些庞然大物身上的天然油。从这些鲸类身上获得的燃料被卖到美国和欧洲家庭用于照明。由于捕鲸未受监管，鲸类变得稀少，这种生物油的价格对于大多数人来说变得非常高昂。1856 年，1 加仑鲸油的成本达到了 1.77 美元的天价(按今天的物价指数计算大约 44.56 美元)。[12]人们也开始担心即将到来的燃料危机，当海洋中最后一头鲸鱼被捕捉上来的时候，危机就来了。

加拿大地质学家亚伯拉罕·盖斯纳博士提出了一个解决危机的巧妙办法。他发现，精炼石油可以代替鲸油。在那时，当人们发现这种黏性物质渗出地面时，石油对于大多数人来说一直是个很大的麻烦。但盖斯纳却从这一烦恼中看到了能源的影子。1849 年，他运用一种类似威士忌蒸馏器的技术装置提炼这种液态烃，生产一种所谓“煤油”的新产品。公众很快就喜欢上了这个新的替代能源，因为它的价格比鲸鱼油低多了；它不会腐坏，而鲸油会；而且它燃烧起来不像鲸油那样发出一股恶臭。盖斯纳这一广受欢迎的发明——煤油——使得石油生产在 18 世纪 50 年代繁荣起来。直到 1860 年，美国已有 30 个提炼煤油的炼油厂，以供美国家庭照明。[13]

最初，用于生产煤油的大部分石油来自浮于池塘湖泊水面的油污。然而，公众对煤油的需求越来越大，这种生产煤油的方法很快就显得效率太低了。人们需要一个商业生产石油的更好方法。一个名为埃德温·德雷克的美国人发现了它。他认为，石油可能深埋地下，就像水储存在地下蓄水层一样。尽管有些人嘲笑德雷克的“油井”猜想不切实际且永远不可能实现，德雷克还是坚持他挖掘液体化石燃料的目标。1859 年 8 月 27 日，在宾夕法尼亚州西北部的泰特斯维尔镇附近，德雷克发现了“黑色黄金”——世界上第一个成功的商业油井。[14]这一事件标志着美国现代石油工业的诞生。

自德雷克发现石油后，美国石油热才正式开始。许多投机者在这一新的迅速发展的能源行业中看到了快速致富的途径。无论在哪里，只要发现了石油，那里就会如雨后春笋般地冒出很多新兴城市。很快，宾夕法尼亚州处处可见抽取石油的高耸吊杆，一时间成为当地的景观。许多大胆的企业家从这次繁荣中赚取了大笔的金钱，然而有更多的人投资失败。在那些数以千计的未能走运的人中，有一个名叫约翰·威尔克斯·布斯的年轻演员。1864 年，他在宾夕法尼亚石油上投机失败，损失了大量资产。[15]

林肯逝世和内战结束后，美国的任务转向战后重建，帮助国民摆脱支离破碎的生活。许多人把新兴的石油行业视为他们的财政拯救者。1865 年 1 月，投机者在宾夕法尼亚州附近的一个现在被称为石油溪峡谷的地方，发现一个重要的石油储层。很快，一个有着奇怪名称的小城镇皮特霍尔(Pithole)在那里涌现出来，截至当年 9 月份，它已有约 15 000 人口。皮特霍尔作为美国最大的石油新兴都市被载入史册。2 年后，随着勘探到的石油越来越少，稳固资金支持方面前景惨淡，这个小城的人口下降到约 2 000 人。[16]皮特霍尔的故事代表了化石燃料只能有限供应当地经济的问题。但是，一些人的确从中走运。在那些从 19 世纪新兴的石油行业中暴富的美国企业家中，最有名的就是约翰·戴维森·洛克菲勒(John D. Rockefeller)。

与其他人不同的是，这位野心家推动了美国大型石油企业的巨大发展。

石油巨头

1858年，19岁的洛克菲勒就开始了他的发财之路。他和一位特别年轻的邻居朋友莫里斯·克拉克组建了一个企业，销售谷物、甘草、肉类及其他商品。洛克菲勒凭借其天生的商业天赋及对数字的高度敏感，成功地帮助公司向美国内战期间的联邦军队出售食物和其他必需品。但洛克菲勒意识到，随着战争的结束，他成功的商业模式也将终止，因此，在1863年，他决定进军新兴的石油工业。在目睹了石油城的繁荣与萧条之后，他明智地选择了一个他认为可以使财政更加稳定的业务——精炼石油。洛克菲勒组建了一个商业合作团队，成立了一家拥有世界最先进炼油技术的公司，然后，建造了一家在煤油生产方面比其竞争对手更为有效的炼油厂。另外，他还拥有制造油桶的工厂，并在纽约拥有自己的仓库和运输石油的船只。为了把商业业务扩展得更广，公司成为了第一个利用坦克车在铁路线上运输石油的公司。并且，洛克菲勒发现了为其公司创造更大财富的办法，那就是充分利用和出售煤油生产过程中产生的“废弃物”。高质润滑油就是这些副产品中的一种，用于润滑机械。除此之外，还有液态去污苯和石蜡，石蜡可以用来制造蜡烛和防水纸。另一个衍生产品叫做汽油，洛克菲勒公司将其作为廉价燃料出售，然而数年后却为石油工业创造了一个比煤油更加有利可图的市场。洛克菲勒的炼油业务发展得如此成功，因此，他在1870年1月10日成立了俄亥俄标准石油公司（Standard Oil Company of Ohio）。在公司创建之时，它仅控制全球石油业务的10%。但是在接下来的几十年里，公司利用其铁路运输在全美的影响力，迫使很多较小的石油公司与标准石油公司合并。该公司因此成长为一个垄断巨头，几乎完全控制美国所有的产油和炼油业务。标准石油公司对全国石油燃料的巨大控制给许多公民带来了担忧，包括总统西奥多·罗斯福，因为他一直致力于增加联邦政府对垄断商业实体的监管力。联邦政府和洛克菲勒公司的律师之间经过多年的角逐，美国最高法院于1911年裁决标准石油公司对石油行业的控制是非法的。随后，法官命令将该公司分解为34个新的业务公司[17]，成立的新公司有:纽约标准石油公司(后改为美孚公司)、新泽西标准石油公司(后改为埃索公司,之后改为埃克森公司)、加州标准石油公司(即如今的雪佛龙公司)等。

震撼世界

现代文明已对煤炭和石油形成高度依赖,这一结果也部分源于本杰明·富兰克林的实验。著名的风筝实验表明闪电是一种电力,然而在其公布之后的多年里,电一直被公众视为科学奇观,而没有任何真正的实际用途。直到塞缪尔·莫尔斯发明了电报、亚历山大·格雷厄姆·贝尔发明了电话之后,这一切才开始改变。他们的发明有力地证明了电力的一种可以作为远距离通信工具的商业用途。而美国发明家托马斯·爱迪生和塞尔维亚电气工程天才尼古拉·特斯拉才是真正震惊全世界和造福全人类的人。

爱迪生对白炽灯泡的技术改进,引发了公众去想象现代化电动便利设施的真正潜力。在 1879 年新年前夕,这位“门洛帕克”的奇才公开展示了他的电灯,用它照亮了他在新泽西的实验室,令来此度假的客人大为惊奇。但爱迪生花了更长的时间才建立起世界上第一个商业发电站,到那时电力行业才真正诞生。位于纽约曼哈顿下城地区的发电站于 1882 年 9 月 14 日投入运营。这个电厂通过燃煤转动蒸汽涡轮机发电,为珍珠街上一平方英里的消费者们提供了电力和照明。

在接下来的 10 年里,电力在公众方面的应用缓慢增长并稳步攀升。它的真正广泛应用开始于 1893 年在芝加哥举办的世界哥伦比亚博览会。在那里,近 2 800 万人(当时人口普查记录显示美国的总人口数为 6 260 万)第一次看到电如何为他们的生活带来舒适和便利。哥伦比亚博览会(又称为芝加哥世界博览会)为美国人提供了一个看到世界现代奇观的中心场所。电是这场秀的主角。大规模的展馆展示了最新的电器设备,包括家电、电动防盗警报器、带防偷器的电动外套和一把电椅。但博览会带来的一场真正的革命并没有被大部分游客注意到。博览会成为特斯拉交流电(AC)系统的试验场,它提供了一种比爱迪生的直流电系统更为有效的供电方式。交流电源及其相应的实用科技的第一次大规模展示,引发公众想象电力可能给美国及世界创造的利益。[18]

芝加哥世界博览会后，电气化的巨浪才真正涌现。随之而来的是对化石燃料需求的不断增长，以此来满足公众对电力的渴求。这种增长性的需求最终带来了煤炭工业的经济繁荣，大部分煤炭产品被卖往美国成千上万家发电厂。但是，电灯的普及导致了石油工业的利润下降。美国公众不想再用那些麻烦而又高度易燃的煤油灯了，他们只要轻按家里或办公室的开关就可以享受到电器照明给他们带来的安逸生活。随着煤油需求量的不断下降，电力需求量不断上升，石油公司正面临着一个不确定的未来。然而，一种叫做"无马马车"的新发明很快就给石油工业带来新的商业机会。

汽车与美国

1886 年，卡尔·本茨在德国曼海姆设计了三轮汽车，他可能从此开启一场改变政治和社会面貌的重大技术变革。最初，燃气引擎的动力汽车在公众看来太不具有实用性，它被认为是只有富人能买得起的奢侈品玩具。但是，随后一位自学成才的工程师亨利·福特（曾就职于爱迪生照明公司）开始凭借修理自家汽车的爱好，将他的业余时间都用于提高交通工具的性能上。1896 年 6 月 4 日，福特在底特律的街道上试驾他第一次设计的汽车，他称之为"四轮"。它实际上是一驾燃油的四轮马车，但这只怪模怪样的装置后来成为技术更为复杂的汽车的原型。

1903 年，这位底特律发明家成立了他的福特汽车公司，利用他的发明为普通民众大规模地生产廉价汽车。直到 1908 年，他的工厂都在制造售价 825 美元的 T 型车，这已是一个普通美国人能支付得起的价格了。直到 1914 年，该款车已售出 50 万辆。[19]随着流水线生产方式的细分和零件制造技术的提高，汽车的成本不断下降。随后的几年里，数百万普通的美国人购买了他的汽车。福特销售低成本车的思想彻底改变了交通工具的世界。20 世纪早期，美国普通民众第一次享受到自由驰骋的喜悦，汽车可以带他们去美国的任何一个地方。城市居民可以驾着福特车去乡村享受一个美好的下午野餐，农民和牧场主们不用骑马就可以方便地进入城区出售自己的农产品、挑选自己想买的商品。同时，福特汽车为全国数百万的工作者提供了工作机会，他们则提供汽车生产所需的原材料。美国的文化和工业化开始迅速发展。

大约在同一时间，电动照明降低了煤油需求，石油公司在福特的大规模汽车生产中看到了它们的救星。汽车内燃机可以利用石油精炼出来的汽油，因此，汽油需求的增加导致了石油生产的激增。石油不仅可以炼制成汽油燃料，而且可以制造沥青，广泛应用于铺设美国的城市街道和乡村公路。现在，美国汽车里的司机和乘客可以方便地行驶在他们的旅途上，而不用像以前一样穿越灰尘和泥土。

现代工厂式汽车生产方法的改进与美国道路质量的提高，对美国的化石燃料增加起到了另一种显著的影响。其他企业向亨利·福特借鉴流水线系统，开始大规模地生产更便宜实用的商品，效率比单纯的手工制造高了很多。这些工厂需要煤炭发电来运行设备和机器。那些大批量生产的消费品需要通过铁路或公路运输到美国的城市和乡村。车辆在这种新兴的国家运输系统上行驶，创造了更大的石油需求。常用的家用产品(如洗衣机、收音机及其他电器)也大幅度地增加了对煤炭发电的需要。美国突然发现自己对化石燃料的需求量正在呈指数级增长。

西部石油

19 世纪下半叶，宾夕法尼亚州是石油工业的最大生产地，但是美国西部直到 20 世纪上半叶才进入石油生产。自 1866 年以来，得克萨斯州就已有石油钻出，但是这里的产油量与美国东海岸钻井相比显得小多了。1888 年，钻井队的一名成员在得克萨斯州的纳科多奇斯镇发现了一个油田，日均产油 300 桶，吸引了很多其他石油投机者到这个州来。其中有一个自学成才的地质学家——帕蒂罗·希金斯，他只有一只胳膊，另外一只胳膊是在他年轻的时候与一位副警长的交火中失去的。希金斯看到了石油对美国和自身未来的潜在价值。他注意到一个盐顶山丘，它位于得克萨斯州东南部的一个所谓“纺锤顶”的干旱地区。在这个地区，硫磺泉到处流淌，天然气渗流，划一根火柴就能将其点燃。希金斯推测，纺锤顶地下可能有一个巨大的石油层，于是他和其他投资者成立了格拉迪斯石油 & 天然气制造公司，试图开发这片地区。随后的十几年中，他们四处钻孔勘探，但是资金亏损，努力没有换来什么成果。最终，在 1901 年 1 月 10 日，当公司钻机钻到 1 139 英尺的深度时，原油喷涌而出，石油喷出地面达 100 英尺。石油似乎永无止境地喷出，以至于他们用了 9 天的时间才控制住油井，那时喷出的石油已经在吊杆附近形成了一个大黑湖。这个油井被称为“卢卡斯油井”，日均产油 10 万多桶，这是当时日均产油量的世界最高纪录了。更重要的是，它证明了广袤的孤星州地下藏有大量的石油。这一事实吸引了其他爱财的投机者。希金斯著名的纺锤顶油田问世后仅 2 年，数百家石油公司在得克萨斯州建立起来，其中有几家最终发展成大牌石油公司，如德士古、阿莫科和埃克森美孚(埃克森美孚起源于不起眼的小石油公司，1959 年经兼并形成新泽西标准石油公司)。[20]

20 世纪上半叶，加利福尼亚也加入石油行业中，成为其中主要的一员。洛杉矶著名的拉布雷亚沥青坑(La Brea Tar Pits)早就有证据证明，石油可能会出现在盆地。1861 年，在加利福尼亚北部的洪堡镇，人们手工钻出了第一个油井。而在文图拉和洛杉矶县，也有大量的油田被陆续勘探出来。1896 年，美国的第一个海上石油钻井从圣芭芭拉县的太平洋码头上钻出。直到 1899 年，位于加利福尼亚中央谷的克恩县发现了一个巨大的油田，这使得金州(Golden State)成为石油生产上一个重要的竞争者。到 1900 年，加利福尼亚每年平均产油约 430 万桶。5 年后，年均产油量达到了 3 400 万桶。随着民众驾车对汽油的需求不断增大，到 1920 年，州石油年产量跃至 1.034 亿桶。[21]

除了汽车之外，现代技术竞赛也增加了人们对化石燃料的需求。第一次世界大战和第二次世界大战这样的世界性冲突，需要大量的石油和煤炭来运行军用飞机、坦克、吉普车和船只，并给生产军事装备的工厂提供能量。苏联和美国的冷战开始以及第二次世界大战带来的军工产品增加，将国家对化石燃料的需求推向一个前所未有的水平。第二次世界大战后，许多美国大兵从欧洲、北非和太平洋回到家乡，他们渴望组建家庭，开始一番新的事业。他们的归来带来了人口的激增，很快在郊区出现大片新建的房屋。成家以后，他们又开始为新家添置最新、最闪亮的电器，买了最新款的高油耗汽车。曾居住在欧洲的美国服务人员认为，开着他们的新车行驶在宽阔的公路上是一件非常愉快的事情，就像他们在德国看到的那种公路。德怀特·D. 艾森豪威尔总统领导的联邦政府也开始在美国许多城镇之间修建州际公路系统。19 世纪 50 年代，喷气式客机和宽体喷气式飞机（如波音 747，于 1970 年 1 月第一次投入使用）的发展，使得美国得以通过商务航班与世界其他地区连接起来。这些飞机需要燃烧数百万加仑的石油喷气燃料。至此，人类文明如此强烈地依赖于有限能源，这是人类历史上从未有过的。

进口石油

然而，一个国家对化石燃料的依赖度不断上升，使得人民的生活处于险境。战后数年里，许多美国人开始意识到存储石油产品对保证未来的军事和经济实力非常必要。政客们也知道美国的油田是有限的，所以他们着眼于加强美国在海外的涉足。美国开始了这条路，这导致了美国越来越依赖国外石油途径。

促使美国从海外进口石油还有另一个主要的因素。石油输出国组织（欧佩克）在 1960 年 9 月成立，当时伊拉克政府从沙特阿拉伯、伊朗、科威特、委内瑞拉邀请了很多代表去巴格达讨论石油生产和价格方面的相互合作，以寻求最大利益。随着时间的推移，又有一些新的成员国加入欧佩克，如 1962 年卡塔尔加入，1962 年印度尼西亚加入，1967 年阿联酋加入，1969 年阿尔及利亚加入，1971 年尼日利亚加入，2007 年安哥拉加入。目前，欧佩克成员国控制了世界上 2/3 的石油储备，这对美国来说是一种严重的政治阻碍，因为美国的经济严重依赖于其石油供应。如今，欧佩克卡特尔组织生产了全球工业国家所需石油的 42%。就像美国石油大亨洛克菲勒的标准石油公司在一个世纪前实行垄断那样，欧佩克控制了世界上绝大多数的石油供应，这对全球过去几十年的经济发展造成了强大的束缚。后果就是给美国带来了高昂的社会和政治成本。1973 年 10 月 7 日，阿拉伯成员国对西方国家实行了石油禁运，从而报复美国及几个欧洲国家在赎罪日战争中给以色列提供攻打埃及和叙利亚所需的军用物资。这是我们第一次目睹欧佩克掌控世界能源供应带来的影响。禁运造成了 5 个月的“能源危机”，在此期间石油价格几乎在一夜之间翻了一番，并随着石油供应的减少而继续上涨。[22]这次危机的影响迅速波及美国经济，导致汽油和电力成本直线上升。制造业和运输业的成本提高造成美国经济大幅衰退，继而又使得很多美国人失去了工作。突然间，美国人真正开始意识到这个可怕的事实：对国外化石能源的过度依赖将严重危害人们的生活。

这场危机期间，美国人开始激烈地讨论非化石能源的应用，如风能、太阳能。但是，一旦欧佩克取消石油禁运，恢复中东的石油供应，替代能源的公众话题很快变得不再热烈。这场危机并非异常，我们明白，只要我们还没有开发出清洁的可再生能源，我们就将继续活在化石燃料的控制之下。由于中东政局不稳，美国自 1973 年以来不断遭遇频繁的能源危机。1979 年的伊朗革命和 1990 年的海湾战争都危及美国的石油供应，美国经济因此受到了严重的损害。近年来我们还发现，不只是国外石油来源会给美国经济带来风险，国内与能源相关的行业同样能造成威胁。举例来说，2001 年，加利福尼亚就因能源公司的管理不当和商业不道德行为遭受了一场席卷整个州的电力危机。在不久的将来，美国石油供应方面的威胁将日益增长，因为世界上的经济可用油不断减少，同时处于工业化阶段的中国和印度对石油的需求又显著增长。

如果美国不能更好地掌控自己的能源需求，那么它在未来面临的挑战将会比曾经经历的更多。幸运的是，在这个迫在眉睫的危急时刻，我们正在研发利用非化石能源方面的技术。美国人拥有两个宝贵的资源——智慧和想象力，这将使得我们有能力解决能源的现实问题。我们可以并且必须运用创新精神来应对目前遇到的化石燃料挑战。18 世纪 50 年代，美国企业家发明了一种从石油中提炼煤油的生产方法，解决了我们的第一个“石油危机”，当时国家的鲸油供应遭到了过度捕杀的威胁。在 21 世纪最初的几十年里，我们已经掌握了更高级的方法来应对能源危机，它们将使我们用上比化石燃料更清洁可靠的能源。下一章我们将详细探讨这些替代性能源解决方案。

注释：

[1]Stanford Solar Center,"The Sun's Vital Statistics,"www. solar-center. stanford. edu/vitalstats; NASA World Book,"Sun,"www. nasa. gov/worldbook/sun_worldbook. html; International Solar Terrestrial Physics Program,"Some Interesting Facts About the Sun,"http://www-istp. gsfc. nasa. gov/istp/outreach/workshop/thompson/facts/html.

[2]"The Goldilocks Zone,"*Astrobiology Magazine*, April 28, 2007, www. astrobio. net/news/article2314. html.

[3]Estrella Mountain Community College,"Photosynthesis,"http://www. emc. maricopa. edu/faculty/farabee/BIOBK/BioBookPS. html.

[4]Description of the origin of fossil fuels is derived from Christine Pulliam,"Astronomers Create Chart to ID Life-Bearing Planets in Distant Star Systems,"*Smithsonian Inside Research* 15(Winter 2007), http://www. si. edu/opa/inside research/articles/V15_IDchart. html; Chapter 8: Fossil Fuels—Coal, Oil, and Natural Gas, in *Energy Story* (Sacramento: California Energy Commission), www. energyquest. ca. gov/story/chapter08. html; and Janet Marinelli,"Power Plants—The Origin of Fossil Fuels,"*Plants & Gardens News*, Brooklyn Botanic Garden newsletter 18, no. 2(2003).

[5]The Coal Resource, World Coal Institute, www. worldcoal. org; Education for a Sustainable Future: Environmental Project,"Fossil Fuel Formation,"www. ESFEP. org; and National Ocean Industries Association (NOIA),"About Natural Gas,"www. noia. org/website article, asp?id=128.

[6]Michael Schirber,"Asteroid Impact Fueled Global Rain of BBs,"*Space. com*, www. space. com/scienceastronomy/050328_asteroid_impcat. html; and Martin Jehle,"Paleocene Mammals of the World,"www. paleocene-mammals. de/.

[7]Chapter 8: Fossil Fuels, *Energy Story*.

[8]William E. Brooks,"Coal and Cremation in Ancient Peru,"*Geotimes*, Feb. 2004, www. geotimes. org/feb04/resources. html.

[9]Chapter 8: Fossil Fuels, *Energy Story*; NOIA,"About Natural Gas."

[10]Details of the early human history of fossil fuels are from Jeff Goodell, *Big Coal: The Dirty Secret Behind America's Energy Future* (New York: Houghton Mifflin, 2006), 11; Chapter 8: Fossil Fuels, *Energy Story*; W. E. Butterworth, *Black Gold: The Story of Oil* (New York: Four Winds Press, 1975), 13; and National Energy Tech-

nology Laboratory, "Secure and Reliable Energy Supplies—History of U. S. Coal Use," www. netl. doe. gov/KeyIssues/historyofcoaluse. html.

[11]Details of the story of James Watt's role in creating the modern fossil-fuel age are taken from *Biographies: The Inventors of the Industrial Revolution*, www. blupete. com/Literature/Biographies/Science/Inventors. htm; British Broadcasting Company. "Historic Figures: James Watt (1736—1819)," www. bbc. co. uk/history/historic_figures/watt_james. shtml; and History Learning Site, "Great Britain 1700 to 1900: Industrial Revolution: Coal Mines," www. history learningsite. co. uk/coal. html.

[12]"Abraham Gesner: Inventor of Kerosene Oil, Founder of Modern Petroleum Industry, and Saver of Whales," *National Chemistry Week*, www. ncwsnc. cheminst. ca/articles/1999_gesnerl_e. htm.

[13]Virtual American Biographies, "Abraham Gesner," www. famousamericans. net/abrahamgesner, "Abraham Gesner," *National Chemistry Week*.

[14]Butterworth, *Black Gold*, 23—26.

[15]Explore PA History, "Striking Oil," www. explorepahistory. com/story. php? storyID+12&chapter=3.

[16]Scott Canfield, "Tales of Destruction... Pithole, Oilfield Ghost Town," www. logwell. com/tales/pithole. html.

[17]The story of John D. Rockefeller and big oil if from Public Broadcasting System, "American Experience: The Rockefellers," http://www. pbs. org/wgbh/amex/rockefellers/; and Joseph Kahn, "Big Oil: The Old Dynasty; An Oil Giant Would Lack a Rockefeller," *New York Times*, Dec. 3, 1998.

[18]The story of Edison and Tesla and their roles in "electrifying the world" is from several sources: Public Broadcasting System, "The American Experience: Timeline of Thomas Edison's Life," www. pbs. org/wgbh/amex/edison/timelines/indext. html; IEEE Virtual Museum, "Pearl Street Station: The Dawn of Commercial Electric Power," www, ieee-virtual-museum. org/collection/event. php?id=3456876; Norman Bolotin and Christine Laing, *The World's Columbian Exposition: The Chicago World's Fair of 1893* (Champaign: University of Illinois Press, 2002), vii; and Public Broadcasting System, "Tesla: Life and Legacy—War of the Currents," www. pbs. org/tesla/11/11_warcur. html.

[19]Automotive History Online, "Ford Motor Company—1903-Present," www. au-

tomotivehistoryonline. com/Ford. htm; The Henry Ford Museum, "The Life of Henry Ford," www. hfmgv. org/exhibits/hf/; and The Frontenac Motor Company, "The Ford Model T: A Short History of Ford's Innovation," http://www. modelt. ca/background-fs. html.

[20]The story of Patillo Higgins and Texas oil is derived from several sources: Eugene Kim and Daryl Mazzanti, "Texas Oil and Gas," www. beg. utexas. edu/mainweb/services/pdfs/giddings, pdf; Free Enterprise Land, "The Gusher," www. freeenterprise-land. com/BOOK/GUSHER. html; "Spindletop Oilfield," *The Handbook of Texas Online*, www. tshaonline. org/handbook/online/articles/SS/dos3. html; and The Paleontological Research Institution, "Spindletop, Texas," www. priweb. org/ed/pgws/history/spindletop/spindletop. html.

[21]"Oil and Gas Production: History in California," ftp://ftp. consrv. ca. gov/pub/oil/history/History_of_Calif. pdf; and Earthguide, "Rise of Oil Production," www. earth-guide. ucsd. edu/fuels/production. html.

[22]Grant Smith and Mark Shenk, "Al-Naimi Sees $60 Minimum; OPEC Supply Cut Unlikely (Update2)," *Bloomberg. com*, March 3, 2008, http://www. bloomberg. com/apps/news?pid=20601087&sid=aS7yUeT0CwNA&refer=home; and American Association of Petroleum Geologists, "'73—74 Was a Dark, Fateful Winter," www. aapg. org/explorer/2004/03march/embargo. cfm.

第三章

新能源时代的来临

20 世纪初，很少有美国人能想到子孙后代会享有 10 年后的科技奇迹。在 20 世纪初，大部分人还在用平均时速约为 5 英里的马车在泥泞的道路上旅行；今天，我们在平坦的道路上驾驶车辆穿越各国，时速超过 65 英里都不觉得有什么稀奇。100 多年前，奥维尔和威尔伯·莱特还在测试他们具有开创性的飞行器；今天，人们每天都可以登上大型喷气式客机，舒服地飞行在距离大海和陆地 30 000 英尺的高空中。一个世纪以前，电话是相当原始的玩意儿，打电话的人需要先联系电话接线员才能打通电话；今天，价格实惠的手机可以装在我们的口袋里和钱包里，手机不仅能让我们及时地用声音沟通，还可以用来照相、上网。一个世纪前，只有在儒勒·凡尔纳和赫伯特·乔治·威尔斯的小说里才会出现人们大胆地在宇宙天体中冒险的场景；今天，火箭经常把卫星和人类发射到地球的轨道上，机器人探测器跨越真空空间的界限登陆到邻近的行星并进行开发探测。20 世纪初，当很多物理学家都认为人类的科学发现已经到了极限时，一位瑞士的专利工作人员提出了一个革命性的概念，即物质和能力之间是可以转换的。阿尔伯特·爱因斯坦的研究为现代核反应堆和原子武器奠定了基础。而且，我们今天所用的大部分数字科技中的集成电路，比如电脑和全球定位系统，都是以量子力学的规则为基础的，而量子力学却是那些聪明的物理学家在过去 100 年里发现的。

我们在人类历史上最有发明潜质的时代享受着科技硕果。但是在未来的 100 年中，发明可能会有更大、更惊人的进步。如果我们能继续那些惊人的连续性革新，并且如果只要我们想到就能做到而不受实际限制，这样，我们的子子孙孙就可以享受到一个只有在科幻小说里才能见到的世界。

对于预测未来世界的奇迹，我们唯一可以确定的是，就像过去100年里科技的进步需要开发能源一样，未来那些先进的小工具、小玩意儿同样也需要可靠的电力供应来运作。我们后代的世界需要能源——大量的能源。而且这些能源不太可能还由我们现在所用的那些消耗很快的石油、煤炭、天然气来供应。更加令人鼓舞的景象是，在未来的世界中，我们会大幅度提高对环境友好型、可再生能源资源的利用，以替代化石燃料的不断萎缩的供应品。通过建立一个旨在发展清洁能源基础设施的现实渠道，人们在不久的将来就会大大地受益于这些来自太阳能、风能、水能、地热能以及核聚变能的能源。

现在让我们来考虑一下这些多种多样的能够潜在地帮助我们完成能源独立的能源资源，在历史的、科学的基础上去检验它们，同样也要知道它们在目前的发展中处在什么样的科技阶段。

太阳能

在酷热的夏日正午，人行道总是被烤得很热，热到你都可以在上面煎鸡蛋了。如果把花园中的软管直接放置在太阳底下暴晒，里面的水会变得很烫，甚至可能会烫伤你的皮肤。一年中太阳照射在我们星球表面所提供的能源量比我们整个人类用掉的能源量要多出10 000倍。如果我们能收集到哪怕是一部分太阳辐射的能源，人类文明就可以轻松地摆脱掉对地球化石燃料储备的依赖。太阳能以各种方式显著地影响着我们的世界。每天，它通过主宰天气、庄稼、经济以及人类文明的进程来影响着我们星球上每个人的生命。但是，我们对这个来自太阳的能量流“聚宝盆”却了解甚少。利用太阳能生产的电力，占整个世界电产量还不到1%。不过，太阳能工业已经随着科学技术的改善和进步开始出现了。在过去的50年中，由于每年光伏发电的价格平均下降4%，太阳能发电量在那个时期每年上涨30%。许多美国人也积极地看好能源资源的发展前景。2007年，罗珀中心的一份公众意见调查报告显示，87%的美国人相信以太阳能电板供应能源为一大特点的新型房屋将会很快面市。[1]

人们使用太阳能已经有很长的历史了。几千年来，我们用来自恒星的能量晾干衣服，使肉类和水果脱水以便保存它们，让房子在冬天里变得温暖。在公元前第二个世纪的古希腊，太阳能很可能被用于制作一种叫做“死亡之光”的强大武器来对抗罗马船队对西西里岛雪城的侵犯。[2]据说是聪明的希腊数学家阿基米德发明了一面巨大的镜子，这个镜子可以把来自太阳的热能集中成一束，当敌人的船只靠近时就可以发射。虽然这个故事毫无疑问只是一种猜测，但是它说明了古人已经明白太阳能的力量以及如何将它运用于国家安全这样的实用目的上。

目前，太阳能在现代科技发展中依然处于早期的发展阶段。我们作为一个国家，才刚开始明白，如何把太阳能利用于提高民族的短期和长期利益——通过在建筑原理的基础上利用太阳能建造住房、商用房，还通过在建筑材料中吸收并保留太阳辐射热量。在古老的文化中，我们已经有这些利用太阳能的“被动系统”的例子了。2 000 年以前，罗马人在建造大厦和澡堂时非常巧妙地运用了太阳的光线来取暖。另外，1 000 多年前曾居住在美国现在西南区域的古老的阿纳萨兹人，在构造城市建筑物时，很聪明地把建筑主体塞进悬崖的凹处，这样的房子在夏天会很凉爽而在冬天会因为太阳能而变得很温暖。[3]

在过去的几十年中，由于化石燃料消耗得越来越多，我们可以看出，利用“主动系统”来开发太阳能已经成为一个稳步上升的趋势。其中用得最普遍的就是利用收集起来的太阳能给家里和游泳池中的水加温。现在很多美国人的家里都有平板型太阳能集热器，用于收集太阳能来增加水温。在这些设备中，冷水会在一根位于薄金属板中的管子里流动，而这根管子一般会漆成黑色以便更有效地吸收太阳辐射的热能。水会吸收太阳热能，然后其温度会上升到 180 华氏度(82 摄氏度)，接着热水会被储存在一个隔热的容器里备用。

太阳能的令人激动的一个发展就是运用热能集中原理，这要归功于阿基米德传奇性的“死亡之光”仪器。在那些阳光充足的地方，比如意大利、西班牙、法国还有美国的加利福尼亚，工程师设计并造出巨大版的这位希腊科学家发明的著名的镜子。而与过去把太阳光线用于战争目的不同的是，现在收集阳光是用于大型太阳能发电厂发电。在发电厂周围安置上百面反光镜，这样就能把阳光发射到装在塔上的一个中央接收器上。这个接收器中装满了合成油用来吸收太阳能，然后把液体温度升高到1 100华氏度（摄氏600度）以上。接着热油会被抽到发电厂的另一个地方用来烧水，这样烧水产生的水蒸气会自动地运转一个连接着发电机的涡轮机。一份2008年的调查报告显示，这种形式的热驱动技术可以为美国人的电力需求提供达到90%的电量，包括运行一个国家的电动车辆。[4]

太阳能的另一个主要革新是20世纪中期的太空开发。美国航空航天局计划把一些通信卫星和军事卫星发射到地球轨道上，科学家们就需要为这个发射寻找一种动力支撑。以化石燃料作为动力的卫星，在发射时它的体重过重而且寿命非常短，所以这种卫星是很不实用的。以核能源作为动力的卫星可能会好些，但是这种卫星有一种让人不可接受的危险，就是一旦发射失败或者卫星最终降落到地球时，就会对地球的大陆和海洋造成污染。科学家们认为，解决卫星燃料问题的最好办法就是利用太阳为之提供的既免费又稳定的能源动力。贝尔实验室的研究员们发明了一种光伏电池（也叫光电电池），这种电池可以吸收直射的阳光来发电。这些电池运用一种类似于制作计算机芯片的制作方法，即利用那些被切成很薄的圆形晶片的硅晶体来制作。而今，最初为了卫星而发展起来的光伏技术也用在了其他更加常见的应用程序中，从普通的袖珍计算器到路边紧急求助电话亭都有这种技术的运用。最近几年，光伏电池的制作成本下降了相当大的幅度，所以它逐步成为现代办公大楼和郊区居住房的特征。并且随着这些能量生产设备的制作成本在不久的将来会下降得更多，说不定有一天我们能很平常地看见在美国的沙漠地区安装着许多闪闪发光的光伏电池板来发电，并将这些电通过电线传送到社区。光伏电池在商业上成功的关键原因是，大规模生产的技术稳步发展，从而驱使这些设备的成本下降。根据美国能源部提供的数据，以不变美元计算，光伏组件的生产成本已经从1980年的每瓦50美元下降到今天的每瓦3美元。随着这个具有巨大潜力的市场的竞争越来越激烈，我们可以看到价格在持续下降，使得光伏组件在未来几年越来越实惠。

除了光伏发电技术，目前科学家们在太阳能革新中还取得了另外一些令人激动的发展成果。它们具有低技术含量和低成本，比如“太阳池”概念，它是把太阳的热量集中在盐水的某个特定层中，然后用来提高房屋温度和发电。另一个还没有发明出来但具有可能性的发展，是利用微小纳米技术的“能源植物”来吸收阳光进行化学反应的过程。就像绿色植物中叶绿素进行光合作用的过程一样，有一天这种人工的化学反应过程也可能会收集太阳光子能量并将之存储在人体内一段时间。[5]这还很有可能是把二氧化碳排出大气层的一种方法，从而能帮助缓解全球变暖带来的负面效应。尽管现在还没有人能实践这个系统，但我们知道这是可能发生的。如果这个过程已经在自然界存在了，科学家也就一定能发现它的秘密。

未来太阳能的另一个用途听起来有点像詹姆斯·邦德电影里的东西。有些科学家已经建议发射一系列 50 平方公里的太阳卫星到高于赤道地带 36 000 公里的地球静止轨道上。这些卫星上的光伏电池板可以收集太阳能量并将它们变成一束微波传回地面上的接收站。该系统将有利于一天 24 小时地生产能量——当然在发生日食时系统操作会有短时间的停顿，这样生产能量也会有偶尔的间断。[6]然而，大家都认为这个如此先进的系统的建立成本很高，因为它要发射很多火箭和太空飞行器把宇航员和材料运送到轨道上，这样才能建立起这个系统并做好维护工作。

太阳能既有优点也有缺点。它最大的优点是，它可以免费地从地球环绕的恒星上获取。另外，没人对太阳能有政治上的或经济上的垄断，并且由于它无污染且不涉及地球上燃料的特点，使它成为一种环境友好型的能源。它同时也是一种不会很快被耗尽的能源——太阳已经向宇宙传递能量达 4.6 亿年左右了，科学家们估测它大约还能再传递 5 亿～6 亿年的能量。太阳能的另一个优点是，在阳光充足的区域，比如澳大利亚和处于赤道地带的非洲，太阳能被用在那些偏远的地方，因为在那些地方建立电厂的输电线路根本不能实现。

在目前科技的发展阶段，太阳能虽被广泛地运用于各个领域，但还是有不少缺点的。主要的问题是，它与化石燃料能源相比缺乏成本竞争力。光伏电池以及相关的基础设施尚未形成支撑它们的关键的价格门槛来对抗化石燃料发电厂。然而，这种情形会在未来的 10 年内改变，因为化石燃料的成本在上涨，而且光伏电池的大规模生产技术促使光伏电池的成本显著下降。另一个问题是，太阳能的利用要取决于季节性气候和当地的天气。那些地理位置上阳光年摄取量很低的地方就不能像阳光充沛的地方那样充分地利用太阳能了。第三个问题是一个很现实的问题，即很明显，我们只能在白天利用太阳能。太阳能的生产过程在晚上会停止，直到第二天的天明。因此，为了更有效地在太阳落山后利用太阳能，我们需要开发更多的经济有效的能量储存系统以及可以在特定区域传输能量的渠道。（太阳能光热看起来很容易具备成本竞争力并且很容易在没有阳光时储存一段时间的热量。）虽然有各种显著的障碍，但是科学家们和研究员们都很看好太阳能的发展前途，在太阳能发电达到商业规模之前，他们都在继续迎接并克服各种所需技术的挑战。美国人即将会有令人激动的革新，这会推动美国广泛运用太阳能的时代到来。

风能

当孩子们第一次坚定地握住风筝线让风筝飞翔在下午的天空中时，他们已经直观地获得了世界上其中一种最丰富的能源知识。尽管年轻人都认为有一种隐形的神奇力量使得那些空气动力玩具能停留在空中，但是这种现象实际上都是以物理学为基础出现的。使得风筝能随风飘动的能源起源于太阳。风能是以太阳能为动力的。我们星球所接受的太阳能大约有 2% 会转换成空气运动，这些运动的形式多样，可以是空气中的一缕光，也可以是诸如飓风或台风之类的强风。无论在何时何地有何种力量，风的产生都是因为太阳的辐射让包围我们星球的空气升温。温度的变化造成了空气对流，从而形成高压区和低压区。大自然总是会为自身寻求平衡点，所以高压区的空气会流动到低压区，使得两个区域能保持平衡。正是因为这种空气流动，才能让全世界的孩子放飞他们的风筝，在空中飞翔。[7]

数千年前，人们已经把风作为原动力用于实际生活了。在古代，风能的主要利用形式是作为水路运输的动力。那些船和帆船就是利用风能来扬起它们的船帆，从而使得它们能载着人和货物行驶在各大湖泊、河流、海洋之间。在克里斯托弗·哥伦布那次著名的 1492 年远航之后的多个世纪里，如果没有风能作为船只行驶的动力，欧洲冒险家也不太可能远航穿越整个美洲大陆。人类很早以前就已经把风能运用于农业中。根据史料记载，风车用来碾磨粮食的历史可以追溯到公元644年的波斯。这些早期的风车受到帆船的启发，把巨大的帆布固定在围绕着一个中心轴的螺旋臂上。这根轴连着风车上的各种齿轮，可以自动地把风能转换成推动巨大磨石的动力。甚至在今天，美国依然有很多农场和牧场还在用风车这种经济又高效的工具从地底下的含水层抽水。驾车行驶在美国大部分的农业郡县，你会发现这些“文物”就像牧场和田野中优雅的守卫者。

在工业革命初期，风能的普及开始抗击这个经济低迷的时期。由于煤炭能源的便利性和可靠性，欧美的工厂和农场逐渐不再使用风车，取而代之的是用廉价的化石燃料作为燃料产生蒸汽来运动活塞和齿轮。甚至帆船这种从古代就已经证明风能价值的技术，最终也被以煤炭为动力的汽船和轮船所代替。风能虽然是一种很奇妙的能源，却被认为已经过时了，但是20世纪70年代的能源危机又让它在现代重新燃起惊人的火焰。随着石油输出国组织颁布了石油禁运令，很多美国人也认识到一个事实，即这个工业化的世界对化石燃料的依赖已经到了不健康的程度。这场危机促使我们去重新挖掘其他资源，然后风能作为流行的清洁能源代替了碳氢化合物又回到我们的生活中。包括美国国家航空和宇宙航行局的专家在内的很多科学家看到了这些过时的风车，并意识到这些收集能源的装置在收集那些自然刺激空气所产生的能量时可以变得更有效。有创新意识的科学家们受现代飞机设计的启发，改进了气动涡轮叶片，能更有效地运用风力来发电。

在过去的1/4个世纪里，我们还只是处于利用这种清洁而几乎用不完的自然能源的早期开发阶段，却已经见证了风能涡轮技术在全球范围内发生了一次戏剧性的革命。目前美国有略微超过1%的电是由风能提供的，这相当于约450万个家庭的用电量。随着风能供电的兆瓦数每年都在实质性地增长，我们一定能看到这个等量的数值也会增长。根据美国风能协会提供的数据，2010年初美国以超过35 000兆瓦的发电量成为全球风能发电设备量的领头羊。中国继德国之后位居第三，在2010年初时风能发电量达到25 000多兆瓦。但是，中国在加大风能生产，并且它的风能涡轮的制造业和设备量在2009年超越了美国。如果我们国家能继续改进涡轮技术，并且在能够充分利用这种能量资源的地方建立足够多的风能农场，这样我们就可以大幅度地削减化石燃料的消耗量了。理论上，吹过美国北达科他州的风能够满足美国33%的电量需求。

在帮美国摆脱化石燃料、实现能源独立的过程中，像微风这样小的风力都可以发挥至关重要的作用。在驾驭风能的路途上，我们已经向前迈了很大一步，而且近几年会有越来越多的革新，这会促进发电成本的降低。2001年做的一项研究得出结论，如果美国在全国范围内安装250 000个新的涡轮机，我们就可以生产相当于2/3煤炭发电厂的电量。[8]目前，一个1.5兆瓦的风力涡轮机的设置要花费200万美元，并且每年需要花费30 000美元来维护，所以这种类型的工程需要巨大的资本投资。但是，要是把环境成本和健康成本也算在里面，它还是比化石燃料能源更有成本竞争优势的。

与太阳能一样，风能也是既有优点也有缺点。由于风源于太阳，每个国家都能长期且免费地使用它。在未来几十亿年内，地球的大气运动都会带来微风。风能也不会给我们星球上的空气和水带来污染。那些距离电网很远的人们，我们可以为他们建造风能涡轮塔，这样发展中国家和分散的村庄都可以从中受益。美国那些风能资源丰富的农村区域，比如北达科他州和得克萨斯州，都能通过建设风能农场充分地获取风能，这些农牧场都是农民出租的并且布满了许许多多的涡轮机。因为发电成本低，美国各个农业州都可以创造更多的当地就业机会和更多的税收来建学校和公路。

然而，风能并不是一个完美的能源解决方案。由于风能源自太阳辐射并且它的能量通常以地域为基础，以致每个季节、每一天所刮的风都不一样且不是持续性的。在不刮风的空隙时间里，必须要有其他能源补上。那些有潜力的风能农场所处的位置也一般都远离城市地区，而城市地区往往更需要这些农场。这意味着，我们需要一大笔钱来建造输电线路和变电站，这样才能把风能电力传输给消费者。我们还必须消除美国公众在使用风能电力的过程中形成的一些普遍的误解。很多人相信风力涡轮机噪音会严重影响附近的邻居。事实上，20世纪80年代那些较旧的涡轮技术发出的巨大声音就跟刀刃相击和齿轮运作一样吵，不过这个问题已经被后来设计出来的更经济有效的涡轮机解决了。现在大部分的风力涡轮机发出的全部声音也就是轻微的“嘶嘶”声，却很容易被外界风声给淹没。尽管现代风力涡轮技术制造的音量是低分贝，但是生活在风力工程附近的居民还是向当地政府表达了他们的担忧，即旋转叶片发出的声音和高塔挡住的视野会降低他们的生活质量和房产价值。另一个关于风力涡轮机的误解是，当蝙蝠和鸟类飞入旋转叶片的旋转范围时，涡轮机会造成它们大量死亡。事实上，涡轮机确实会杀害这些飞行动物，但数量是相当低的。2002 年，国家风能协调委员会对一份鸟类各种死亡原因的调查文件做了分析。他们通过比较研究发现，鸟类与旋转的风力涡轮机相撞所造成的死亡数量之比与人类活动造成的鸟类死亡数量之比大约是 1∶10 000。更多的鸟类是死于飞进了大楼、通讯塔台和交通工具。也有很多鸟是死于农药和在外面乱跑的家猫。[9]

风能作为美国以及世界其他国家的一种能量资源，会继续有重大的发展机会，就像涡轮技术的改进和批量生产已经达到了一个决定性的经济有效的层次。虽然风能发电技术最初发展于美国，但是其他国家比如德国、丹麦、西班牙和英国的政府已经数十年如一日地鼓励发展风力发电技术，因此这种起源于美国的技术的经济价值已经被海外国家所认识并开始广泛地运用于本国。风能在美国作为一种能量资源还是有很大的发展潜力的。甚至像虚构的唐·吉诃德这样的人物，他以与西班牙拉曼查区域的风车战斗而出名，可能也已认识到风能会给这个世界带来巨大的潜在利益。

水能

太阳系所有的星球里面，地球是一个水的世界。我们的地球几乎有3/4的表面被这种万用的流动物质覆盖着，海洋中的大部分水绵延几英里流入某些很深的海沟。以太阳热量和地球的重力为动力，这些水在地球天气系统里不停地循环。它们蒸发后上升到天空，然后压缩进云层里再以雨和雪的形式落回到地面，最终开启了河流小溪永不停息的流动之路。

很早以前，人类就已经学会了如何挖掘地球水循环系统里的能量。他们发现，水力发电提供的能量比人类和动物的肌肉力量要更加有效。在3 000多年前的中东地区和亚洲地区，人们发明了水车并开凿运河来运输河流小溪的水，从而可以灌溉庄稼和推动碾磨机来碾磨谷物。[10]在近一个世纪里，美国和世界上的其他国家都建造了大量的水坝来利用调蓄湖库里的潜在能源发电。在这个系统中，打开水坝的水阀，利用重力把水库里的水排放到贯穿于涡轮机的一个斜槽里，这样涡轮机就能利用这种不断流动的力量快速自动地旋转。旋转的涡轮机产生的电流可以通过传电线路把电送到几千里之外的社区住房或者公司里。

目前全世界大约有24%的电量是通过水力来发电的。在美国，水力发电量占了现有电量的12%并占了全部可再生能源发电量的75%。水在世界上有更多、更有潜力的利用价值——尤其是在南美洲、非洲和亚洲这些有大量水源的区域。中国在实现工业化的过程中就看到了水提供的大量能源所带来的发展机遇。其巨大的三峡水利工程，沿着长江建筑了1.4英里(2.25公里)长的堤坝，它是这个国家水力发电工程的一个典型代表。它在体积上比胡佛水库要大出5倍，其水库中的水每年能供26个发电机生产高达84.7亿千瓦的电量。[11]

虽然水力发电有很多优点，但它作为一种动力能源也有一些实质上的缺点。建造大型水坝用来存储必需的水量要花费很多的时间和金钱。它们也需要持续地维护来确保其安全性，以避免引发决堤灾难，从而给生活在下游的人民带来生命危险。世界上已经有一些大坝由于自身固有的结构缺陷而倒塌，造成很多人失去了生命和财产。著名的1889年约翰斯顿洪水就是因为宾夕法尼亚州大坝的倒塌才会发生，引起的洪水造成了2 209人死亡。

大坝对自然环境也有些影响，它们通常会对当地的动植物生态系统造成紊乱。比如，为了给旧金山供应水源，塞拉山脉的赫奇赫奇山谷(Hetch Hetchy Valley)被1923年建成的奥肖大坝里的水所淹没。这个山谷是能与附近的约塞米蒂国家公园相媲美的自然奇观，却被淹没在一个巨大的水库之下，当时和现在的环保人士都表示极大的痛惜。尽管赫奇赫奇山谷为旧金山提供了电力和水源，但是有不少人已经号召拆掉大坝，让这个冰川谷恢复它本有的状态。大坝的另一个环境影响是，水库放满水后可能会在短期内轻微加剧全球变暖。由此产生的湖会淹没生长在这个闭塞山谷里的树木、草地、灌木丛。腐烂的植物产生沼气并慢慢地以泡沫形式浮到水面或者混入空气中。像二氧化碳一样，沼气也是一种能困住空气中太阳热量的物质，因此也会加重我们现在的气候危机。

水力发电的一项挑战是，它高度依赖于地域和可用水资源。用来发电的大坝只能建在有充足水源形成大型人工湖的地方。但是最近几年，一种被称为微型水力发电厂的“河流控制系统”站点开始建造，用来给当地的村庄和企业供电。[12]相较于过去建造的宏大工程，这些站点的制造成本要低很多，因为它们不需要建造巨大的大坝工程，它们对自然环境也只有很小的影响并且只需少量的资本投入，这使得它们很受发展中国家的欢迎，在那里它们可以为小城镇和小村庄提供电力。

水电站坝并不是用水发电的唯一途径。近几年，工程师们已经开始研发其他技术来开采海浪中的能量。其中一个最有意思的水电观念是一种利用海洋的力量来发电的系统。如果你曾经站在海边看到海浪冲击着岩礁，然后开出一朵朵巨大的白色浪花，你就已经看到了海洋潜在的能量储备系统。理论上讲，能源部门的一个评估工程显示海洋波浪能可以生产 2 太瓦的电量——等于 2 万亿瓦的电量。尽管用现在的技术收集这种能量到一个商业水平还是有困难的，但是在不久的将来设计出一些独特的系统，就能证明收集这种能量是经济可行的。其中一个办法是当波浪经过一座像管子的房子时，利用这个房子里的空气压力来发电。随着水位的自然上涨，空气压力会加强并且被逼迫到上方的涡轮机，这样可以促使涡轮机快速地旋转从而产生电力。当波浪减退时，空气也退回到室内，这样空气又会经过涡轮机，从而使涡轮机不停地发电。[13]

另一个海洋动力能源的发明是利用涨潮和退潮时的引潮力能量。这种大自然的产物是通过月球质量在地球表面的拉力引起的，每天有两次。天体的引力把水抬高从而形成一个凸面，然后在凸出来的地方会涨潮。人们设计了一种采纳这种现象优点的技术并将之用在像水下风车一样的大型涡轮机上，涡轮机被安置在潮汐流很强的海峡地带。涡轮机被进进出出的潮流推动从而不停地旋转，因此可以发电。“海底水流发电”公司是一个很有实力发展能源的公司，它开始在纽约市的东河试验这个系统的小型样机，并且把生产出来的电量用在附近的一个超市里。另一种被推荐的利用潮汐能的系统是建造一系列类似大坝的堰坝以储存涌进来的潮水。当月亮绕过它在地球周围的轨道后，白天的潮水就退到最低的水位，此时大坝后面的水会被释放出来推动涡轮机用来发电。工程师们建议，英国西南地区的塞文河口是建造此类潮汐大坝的最理想地带。他们已经构想出方案，即沿着流域建设一条长长的拦河坝用来安置 216 台涡轮机，生产的电量大约能够满足英国 5%的电量需求。[14]英国政府一直没有通过这个工程，是因为这个工程的高成本以及对这个地区的环境影响。

未来我们会见到以更加独特的方式来收集海洋能。目前,这些发明依然处于开拓阶段。然而,随着充分的研究与发展,在接下来的10年里,这些发明说不定会为人类提供一种很重要的能源。一种叫做“海洋热能转换系统”的新奇技术就是利用收集照在海面上的阳光能量这个原理来运作的。太阳照在海面,水的表面温度会上升。热带地区的海域表面温度保持在温和的68华氏度(25摄氏度),而距离海面1 600公里的深海区的温度却是较寒冷的36华氏度(20摄氏度)。海洋热能转换系统的发电机用温暖的海水使低沸点的液态丙烷沸腾,丙烷的蒸汽就会启动发电涡轮机来发电。接着利用冷水来冷却凝缩丙烷气体,这些冷水是通过一根伸向深海区的进水管吸上来的。然后温暖的上水层的水又会加热丙烷使它沸腾变成蒸汽,如此不断循环往复。一个设置在夏威夷的试验性“海洋热能转换系统”发电厂生产的电量在1993年5月达到了50 000瓦。不幸的是,“海洋热能转换系统”的使用范围非常有限,只能用在赤道附近的水域,这样才能比较合算地发电。[15]

生物能

有一种系统被认为像蓄电池一样可从太阳中收集能量并把能量储存起来,而且是一个无污染、零成本的系统。它还有另外的优点,就是可再生并且能将二氧化碳排出地球大气层,因而可以缓解全球气候变暖的趋势。这种神奇的机制还增加了我们国家的城市、乡镇以及偏远地区视觉上的美感。当然,这种“电池”就是绿色植被,是所有生物燃料的来源。

当大部分人听到“生物燃料”这个术语时,通常都会想到乙醇和生物柴油,因为乙醇和生物柴油可以代替以石油为基础的汽油来发动汽车。但是,如果从更广泛的意义上来定义这个术语,我们会发现人类已经使用生物燃料上千年了。历史上,“生物燃料”的一种使用形式就是,用谷物和草来饲养诸如牛、马这样开垦农田的家畜。大概在100年前,马匹依然还是很常见的一种交通工具被人们用来出行代步,干草市场会提供充足实惠的“生物燃料”。事实上,你和其他所有的人都充满了“生物燃料”的能源。身体内的细胞能分解你昨晚吃过的那些蔬菜沙拉或者肉卷里的化学燃料。这些燃料通过你的消化系统新陈代谢，变成你做各种活动的能量，比如在街头散步、洗刷碗筷，或者阅读这本书。

美国人越来越把生物燃料中的乙醇和生物柴油看做化石燃料的替代品。乙醇是一种从庄稼作物（比如甘蔗和玉米）中生产出来的酒精。植物物质发酵和蒸馏的过程与啤酒、烈酒的制造过程很相似。乙醇是一种可以很清洁地燃烧掉的燃料，并且能使发动机平稳安静地运作。就如同印地赛车联盟所证明的那样，乙醇同样具有能量，当该联盟跑完印第安纳波利斯 500 后，就在 2007 年把赛车燃料从甲醇换成了百分之百的乙醇。30 年里，美国政府对现在所卖的普通汽车一直保持以 10％的乙醇混合汽油作为燃料。2010 年 10 月，环境保护局把 2007 年及以后车型的乙醇比例提升到了 15％。经销商们担心的是，一些 2007 年以前的老车型面临着一个潜在的问题，即它们的引擎和燃油系统封印会被乙醇吞没，从而破坏这些汽车的零件。乙醇的另一个问题是，它每加仑提供的能量比汽油要少很多，这潜在地造成每英里燃烧的乙醇价格要更贵。另一种生物燃料——生物柴油——是从种子油（包括菜籽油和大豆油）中提炼出来的植物油。它可以做少量的更改甚至不用更改就可以用于大多数的柴油引擎。实际上回到 19 世纪 80 年代，鲁道夫·狄塞尔最初设计的以他的名字命名的发动机就是用花生油做燃料的，这也是一种生物柴油。[16]

另一种很庞大的生物燃料资源距离你很近，在你家厨房水槽的废弃物处理装置里就能找到。人们每天所扔的垃圾里都是能源黄金。每天数百万吨的以蔬菜为主的家庭废弃物和食品制造厂的工业废物是另一个尚未被完全发掘的可替代能源的巨大来源。随着时间的推移，植物物质分解后释放出沼气和二氧化碳气体。现代的垃圾填埋场都开始配套地铺设地下穿孔管道，用来收集沼气并把沼气运送到发电站，这样沼气可以在发电站燃烧用来发电并供周围的社区所用。农场动物的排泄物是生物燃料的另一个重要来源，这在美国才开始得到更好的利用。比如，美国的养鸡场和火鸡场每年都能产生上百万吨的家禽排泄物。美国的农民在对待这些家禽的排泄物时并没有选择直接扔掉它们，而是把它们卖给发电厂作为燃料。在明尼苏达州的班森，一个 55 兆瓦特的发电站每年大概要用掉 500 000 吨的家禽排泄物和其他生物质来发电，从而为 40 000 户家庭供电。这些排泄物同样可以作为肥料副产品，卖给农场用来肥沃土地。[17]

植物残留物质分解产生的易燃气体沼气是生物燃料的又一个来源，这是在美国能源独立过程中很值得考虑的一种来源。蔬菜作物和树木的残留物被加工成一种沼气和其他气体混合的燃料。这种气体是绝对纯净、没有污染的，然后燃烧这种气体来启动发电涡轮机。另一种生产沼气的机制是，利用卑微的厌氧菌(一种不能生活在氧气中的微生物)来分解动物排泄物和水分充足的植被废弃物。这些微生物体生活在一个高温的密封金属容器里，尽情地享用着这些废弃物，然后在 1～2 周的时间里就能释放出沼气这种副产物。释放出的气体燃烧后用来启动发电机发电。剩下的烂泥也可以好好利用，可作为环境友好型的肥料卖给农场。[18]或许有一天，藻类也可以为我们的能源独立做出贡献，可以在很广泛的范围内用来生产生物燃料。这些微小的植物会在面积很大的池塘里生长，人们可以从这些藻类中提炼天然石油。[19]这些藻类油农场或许可以建在煤电设施附近，这样发电厂所产生的二氧化碳废弃物可以排入水池，从而被这些微小的生物体吸收。

生物燃料的广泛应用会给美国农民带来重大的经济利益，而且可以在很大程度上帮助我们摆脱对外国石油的依赖。它也可以通过把化石燃料中的污染物降到最低的方式来净化环境。虽然乙醇和生物柴油这些燃料也释放了二氧化碳等能够导致温室效应的气体，但是它释放的气体量与它在植物生长阶段吸收的碳物质是等量的，从而达到了碳平衡，因为它不像化石燃料一样向大气排放了额外的碳物质。

目前，生物燃料的主要问题是，很多农民并未采用经济有效的技术来种植作为能源原料的农作物。他们用钱来买水、肥料以及拖拉机和收割机的柴油燃料，这就增加了生物燃料的生产成本，尤其是以农作物为主的乙醇，因而同化石燃料相比，生物燃料就缺乏竞争力了。另一个潜在的问题是，如果通过破坏森林来生产生物燃料的原料，在毁坏过程中产生的二氧化碳会比生物燃料吸收的二氧化碳要多，因此会加重全球气候变暖问题。我们需要确保有决心来阻止这类活动。随着更高效的技术和更好的处理方法的发展，我们会增加乙醇和生物柴油的批量生产，这样就使得生物燃料形成相对于石油产品的成本竞争力。

对生物燃料的另一个担忧是，它们可能会导致食物短缺。批评家们警告大家，为了种植农作物和生产燃料作物，一分为二地使用农田会降低食物的有效性，从而导致市场价格上涨，这是一个值得思考的问题。其中一种可行的解决方案是，农民种植茂盛的大草原干草，这种干草不需要太多水而且能在高度退化贫瘠的土地上茁壮生长，同时能留下更适合食物生产的土地。根据明尼苏达大学的科学家所做的一份10年研究报告，不肥沃的土地上的大草原干草所产生的每英亩可用能量，比肥沃的农场土地上农作物产生的乙醇量要多很多。[20]总之，为了满足美国运输业的需求，我们还要做更多的研究和改进来实现生物燃料大范围的生产量。但是在未来的几十年内，几乎能确定的是，这些燃料不仅会帮助美国实现能源独立的目标，而且还能提高国家的农业经济水平。

核能

在我们的太阳系形成几十亿年前，早期宇宙是一个截然不同的地方。在那段时间中，氢气和氦气是当时仅有的两种元素，这两种气体凝聚在一起形成了数万亿颗星球，这些星球通过两种气体核内进行的核反应，久而久之便产生了更重的元素。当这些被天文学家称为超新星的星球在爆炸中粉碎时，它们向宇宙空间释放了大量元素周期表中的各种元素，包括金、铁以及对我们要讨论的核能来说最重要的元素——铀。这种由星球而来的元素混合物最终形成了分散在宇宙各处的无数行星的主体。而在这众多的天体之中，有一个就是我们称之为地球的世界。

元素铀广泛存在于我们的故乡之中。它就像锡一样普遍，是金含量的500倍。海洋的浪花中含有铀，组成地壳上山脉的花岗岩中也有铀。然而，其中严峻的问题在于，这些含铀物的单位体积中只有极少量的铀。就目前而言，为生产能源而对这些资源进行铀的商业制备成本还太过昂贵。然而，在地球的某些地区，自然界积累着更密集的铀矿。其中一个积累地区就是现在的西非加蓬，这里曾经拥有如此密集的铀元素，以至于核力进行了1.5亿年的核裂变链式反应，这一反应产生了100兆瓦数量级的热能。其他的位于澳洲及加拿大的铀积累地区含有大量铀元素，适合人类开采用于核反应堆发电。铀被加工成浓缩的燃料颗粒,并被装到锆合金或不锈钢制成的棒条体中。然后这些棒条体被放入核反应堆的核心区,在这里能控制裂变反应。当铀原子在这个核心区内自然分裂,它们将会释放出热能。这些热能被用来煮沸水,将水转化成蒸汽使涡轮机转动而发电。[21]

世界上第一座核电站于 1954 年 6 月 26 日在苏联投入运营,并产生 5 兆瓦电力为奥布宁斯克市提供家庭与商业用电。一座现代的核电站能生产 1 000 兆瓦的电量,可以供 400 000 户家庭使用。目前投入运营的核反应堆大约有 439 座,分布于 31 个国家,这些核反应堆产生的电是世界发电量的 16%。美国拥有 104 座投入运营的核反应堆,多于世界上其他任何一个国家的拥有量,这些反应堆的发电量约占全国电力的 20%。拥有 59 座反应堆的法国是世上拥有核反应堆数量第二的国家,然而法国核反应堆的发电量却占了全国电力的 78%。[22]

50 年前,美国人梦想着一个核能的未来,他们将能够廉价、无止境地享用这些原子释放的能量。那时也存在着能源便宜到忽略不计的议论。因为很多原因,既有政治因素也有技术因素,廉价、丰富的核能承诺从来没有兑现过。如今以核能的现状来说,其处于裂变反应状态时,它同时具有正面和负面的影响。科学家们计算出,一粒 7 克的铀小粒可以产生相当于 3.5 桶油或 1 780 磅煤的能量,因此与矿物燃料相比,少量的核燃料就能产生大量能量。[23]另一个好处就是,核能在反应阶段不会向大气中释放任何污染气体或者二氧化碳及二氧化硫。因此,它不会直接加重我们的气候危机或来自酸雨的威胁。然而,在铀的开采和反应过程中,我们耗费了大量的煤和石油,同时,在加工制造建造核反应堆设备所需的混凝土与钢时,我们也耗费了不少煤和石油。核反应堆还需要用到大量的水,而水本身就是一种能源产品。

核能在美国同时也是政治敏感话题。尽管有很多人支持建造核反应堆以满足我们将来的能源需求,但是美国人这么多年来对于核能总是心存警惕。我们对核能原有的乐观已经转变为对其作为碳氢化合物的替代能源而广泛开发的谨慎性关注。对于裂变反应堆潜在危险的许多担忧是从 1979 年发生在宾夕法尼亚州哈里斯堡附近三里岛的核事故开始的,那场事故导致了局部灾难。而综合了这些顾虑的是 1986 年发生在苏联切尔诺贝利的灾难性的反应堆熔毁。尽管核反应炉现在的设计保证能比旧式反应炉提供更大的安全保障，但是科学家和政府始终需要想办法解决处理反应炉产生的放射性废弃物的细节问题，那样美国人的后代才不会面临环境中放射性废弃物的无意识放射。

核能的另一个缺点可能是将来商业性地制造核反应堆所需要花费的总成本。举例来说，马里兰的卡尔弗特·克里夫斯工厂中一座拟议的第三代核反应堆仅设计和建造就将花费25亿～30亿美元，这还是假设工程能够如期完成。考虑到停运与善后的花费，以及储存放射性废弃物的花费，还要在上面的数目上再加2.9亿～3.7亿美元，如此核能的花费将会升得更高。[24]这笔钱中很多来自政府补贴，而这些补贴是由美国的纳税人支付的。实际上，如果建造核电站的历史过程能作为一项指标，那么制造新发电站的成本超支将会使它们比预计的更昂贵，特别是如果使用了改良技术。根据2007年的美国核能调查，“新型核能反应堆意味着新颖复杂的技术，这些技术将会产生高成本的风险”。“自19世纪60年代中期至80年代商业性质的核反应堆开始建立，建造核反应堆的投资费用(每发电1 000瓦所花费的金额)就引人注目地上涨。”[25]

核能的另一个问题是，我们面临的潜在国家安全威胁由于2001年惨痛的“9·11”袭击而发生了剧烈变化。联邦调查局局长罗伯特·米勒告诉议会官员，反应堆是潜在恐怖袭击的对象之一。“一个我们认为的既易受伤害又容易被作为目标的区域就是电力部门，特别是核电站，”他在2005年2月的参议院情报委员会上如此说道，“基地组织的计划者哈立德·谢赫·穆罕默德已将核发电站作为他的目标之一，而我们没有理由相信他改变主意了。”[26]一个核能发电站在一场恐怖袭击中可以成为一个极具吸引力的目标，而美国以前的核能发电站都极度缺乏安全保护。核管理委员会(NRC)在监测安全演习后，发现全国大约50%的进行过安全测试的核发电设施都无法阻止模拟袭击。核控制协会的主席保罗·利文斯说：“核管理委员会进行的模拟恐怖演习严格限制了对手所用的战术、武器和炸药，然而在几乎一半的模拟测试中，熔毁和使放射性物质灾难性泄漏的目的达到了。”[27]同时，核废弃物用量的增加会导致这种放射性物质落入敌手的几率增高，他们会用它来制造对我们主要大城市造成威胁的“脏弹”或者核装置。

关于使用核裂变材料的一个重大问题是，如何处理已用过的反应器燃料，才不会使其伤害公众安全或环境。1987 年，美国国会把选择坐落于内华达州内利斯空军行动区域的尤卡山用来存放美国反应炉制造的废料，作为一个长期的解决方案。这一解决方案引起了极大的争议，因为这些放射性材料的运输途经乡村，且将其储存于荒山深处的地窖内，这些行为对环境产生了影响。自从奥巴马政府减少了开发尤卡山的经费后，将核废弃物储存于哪里这一问题一直悬而未决。

核能作为替代能源的最后一个顾虑是，地球上的商业级铀元素存在量非常有限。能源观察机构在 2006 年发表一份报告，这份报告预计在 2035 年可开采的实惠铀元素产量将会到达顶峰。“即使我们考虑到铀元素价格会飞速上涨，从而引起开采以往不实惠铀矿的兴趣，我们的铀储量将会在未来 70 年内消耗殆尽。”该报告的作者维尔纳·齐特尔博士在公开声明中这样提到。[28]一份由国际原子能机构发布的报告显示，根据未来几十年全球对于核能的需求，已知铀元素资源的产量“赤字”将会在 2026～2035 年间出现。然而，乐观派的能源专家认为，未来关于增殖反应堆的技术进步，将会帮助全世界扩展用之不尽的核能潜力[29]。在关于世界如何获得能源独立的全国性讨论中，有些美国政治家提议，美国必须加快发展核反应堆来替代矿石燃料，而其他领导者们则对这一计划持谨慎态度。毫无疑问，这一争议将会在未来许多年持续下去。

未来可能还会有一个核能的选择，这一选择将会使丰富的能源梦在本世纪的未来成真。许多年前，科学家和研究者们就已经开始着手开发一种叫做聚变反应堆的特殊核电站。假如成功，它将会通过氢原子核的聚变发电。这与太阳核心制造能量的原理是相同的。如果人类能够找到一种方法来经济又安全地维持核聚变反应堆(氢原子核就在这里聚变产生热量)，我们就可能打开巨大的能量存储库，这一存储库就存在于宇宙中丰富的氢原子内。普通水(比如从你家厨房水龙头中流出的水)中的氢元素会给每个美国人带来充足的能量供应。而目前的问题在于，一个工业聚变反应炉仍然与现实相差甚远。人们始终未能克服技术障碍来经济地产生 1 亿华氏度(5 600万摄氏度)的高温，这种高温是用来抵消维持原子的电力的，进而使氢原子核发生聚变释放原子能。然而，一个令人欣慰的消息是，我们可能应该记住阿尔伯特·爱因斯坦的预言是错误的，他是一个对能量略知一二的人。考虑到核反应堆的可能性，他在1932年发表意见说："没有任何细小的证据表明核能是可获得的，否则这将意味着原子可以被随心所欲地粉碎。"时间和科技证明了他的说法是错误的。

地热能

就在我们脚下数英里的地方，有着大量未被人类发掘出来的能量。我们这个星球的地幔中，翻涌着一个温度高达1 652华氏度(900摄氏度)的熔岩池。这一岩浆是在地球形成的过程中，通过铀、钾、钍等放射性元素衰变加热而成的。火山爆发、地震引起的地壳运动，以及天然温泉和间歇泉都证明了我们的世界中一直深埋着巨大的地热能。

自古以来，人们就已经开始将地热能应用于实际用途。一些古罗马贵族用温泉来给他们的豪宅和浴缸供暖。几乎可以肯定，古罗马人如果知道意大利人把地球内部能量进行商业开发并带入现代世界，他们必会感到自豪。1904年，这个地中海国家首次在南托斯卡纳的拉德瑞罗成功利用地下蒸汽发电。如今，世界利用地热能年产电力约8 000兆瓦，美国以2 800兆瓦居于首位，加利福尼亚州是其中的龙头，拥有47家地热发电厂，年产量达2 626兆瓦，而根据其地质潜力，发电量能达到4 000多兆瓦，这将足以满足该州的电力需求。[30]

一旦建成地热发电站，它所产生的能量成本是相对比较低的。同时地热发电站的规模一般比较小，因此对于环境的影响也较小。这些发电站对于自然界也有好处，因为发电站产生的蒸汽并不是靠燃烧燃料形成的，而是来自地球本身的熔融地幔释放出的热量。至于地热能的主要缺点，那就是这些发电站只能建在地球上特定的地区，在这些地区，熔岩必须与地表相距足够近以使其可以加热水。另一个主要的问题是，地热发电站可能会沿着地壳断层线引发地震活动。举个例子，发生在瑞士巴塞尔社区的3.4级地震就是由一项"深加热矿业"工程引起的(现已停止)，这一工程原本计划往地底钻一个深孔，然后将水泵引入地下热岩。环境主义者们指出，钻孔深掘地下蒸汽，可能会释放硫化氢以及其他有毒物质而污染环境，这些有毒物质会污染湖泊河流，杀死水生动植物。[31]地热发电站也会释放温室气体二氧化碳，但其释放量是燃煤发电站的1‰。随着地热发电深入研究所引起的技术进步，美国将来可能很快就会安全经济地开发地球中心的巨大热能。

氢能源

迄今为止，氢元素是宇宙中最丰富的元素。它大约占了75%的宇宙基本质量，因此地球上含有大量的这种元素。大部分氢元素处于与氧元素结合的液体状态，储存于世界上的海洋、湖泊以及其他水资源中。当其处于气体状态时，氢可以燃烧，使涡轮转动进而发电。但我们必须意识到，氢就其本身而言并非能源。我们更应该把它看成一种“能源载体”，这种“载体”在商业上可以由其他能源制备而成。

近几年来，随着科技取得重大进展，人们发现将来有一天可能通过切实可行的方法从水制备中得到氢气，作为化学燃料的替代能源为世界所用。利用太阳能或风能这种可再生能源形成的电流，可以通过电解水，将氧分子与氢分离。这两种元素可以被液化，方便储藏并输送到某种燃料电池内能够利用它们的部分，这种燃料电池能将氢气与氧气重新结合，形成电力。[32]这种技术是环保的，因为它只排放水蒸气，毫无空气污染。氢气也能被用做家庭、商业以及交通的储能介质。2007年汽车制造商丰田公司测试了一款燃料电池汽车模型，这款车凭借着储藏罐中的氢气，从日本大阪到东京共行驶了350英里(563公里)。其他汽车公司，如现代汽车和通用汽车，也计划在2012年大量投入生产环保型燃料电池汽车。

根据藻类植物与厌氧细菌简单的生活模式，科学家们发现了制备氢气以替代燃料能源的另一种方法。一些藻类能够在特定条件下自然分解水分子，使氢原子与氧原子分离。加州大学伯克利分校的科学家们正在从基因角度完善这种藻类的生活模式，这样的话，以后绿油油的池塘里就可能生产出数量可观的氢气。其他科学家和研究者们正在研究各种可以降解有机物(比如食品制造厂的废弃物)的细菌，通过降解能把氢气从碳水化合物中释放出来。将来有一天，食品制造商可能会通过销售氢气来赚取额外的利润，而这些氢气是从他们的产业残留物中制备而得的。这种生产方式还会让这些制造商们轻松处理生产废弃物，从而减少把废弃物运往垃圾场的开支。[33]

氢气作为一种能源介质具有很多好处。它是无污染的物质，也不会产生温室效应。它也能从任何地方制备，因为生产氢气所需的水在地球上是很丰富的。然而，氢能源的问题是，在电解过程中，把氢元素与氧元素分离形成独立的气体状态需要能量。此外，目前还没有任何机构会把氢气作为燃料以商业用途储存分销供大众使用。我们需要花费大量财力去建设氢气制造工厂，为汽车和巴士装备燃料电池或者燃氢发动机，同时，还需要一种能安全储存氢气的汽车油箱。氢能源面临的另一个难题是，公众担心它潜在的不安全性。很多人对于 1937 年 5 月 6 日在新泽西莱克赫斯特发生的可怕现象历历在目，那天一艘装有氢气的载人飞艇发生爆炸，导致 36 人丧生。然而，氢气的着火点比汽油和天然气的都高，所以其可燃性相对于这些矿物燃料要低。几十年来，氢气在工业和制造业中的使用一直很安全。

以上描述的各种替代化工燃料的能源，为美国追求能源独立性这个国家级目标提供了很多选择。正如我们所见，没有任何一种能源可作为完美的解决方案。有些替代能源，比如玉米乙醇以及基于裂变的核能，由于其对环境或其他公共卫生安全问题的潜在威胁而面临着政治和社会上的挑战。其他洁净可再生的能源也存在它们的问题，即近阶段难以跨越的技术障碍。不过假如科技史能成为一个可靠的导向，我们就可以通过充分的研究时间与创新提高来解决这些技术问题。当然，美国不能仅仅找寻一种解决良策。我们必须考虑所有可持续能源，形成一种健全的国家能源政策来充分利用潜在的洁净能源与燃料，同时我们也要通过公共部门和私营部门有效与不懈的努力来降低能源需求。

注释：

[1]Various facts on “sun power” are from Greenpeace and European Photovoltaic Industry Association(EPIA),“Solar Generation: Solar Electricity for Over One Billion People and Two Million Jobs by 2020,”Sept. 2006,4, www. epia. org/fileadmin/EPIA_docs/publications/epia/EPIA_SG_IV_final. pdf; Union of Concerned Scientists,“Clean

Energy: How Solar Energy: How Solar Energy Works," www. ucsusa. org; Worldwatch Institute, "Solar Power Set to Shine Brightly," news release, May 22, 2007, www. worldwatch. org/node/5086; Solarbuzz, "Fast Solar Energy Facts: Global Performance," www. solarbuzz. com/Fast FactsIndustry. htm; and "Growing Number of Americans Think That Solar Electricity Should Be Offered on All New Homes," *Renewable Energy World*, May 31, 2007, www, renewableenergyworld.

[2]Solar Navigator, "Archimedes 287 BC—211 BC," www. solarnavigator. net/inventors/archimedes. htm.

[3]Solcomhouse, "Solar Power: How Does Solar Power Work?" www. solcomhouse. com/solarpower. htm.

[4]David Shukman, "Power Station Harnesses Sun's Rays," *BBC Hews*, May 2, 2007. www. newsbb. co. uk/2/hi/science/6616651; and David Mills and Rob Morgan, "Solar Thermal Electricity as the Primary Replacement for Coal and Oil in U. S. Generation and Transportation" (Palo Alto, CA: Ausra Inc. , March 6, 2008).

[5]Green Trust, "Solar Pond," www. green-trust. org/solarpond. htm; "Nanotechnology Advances the Efforts to Achieve Artificial Photosynthesis," *Nanowerk*, Dec. 5, 2006, www. nanowerk. com/spotlight/spotid=1098. php.

[6]Martin I. Hoffert and Seth D. Potter, "Beam It Down: How the New Satellites Can Power the World," *Spacefuture. com*, Oct. 1997.

[7]"Whatever Happened to Wind Energy?" *LiveScience. com*, Jan. 14, 2008; and Canadian Wind Energy Association, "Understanding Wind Energy: How Wind Is Produced," www. canwea. ca.

[8]Mark Z. Jacobson and Gillbert M. Master, "Energy: Exploring Wind Versus Coal," *Science*, Aug. 24, 2001.

[9]Mick Sagrillo, "Putting Wind Power's Effect on Birds in Perspective," http://www. renewwisconsin. org/wind/Toolbox-Fact%20Sheets/Birds. pdf.

[10]Mohamed Bazza, "Overview of the History of Water Resources and Irrigation Management in the Near East Region," *Water Science and Technology: Water Supply* 7, no. 1, 201—9, http://www. iwaponline. com/ws/00701/01/default. htm.

[11]Sandra M. Alters, *Energy: Supplies, Sustainability, and Costs* (Farmington Hills, MI: Thomson Gale, 2007), 86—87.

[12]U. S. Department of Energy, Energy Efficiency and Renewable Energy, "How a

Microhydropower System Works,"www. eere. energy. gov.

[13]U. S. Department of Energy, Energy Efficiency and Renewable Energy, "Ocean Wave Power,"www. eere. energy. gov.

[14]Description of tidal power projects comes from U. S. Department of Energy (DOE), Energy Efficiency and Renewable Energy, "Ocean Tidal Power," www. eere. energy. gov; DOE, "Ocean Tidal Power"; and Suzanne Pritchard, "Renewed Promise for Severn Power," *International Water Power and Dam Construction*, April 3, 2008. www. waterpowermagazine. com.

[15]U. S. Department of Energy, Energy Efficiency and Renewable Energy, "Ocean Thermal Energy Conversion," www. eere. energy. gov; and Ocean Energy Council, "OTEC Energy," www. oceanenergycouncil. com/index. php/Ocean-Thermal-OTEC/OTEC. html.

[16]Biofuel facts from American Coalition for Ethanol, "How It's Made," http://www. ethanol. org/index. php?id=73&parentid=73; Renewable Fuels Association, "Ethanol Facts: Engine Performance," www, ethanolrfa. org/resource/facts/engine; and "Rudolf Diesel," DieselVeg, Ltd. , www. dieselveg. com/rudolf_diesel, htm.

[17]"Fibrominn Key Facts," Fibrowatt LLC, www. fibrowattusa. com.

[18]U. S. Department of Energy, Energy Efficiency and Renewable Energy, "What Is Biogas?" www. eere. energy. gov.

[19]John Sheehan et al. , "A Look Back at the U. S. Department of Energy's Aquatic Species Program: Biodiesel from Algae" (Golden, CO: National Renewable Energy Laboratory, July 1998), http://www1. eere. energy. gov/biomass/pdfs/biodiesel_from_algae. pdf.

[20]Deane Morrison, "Back to the Future: Prairie Grasses Emerge as Rich Energy Source," University of Minnesota news release, Dec. 8, 2006.

[21]World Nuclear Association, "The Nuclear Fuel Cycle," www. worldnuclear. org/info/inf03. html; "Researchers Describe How Natural Nuclear Reactor Worked in Gabon," *SpaceDaily. com*, Nov. 1, 2004; and World Nuclear Association, "The Fuel Cycle in Brief," http://world-nuclear. org/how/fuelcycle. html.

[22]Statistics on the nuclear-power industry are from the International Atomic Energy Agency (IAEA), "50 Years of Civilian Nuclear Power," press release, May 2004, www. iaea. org; European Nuclear Society, "Nuclear Power Plants, Worldwide," http://

www. euronuclear. org/info/encyclopedia/n/nuclear-power-plant-world-wide. htm; Alters, *Energy*, 65; World Nuclear Association, "Nuclear Power Reactors and Uranium Requirements," reactor data to March 20, 2008; and IAEA, "Nuclear Power's Changing Future," press release, June 26, 2004.

[23]"About Uranium," Xemplar Energy Corp. , http://www. xemplar. ca/uranium_about. php.

[24]Fedetation of State PIRGs(Public Interest Research Groups), "The High Cost of Nuclear Power: Why Maryland Can't Afford a New Reactor," March 6, 2007, www. uspirg. org.

[25]Nathan E. Hultman et al. , "What History Can Teach Us About the Future Costs of U. S. Nuclear Power," *Environmental Science and Technology*, April 1, 2007, 2089, 2091.

[26]Robert S. Mueller, testimony at the Senate Committee on Intelligence, February 16, 2005, http://www. fbi. gov/news/testimony/global-threats-to-the-u. s. -and-the-fbis-response-1.

[27]Paul Leventhal, "Nuclear Power Reactors Are Inadequately Protected Against Terrorist Attack," testimony to the House Committee on Energy and Commerce's Subcommittee on Oversight and Investigations, Dec. 5, 2001.

[28]Dr. Werner Zittel, "Uranium Resources and Nuclear Energy" (Berlin Energy Watch Group, Dec. 2006), 13; and Energy Watch Group, "Energy Watch Group Warns: Depleting Uranium Reserves Dash Hopes for Atomic Energy Supply," press release, Nov. 29, 2006.

[29]International Atomic Energy Agency, "Analysis of Uranium Supply to 2050" (Vienna: IAEA, 2001), 4; and James Hopf, "World Uranium Reserves," Nov. 2004, www. American Energy Independence. com/uranium. html.

[30]National Renewable Energy Laboratory Geothermal Technologies Program, "About Geothermal Electricity," www. nrel. gov/geothermal/geoelectricity. html; and California Energy Commission Renewable Energy Program, "Geothermal Electricity," http://www. energy. ca. gov/2005publications/CEC-300-2005-007/CEC-300-2005-007-FS. pdf.

[31]James M. Taylor, "Geothermal Power Would Harm California, Claims Lawsuit," *Environment News*, July 1, 2004, www, heartland. org/Article. cfm?artID=15261.

[32]U. S. Department of Energy, Energy Efficiency and Renewable Energy, "Hydrogen, Fuel Cells, and Infrastructure Technologies Program: Electrolytic Processes," www1. eere. energy. gov; and Fuel Cells 2000, "Fuel Cell Basics: How They Work," www, fuelcells. org/basics/how. html.

[33]Examples of hydrogen as an energy medium are taken from Prachi Patel-Predd, "Hydrogen from Algae," *Technology Review*, Sept. 27, 2007; Brookhaven National Laboratory, "Using Microbes to Fuel the U. S. Hydrogen Economy," www. bnl, gov; and Jennifer Chu, "Making Fuel from Leftovers," *Technology Review*, Nov. 26, 2007.

第二部分

美国能源问题

绝大多数美国人基本不曾思考过能源使用给他们个人带来的直接和根本影响。事实上，不管采取何种形式，能源使用无时无刻不在影响着我们生活的方方面面，一天 24 小时、一周 7 天、一年 365 天都在产生着影响。我们周围的能源问题日益增多，有的以非常戏剧性的方式，比如汽油泵价格的急剧上涨；有的以一种微妙而不被察觉的方式，比如电力被用于清洁和分配我们的日常用水。在本部分，我们将深入考察关于美国能源的八个最为重要的问题，以便更好地理解实现能源自由为何对美国如此重要。

第四章，我们将阐述为什么清洁能源可以有助于保护政府的民主形式。第五章，我们将考虑美国的能源安全，并阐释实现能源自由为何能更好地保护美国人民不受外国威胁。第六章，我们将考察清洁绿色能源如何能帮助我们更好地管理自然和世界，以及我们如何履行人类保护环境的道德义务。第七章，我们将考虑如何使美国经济更加强健和安全地发展，因为我们开发可再生能源产业时将产生成千上万种绿领工作，增加人民的就业机会。第八章，我们将说明提高美国车辆及交通系统的能源效率对美国实现能源自由的重要性。第九章，我们将研究美国的食品供应与化石燃料之间的紧密联系，以及能源自由怎样帮助美国农民生产出足够多的农产品，从而维持美国的现代文明。第十章，我们将分析如何实现一个可再生能源社会，来提高所有美国人的身体健康和福利水平。最后，在第十一章中，我们将讨论如何改善美国的学校条件和教育体系，以及构造美国的智囊团对美国实现能源自由的重要性。在本部分的一些章节，将探讨 21 世纪中全球石油峰值、全球变暖、气候变化所引发的潜在灾难。基于对历史的审视，我们必须接受这个事实：如果美国经济发展继续走依赖化石燃料的老路，现代文明将为此付出巨大的代价。我们绝不能粉饰目前美国能源所面临的真实形势，也绝不能忽视美国依赖化石燃料可能带来的毁灭性灾难。另一方面，我们也绝不能让这些潜在麻烦阻碍我们前进，阻碍我们寻找解决办法并采取措施来避免这些麻烦。相反，我们必须利用这些不利预言带来的不安来激励自己加快努力的步伐，积极应对，早日实现能源自由。我们并不是完全不能改变自己的命运。有很多可行的解决方案可以帮助我们创造更美好的未来，我们将在本书的第三部分讨论这些可能的解决方案。当你读到美国的能源问题时，请记住，我们可以避免由此带来的诸多磨难和考验，只要我们的政府能够实行一个强有力的国家能源政策，倡导一个可再生能源的新型社会。请相信，只要我们能保持住勇气，采取行动去实现它，我们一定具有一个光明的未来！

第四章

能源与优良政府

1921 年，沃伦·G. 哈丁总统任命来自墨西哥的共和党参议员阿尔巴·佛耳为美国内政部部长来管理国家的公共土地。出于他的政治立场，佛耳很快就说服了美国海军部长埃德温·登比，交给内政部位于加利福尼亚州艾尔克山和怀俄明州蒂波特山的海军紧急石油储备的控制权。在获得这些地方的司法管制权之后不久，佛耳就着手和猛犸石油公司（后来的辛克莱石油公司）的高管哈利·辛克莱以及泛美石油公司的爱德华·多黑尼进行储备的租赁交易。尽管没有竞争性的招标形式，但这些协议从当时的联邦法规来看，完全是合法的。

为换取他的参与，作为内政部部长的佛耳私下里从石油公司的高管那里收受了各种礼物以及个人无息贷款，总计超过 40 万美元（相当于现在的 400 万美元）。当美国参议院 1922 年开始调查这些可疑的合同时，佛耳采取行动掩盖了他从石油公司收受贿赂的所有证据。他也几乎逃脱了他的罪行。但在调查后期，一份文件浮出了水面，证明在 1921 年 11 月，佛耳收到多黑尼 100 000 美元的贷款。在一个轰动社会的审判中，佛耳被发现犯有受贿罪。他被罚款 100 000 美元，并在狱中服刑一年。因此，他是第一个在联邦监狱服过刑的前内阁成员。[1]

臭名昭著的蒂波特山丑闻给了我们一个关于腐败的戏剧性的历史教训。不幸的是，这个问题在 20 世纪 20 年代并没有结束。最近几十年里，我们目睹了许多选举和委任那些道德行为已经被化石燃料行业金融压力败坏的公共政府官员。两个政党的成员都可从石油公司获得选举资金，但是绝大部分资金不是流入共和党候选人处就是流入共和党组织。在总统乔治·

W. 布什统治时期，根据美国政治响应中心的消息，石油和天然气开采业的贡献占到其政治捐款的80%。同时，在布什执政时期，石油和天然气开采业花费了超过3.93亿美元说服联邦政府。[2]

在乔治·W. 布什2001年就职后不到两个星期，他就任命副总统切尼主持一个专责小组——国家能源政策发展小组，开始建立新政府的能源政策。根据《华盛顿邮报》2005年的调查，和切尼或他的下属举行过闭门会议以及帮助塑造美国能源未来的有影响的人物包括，美国石油协会主席雷德·卡瓦尼（Red Cavaney）、埃克森美孚公司副总裁詹姆斯·J. 罗斯（James J. Rouse）、国家矿业协会的官员杰克·杰拉德（Jack Gerard）以及安然公司总裁肯尼斯·雷（Kenneth Lay）。2001年4月4日，能源工作组在一个非生产性的一小时视频会话中会见了多名美国各环保组织成员，如"地球之友"和"野生动物保护者组织"，但切尼并没有参加。这是能源工作组唯一一次面对环保人士的会议，但是切尼和他的下属却组织了超过40次的面向化石燃料行业和化石燃料的利益集团官员的会议。[3]切尼从未透露过会见他的人的身份以及能源组织的成员，声称他有为这些人保密的行政特权。塞拉俱乐部的律师和公共利益集团的司法观察人员试图寻求合法途径获得能源工作组的记录，但是在法庭上没能够使副总统提供必要的文件。[4]就像蒂波特山丑闻，臭名昭著的政府能源工作小组的秘密会议，表明了化石燃料行业在操纵我们国家能源过程中的不平衡性。

气候变迁

当乔治·W. 布什第一次竞选总统时，在2000年12月29日他向密歇根州的萨吉诺选民承诺，他将努力应对化石燃料燃烧造成的全球气候危机。他说道："我们将要求所有发电厂的废气排放在合理期限内符合清洁空气的标准，从而减少二氧化硫、二氧化氮、汞和二氧化碳的排放。"[5]布什和石油行业的关系紧密，当他真正成为总统时并没有信守他的承诺。他声称，减少二氧化碳排放量的关键行动会影响国家经济发展，布什—切尼政府拒绝和其他国家一起签署《京都议定书》。协助制定国家能源政策的是那些化石燃料公司的高管，因为如果政府降低煤和石油的消费量，他们就会面临潜在的利益损失。联邦政府关于化石燃料行业的内部利益冲突可能会对人类的未来产生重大影响。如果我们继续让这种政治局势在政府中蔓延,它将严重延缓美国采取适当的行动来减轻全球气候变化影响的时机。

同时,随着美国公众越来越关注未来气候变化对全球的影响,布什政府煞费苦心地质疑我们国家面临的即将出现的环境危机可能造成的巨大灾难。他的政治官员经常质疑或压制可能会给环保人士提供政治"炮弹"从而推动大幅度限制温室气体排放的科学文献。布什政府甚至严格审核那些提供专业知识预言,如果没有找到更有效的消耗化石燃料的方法,那么潜在的气候变化所带来的危害将在未来几年带来的后果的政府科学家们。为了弄清政府的政治目标在多大程度上妨碍气候科学数据自由地传送到媒体和其他公共信息平台,忧思科学家联盟和政府问责项目——都是非营利性和无党性的组织——于2006年在7个联邦机构中进行了以气候科学家为主的调查。他们的研究发现,在5年时间里,"政治干预"事件中至少有435件具有与气候相关的科学研究结果。大约46%的受访者表示,他们个人都曾受到官僚的压力,要求他们从文章中删除"全球变暖"和"气候变化"这些词。2/5的受访科学家表示,他们修改措辞从而改变他们进行科学研究的意义。该报告开头引用一位不愿透露姓名的美国农业部科学家的话,写道:"政策应当依据可靠的科学研究,关于气候变化危害的研究成果不应当由于政策原因而被削弱。在这个问题上,政府的特殊管制已经超越了合理的范围。否认气候变化是对国家的一种犯罪。"[6]

他们的老板警告他们,不能公开谈论气候变化,一些政府气候科学家坚持自己的原则,辞去了他们的工作,他们认为美国人民必须知道事情的真相,化石燃料燃烧会导致全球变暖。美国航空航天局戈达德太空研究所主任、美国顶尖的气候学专家詹姆斯·汉森,公开指责布什一切尼政府为了自己的政治目标而无视全球气候问题。2007年3月,汉森在众议院监管和政府改革委员会的证词中说道:"我在政府工作了超过30年,我从来没见过科学家的研究成果到公众手中时会受到像现在这种程度的筛选和控制。"[7]

值得庆幸的是,绝大多数这种对气候学家的政治压制已经引起了公众的关注。2005年,得到媒体大肆报道的篡改全球变暖科学信息的一个离谱例子是,《纽约时报》揭露,时任白宫环境质量委员会参谋长的菲利普·A.

库尼彻底更改了2002～2003年发表的与气候变化有关的研究。[8]库尼在到白宫工作之前是美国石油协会的一名说客。库尼修改了"美国应对气候变化科学项目的战略计划"和其他科学报告来"夸大或强调科学的不确定性"[9]，从而引发人们关于全球变暖对地球环境潜在影响感知的一种怀疑。他最引人注目的对科学事实修改的事件是，删除课本上对气温上升会增加冰块和积雪融化的描述文字。他在文件中写道，该信息"偏离了研究策略而引发投机的结果/沉思"。[10]

库尼做了这些篡改，尽管他缺乏做这些改变必要的科学知识（他的教育背景是经济学学士学位）。他被曾担任美国气候变化科学政策办公室高级顾问的里克·皮尔茨（Rick Piltz）在文件中斥为"无足轻重的"。众议院监管和政府改革委员会调查发现，布什政府确实是从事了有组织的行动来操纵气候变化科学，并误导了决策者和公众对于全球变暖危害的认识。[11]为了抗议政客们是如何歪曲科学研究的，皮尔茨辞掉了他的工作并成立了一个非营利机构气候科学观察小组，他们致力于确保公共政府官员能够对他们使用的气候科学和政府决策相关研究资料的完整性和有效性负责。他在辞去政府工作后不久给气候变化办公室官员的备忘录中写道："白宫的这种政治行为已经直接反馈到气候科学项目中了，某种程度上削弱了此类项目对于研究机构、项目管理人员、政策制定者以及公众利益的公信力和完整性。白宫成功地将这些科学项目政治化了，所以我决定终止同它的联系。"[12]随后媒体开始曝光修改报告一事，切尼也因此辞职了。然而，他很快在埃克森美孚公司谋得了一份工作。[13]

沿用烟草行业的一个经典策略，石油行业在过去10年已经重新定义了对全球气候变化的科学辩论，以促进自己的政治议程。通过操纵媒体关于温室气体人为排放如何使地球平均气温上升的报道，它使得公众对于气候科学一直持怀疑态度。从20世纪90年代开始，埃克森美孚公司组织了一次虚假信息活动，试图误导美国公众和律师们对于气候变化事实的认识，并使他们怀疑应对全球变暖科学研究的有效性。根据忧思科学家联盟在2007年的一份报告，在1998～2007年之间，大型石油公司同意负担近1 600万美元的"研究报告"的费用，试图制造人们对气候变化的科学证据的不确定性，甚至是那些最无可争议的证据。石油产业提供给43个机构资金支持，就是为了使公众对全球变暖产生疑惑。这些机构中有许多科学家会择优挑选数据来写文章，反驳那些合法的气候研究人员的观点。埃克森美孚公司通过对教育机构投资，例如捐赠乔治·C. 马歇尔研究所630 000美元，该机构在过去几年大量炮制了持反对意见的报告，他们对全球气候变化由温室气体人为排放导致的科学证据持怀疑态度。[14]这个机构发展的座右铭是“科学促进更好的公共政策”，它已经发表了大量的报告和文章对气候变化的研究表示不确定性。仔细考量乔治·C. 马歇尔研究所的真正议程在重塑公共政策的科学基础过程中的重要作用，我们认识到这样的事实，美国石油学会前执行副总裁兼首席营运官威廉姆·奥肯菲担任该研究所的董事，因而必须考虑潜在的利益冲突。从 2001 年到 2005 年，奥肯菲也是埃克森美孚的一名有偿说客。[15]

像埃克森美孚这样的石油公司，会经常试图操纵舆论对能源问题的看法，因为这直接关系到它们的营业额。如果它们能够使美国人民对于气候变化的看法产生严重怀疑，那么它们就能影响有关能源问题的政治政策。公众的怀疑可以巩固一些美国政客看法的合理性，他们认为，我们国家必须等到所有科学证据都表明气候变化是对人类的严重威胁时，才需阻止这些环境紧急事故可能造成的影响。美国的新闻媒体也在不知不觉中帮助了他们，虽然他们在报道中试图表现公平性和公正性。媒体在纸质和广播的报道中经常会提到这些伪科学的发现，从而使他们能够与合法的科学发现相提并论。这些报道会使公众质疑对于气候变化的合规研究。或许记者应当报道哪些机构为这些报纸提供资助，这样公众才能判断这之间可能存在的利益冲突。

不仅仅石油公司，许多政客也明白重新架构气候变化问题对于在美国公众中灌输该问题的疑惑和不确定性的战略意义。许多政治家从共和党政治顾问弗兰克·伦兹(Frank Luntz)2002 年写的“实话实说”的私人备忘录中获益，它为他们指明了重架问题的方法。(伦兹还为“美利坚契约”宣言进行了公众投票，促使 1994 年共和党在选举中获得众议院的控制权。)在他的备忘录中，伦兹建议政客们去鼓励美国人民怀疑关于气候变化原因这一科学共识问题。伦兹在备忘录中是这样说的:“科学争论应当是公开的。选民们认为科学界对全球变暖问题还没有达成共识。而一旦公众认为全球变暖的问题已经尘埃落定了，他们的看法就会相应发生改变。因此，在这场争论中，你们需要继续对这个缺乏科学确定性的问题进行重点讨论，并且尊重这一领域的科学家和其他专家。”因为公众更倾向于相信科学家而不是政治家，因此伦兹的备忘录建议政治家们“勇于怀疑合法的气候报告，并努力得到一些同意你们观点并愿意声援你们的专家们的支持”。[16]

州政府

众所周知，能源和气候变化的政治问题已经成为美国的一个热门话题。特别是当一些州政府试图减少汽车尾气的温室气体排放时，显得尤为艰辛。公众对联邦政府在布什—切尼的统治下没有能够有效地控制小型汽车及卡车的尾气排放感到失望，许多州政府已开始采取行动来解决这一问题。加利福尼亚起着主导作用，因为它拥有 3 200 万辆注册汽车。加州的领导者在 2005 年就下定决心要解决气候变化的问题。州议员及州长阿诺德·施瓦辛格曾利用联邦《清洁空气法案》来试图对小型汽车、卡车、SUV 汽车实施更为严格的温室气体排放标准。该标准从 2009 年生产的车辆开始实施，州政府力图通过这种方式使汽车尾气的温室气体排放到 2016 年减少 30%。这种减少温室气体排放的方法相当于在现在的基础上减少 650 万辆车排放的尾气。其他 16 个占据美国汽车销量 45%的州也支持加利福尼亚，实行其实施的高燃效标准，从而相当于减少了 2 200 万辆车的温室气体排放，同时每年削减了 110 亿加仑的汽油使用量。[17]

《清洁空气法案》的授权需要州政府和美国环境保护署签署弃权声明，从而规范该州的环境污染问题。加利福尼亚州在 2005 年 12 月份提出了该项请求。考虑到此类大型市场可能会迫使它们提高汽车使用的昂贵能源的效率，汽车行业递交给美国环境保护署一份文件来阻止弃权声明的签署。环境保护署拖了 2 年才宣布决定。由于长时间的拖延，加利福尼亚州 2007 年对该机构提起诉讼，从而敦促其宣布结果。2007 年 12 月 9 日，正好是布什总统签署国会提交的一份关于到 2020 年提高汽车、轻型卡车、越野车燃效到每加仑行 35 英里的法律的同一天，环境保护署组长史蒂芬·约翰森(Stephen Johnson)否认了加利福尼亚提出提高其燃效标准的提议。在美国《清洁空气法案》的40年历史上，这是联邦政府首次拒绝一个州的弃权声明。

在拒绝加利福尼亚的请求时，史蒂芬·约翰森显然没有听取员工的建议。2007年12月17日，他收到了环境保护署交通运输和空气质量办公室主任玛格特·奥格(Margot Oge)的一封电子邮件备忘录。其中明确强调了签署弃权声明的重要性。奥格在给约翰森的信中写道："从我看到的以及同人们的交流中了解到的，很明显，我认为这份声明不缺乏法律和技术上的公正性。法律对我们的职能规定得很清楚，即使你偏向于汽车制造商建议的另一个方案，你也必须保持公正性。"[18]环境保护署的其他内部备忘录也表明，员工们都担心该机构的信誉会因为约翰森拒绝了加利福尼亚的弃权声明而受到影响。

在2008年1月，加利福尼亚对环境保护署提起诉讼，就是为了让约翰森能改变之前的决议。还有其他14个州也加入了这次诉讼。起初，约翰森解释说，他之所以拒绝这份声明，是因为国会规定的新燃油经济标准和布什总统刚签署的相关法律标准都比加利福尼亚提交的标准严格。他在一次面向新闻记者的电话会议上说道："布什政府提出的是一个明确的国家级的解决方案，而不是各个州混杂无章的规则。我认为这个方式比各个州单独行动要好。"[19]后来，当他的观点被加利福尼亚空气资源委员会证实是不真实的，他在一份长达40页的文件中提出了另一个观点。他在文件中提到，过去环保署签署放弃声明只有在处理特定地点的空气污染问题时才会被批准。而他认为气候变化不仅是影响加州的问题，也是影响美国其他地区的问题。因此，他又称加州没有满足"有吸引力且不同寻常的条件"，所以无法允许它自己设置标准监控该州车辆。[20]

就在加州提起法律诉讼的同一个月，美国参议院和公共工程委员会要求环境保护署出具文件详述约翰森拒绝加州签署弃权声明决定的决策过程。尽管这些文件并不被认为是机密文件，也不是处理国家安全方面的，环境保护署却奇怪地用白色胶带覆盖了文件的许多内容，从而掩藏这些信息。当参议院的工作人员撕开胶带并转录这些文件时，不得不监视环境保护署工作人员的一举一动。气候立法委员会主席、加州参议员芭芭拉·博克瑟(Barbara Boxer)，因为环境保护署的杜绝合作而责骂了约翰森，并告诉他，他已经违背了以他的热忱来保护特殊利益集团的机构使命。她在一次委员会的听证会上说道:“环境保护署没能够充分回应我们的信息请求……我从来没见过这样的机构,纳税人有权知道它是怎么做出这个决定的,这明显已经超出了事实、法律、科学先例、国家赋予的权利以及它拥有的其他权利。”[21]

2008 年 5 月 20 日,约翰森来到众议院监督委员会与政府改革委员会面前,他们试图从他身上发现,白宫到底在多大程度上影响了他拒绝加州签署弃权声明这个决策。约翰森一再拒绝提供给委员会成员任何有关信息或者任何他和布什政府的工作人员甚至是总统本人会面所讨论的关于这个重要问题的详细内容。委员会主席亨利·韦克斯曼(Henry Waxman)告诉约翰森,他就是布什政府的一个“傀儡”。韦克斯曼还告诉约翰森:“布什总统显然是坚持了自己的判断而推翻了环境保护署的科学和法律专家的一致建议。在与白宫的坦诚对话后,你就改变了你原来的看法。”[22]

前环境保护署署长利用其非凡的政治才能,否认这次拒签事件会造成进一步危机,从而妨碍该机构保护人类健康和环境的使命。同时他也暗示,在布什—切尼统治时期,环境保护署的动机可能更多的是关于政治伎俩方面的而非环境保护。环境保护署这次危机的爆发明显是因为忧思科学家联盟在 2008 年 4 月公布的一项研究,详述了环境保护署署的很多科学家认为他们的研究成果都因为政治目的而被“压制和扭曲”了。这份报告证明他们调查的科学家有 60%左右,即大约 889 人“在过去 5 年至少亲历了一种形式的政治干扰”。同时被调查的人中有 18%是环境保护署的科学家,大约 232 人说他们的工作经常或者偶尔“在审查过程中会被更改或者篡改,从而改变这项科学发现的意义”。[23]环境保护署的政治干预和联邦政府在处理加州事件时的阻力以及其他州无视二氧化碳的排放,都突出表现了布什—切尼政府对化石燃料行业的忠诚,却使我们国家的民主化政治过程的完整性岌岌可危。

20 世纪 20 年代的蒂波特山丑闻和我们在华盛顿看到的赤裸裸的利益冲突,以及在 21 世纪前 10 年给我们的经验教训告诉我们,在制定国家能源政策时始终坚持公平性、公开性和真实性的重要性。美国人希望那些能拒绝偏袒特殊利益集团的政府官员来制定和管理我们国家的公共政策。我们国家的人民希望我们的领导人正直、有道德感、尊重科学的客观性,尤其体现在他们做有关能源和环境问题的决策上。我们的公民希望立法者明白,他们的工作就是确保美国人民的自由,不管是现在的还是将来的。就像托马斯·杰斐逊在1809年说的那样,“关怀人的生命安全及幸福,而不是破坏它们,应该是一个良好政府的首要的、唯一的正当目的”。[24]一个追求清洁能源的国家需要一个廉洁的政府,而廉洁的政府就是一个好政府。

注释:

[1]Laton McCartney, *The Teapot Dome Scandal: How Big Oil Bought the Harding Withe House and Tried to Steal the Country* (New York: Random House, 2008).

[2]"Big Oil, Big Influence," Public Broadcasting Service "NOW" episode broadcast on the week of August 1, 2008, http://www.pbs.org/now/shows/347/oil-politics.html.

[3]Dana Milbank and Justin Blum, "Document Says Oil Chiefs Met with Cheney Task Force," *Washington Post*, Nov. 16, 2005, Al; and Michael Abramowitz and Steven Mufson, "Papers Detail Industry's Role in Cheney's Energy Report," *Washington Post*, July 18, 2007, A1.

[4]Charles Lane, "High Court Backs Vice President," *Washington Post*, June 25, 2004, A1.

[5]Seth Borenstein, "Bush Changes Pledge on Emissions," *Philadelphia Inquirer*, March 14, 2001.

[6]Union of Concerned Scientists (UCS) and the Government Accountability Project, "Atmosphere of Pressure: Political Interference in Federal Climate Science" (Cambridge, MA: UCS Publications, June 30, 2007).

[7]James Hansen, "Political Interference with Government Climate Change Science," testimony to the House Committee on Oversight and Government Reform, March 19, 2007.

[8]Andrew C. Revkin, "Bush Aide Edited Climate Reports," *New York Times*, June 8, 2005.

[9]Memorandum, "Full Committee Hearing on Political Interference with Science: Global Warming, Part, Ⅱ," House Committee on Oversight and Government Reform, March 19, 2007, 1.

[10]Andrew C. Revkin,"Bush Aids Softened Greenhouse Gas Links to Global Warming,"*New York Times*,June 8,2005.

[11]U. S. House of Representatives Committee on Oversight and Government Reform,"Committee Report:Political Interference with Climate Change Science Under the Bush Administration,"December 2007,http://oversight. house. gov/images/stories/documents/20071210101633. pdf.

[12]Rick Piltz,"Hearing on Allegations of Political Interference with the Work of Government Climate Change Scientists,"testimony to House Committee on Oversight and Government Reform,Jan. 30,2007;and Rick Piltz,"Censorship and Secrecy:Politicizing the Climate Change Science Program,"*ClimateScienceWatch. org*,June 8,2005.

[13]Information on Cooney's academic background and employment with ExxonMobil is from Center for Media and Democracy/Sourcewatch,"Philip A. Cooney,"www. sourcewatch. org.

[14]Union of Concerned Scientists(UCS),"Smoke,Mirrors,and Hot Air:How ExxonMobil Uses Big Tobacco's Tactics to Manufacture Uncertainty on Climate Science"(Cambridge,MA:UCS Publications,January 2007).

[15]Greenpeace/Exxon Secrets,"Factsheet William O'Keefe,"www,exxon secrets. org.

[16]Oliver Burkeman,"Memo Exposes Bush's New Green Strategy,"*Guardian*(Manchester,England),Match 4,2003;and "Frank Luntz Memorandum to Bush White House,2002,"http://www2. bc. edu/～plater/Newpublicsite06/suppmats/02. pdf.

[17]"California Sues EPA for Delaying Global Warming Waiver,"*Environmental News Service*,Nov. 8,2007;and Office of the Governor,"Governor Schwarzenegger Announces Lawsuit Against U. S. EPA for Failing to Act on California's Tailpipe Emissions Request,"press release,Nov. 8,2007.

[18]David Ehrlich,"U. S. EPA Chief May Have Ignored Advice on Emissions,"*Cleantech. com*,Fed. 27,2008;and Frank Davies,"EAP Chief Ignored Advice on Emissions,"*San Jose Mercury News*,Feb. 27,2008,A5.

[19]John M. Broder and Felicity Barringer,"EPA Says 17 States Can't Set Emission Rules,"*New Yorks Times*,Dec. 20,2007.

[20]Frank Davies,"EPA Explains Waiver Denial,"*San Jose Mercury News*,March 1,2008,A7.

[21]"Senator Boxer Bashes EPA Head: 'I've Never Seen Anything Like It,'" *The Daily Green. com*, video, Jan. 25, 2008, www. thedailygreen. com/environmental-news/latest/boxer-EPA-global_warming-490125.

[22]Associated Press, "EPA's Johnson Defense Actions," May 20, 2008.

[23]Union of Concerned Scientists(UCS), "Hundreds of EPA Scientists Report Political Interference over Last Five Years," press release, April 23, 2008; and "Voices of EPA Scientists Survey: Human Health and the Environment Depend on Independence Science"(Cambridge, MA: UCS Publications, 2007).

[24]Thomas Jefferson, letter to the Republican Citizens of Washington County, Maryland, 1809.

第五章

能源与国家安全

跟随西奥多·罗斯福的视线，四支美国海军舰队及护卫队走到了自1942年哥伦布航行以来美国历史上最伟大航行的尾声，1909年2月22日，在军队官员的陪同下，罗斯福总统向缓缓驶入弗吉尼亚汉普顿港口的大白舰队致意。这支远洋舰队刚完成历时14个月、43 000英里的环球航行，这是历史上第一支完成这项任务的舰队。这次野心勃勃的航行旨在向全世界宣告美国在20世纪的军事力量。在国外港口，成千上万的人目睹了这一盛况，他们怀着美好的祝愿向舰上14 000名水手和官员致意。罗斯福总统在庆贺舰队完成使命的演讲中表示，"那些再次航行这一线路的人只能重复你们的脚步"。[1]这次远洋航行的胜利标志着美国成为历史上最强大的军事力量。然而，没有煤炭和石油的保障，它永远也不可能实现。在20世纪后期，苏联在其自身的官僚作风和军事无效率的重压下解体之后，美国成为世界上最强大的超级军事力量。

在大白舰队航行100年后，化石燃料仍在21世纪的美国能源来源中扮演重要角色，能源维持国家安全，使我们远离敌对国家的威胁并免于恐怖主义的侵犯。我们的军队每年需消耗54.6亿加仑石油，是世界上最大的化石燃料使用者。[2]我们的国家防卫需要我们每年生产和使用大量的煤炭、石油来建立和推进国家海、陆、空的军事力量，因为飞机、坦克、船只以及其他防卫设施都需要化石燃料的支撑，因此保证化石燃料能源供给对美国国家安全而言至关重要。但是，我们可以预见的是，全球气候变化和与日俱增的对石油的争夺所带来的社会和政治压力是我们国家防卫所存在的隐患。

为了满足我们对石油永不停息的需求，必须不断地进口原油。1973

年，美国30%的原油来自进口，而在2007年，这一数字已达到60%。能源专家预测，到2025年，美国约70%的石油需依赖于国外的石油储备。[3]而这其中的绝大多数来源于与美国关系紧张的国家。比如沙特阿拉伯，这个国家拥有世界上最大的石油储备，估计约有2 670亿桶。[4]财政部长斯图尔特·利维(Stuart Levey)在2005年7月的议员委员会上警告说，沙特阿拉伯的某些团体或个人提供大量资金(多来自石油收入)来资助那些反对美国的暴力团体。"富有的沙特出资方和慈善团体资助了恐怖组织，进而支持了恐怖活动以及培养恐怖分子的思想体系。""甚至今天，我们仍相信沙特的捐赠是恐怖组织财政的重要来源，这包括发生在伊拉克的暴力活动。"[5]

伊拉克的近邻伊朗，已证实约有900亿桶的石油储备。伊朗总统艾哈迈迪·内贾德惯常地对美国表示了愤怒和仇恨。内贾德根本不理会安理会叫停伊朗铀浓缩活动的决定，继续发展伊朗的核计划，这给美国带来了威胁。与此同时，在西半球，由查韦斯领导的南美国家委内瑞拉，也令美国感到十分头痛。作为世界上第七大储油国首脑，查韦斯愉悦地与美国打起了高风险的"石油牌"，他威胁在某些时候停止对美国的石油出口，"这是我们对世界上最强硬的国家——美国——所打出的最强硬的牌"。[6]这是一个危险的计划，如果委内瑞拉确实长期停止石油生产，那么，随之而来的石油价格攀升将会导致全球性的经济大衰退。

世界对阿拉伯、波斯湾以及委内瑞拉石油的依赖正逐步增长，这仅带来了需求的上升，而供给却萎缩了。布什总统2001年5月发布的国家能源政策，要求石油来源多样化，以减少对中东的依赖。加拿大和墨西哥是我们可以信赖的友好的石油供给国，但布什总统希望我们从政治不稳定的国家购买更多的石油，如安哥拉、俄罗斯和尼日利亚。[7]然而，地理位置的现状表明，不能实现能源自由意味着我们将不得不更多地受制于中东国家来满足我们逐步增加的石油消耗量。石油输出国组织(欧佩克)提供了世界上40%的石油出口并掌握着约80%的石油储备，而其中85%的石油储备在中东。[8]除非能降低我们浪费的、消费着的化石燃料并开发出清洁能源，否则美国在未来对中东的石油依赖将迫使我们对世界上这一不稳定地区保持耐心，以保护我们的经济和商业利益。在伊拉克战争期间，美国每年支付超过1 000亿美元的直接费用来保护在波斯湾的利益，这使我们丧失了亿万美元的政府财政收入和国内投资，并且随着资本的外移，我们丢失了220万个工作机会。[9]

恐怖主义

我们持续增长的对外国石油资源的依赖，将军事和军队力量带到了崩溃的边缘，美国将不能应对可能发生的与伊朗或朝鲜的冲突，这使我们变得十分脆弱。我们变弱的防御能力将给我们的对手以信心来检验他们对抗美国的力量。对外国石油的依赖，将导致我们面对旨在摧毁美国经济和民主制度的恐怖袭击时变得更加脆弱，如果恐怖分子将目标锁定为我们脆弱的能源体系，美国的能源将轻易地陷入崩溃。

尽管媒体已经提起对核设施和电网安全的关注，美国民众仍需要认识到的是，全球的石油运输系统仍处于风险之中，著名的阿拉斯加输油管道中约有800英里(1 287公里)的部分未受到保护，这部分管道穿过荒凉的北坡油田到达瓦尔迪茨港。[10]如果在脆弱的地方，如桥梁上实施定点爆炸，将毁坏美丽的北极环境，并将关闭这条重要的石油管道长达数周，如果天气不利于修复，则甚至会延长数月。1988年，阿拉斯加输油管道输出量达到峰值，每天高达210万桶。在2007年，这一数字有所下降，每天约为74万桶，约占美国石油日总消耗量2 100万桶的3.5%。一次针对输油管道的袭击将击中美国的金融中心，华尔街将传播对美国本土石油供给的恐慌情绪。

但是，恐怖分子并非要冒险袭击距离边境近50万英里的石油和天然气管道，他们可以破坏中东的管道——正如他们经常做的那样。例如，2010年2月，恐怖分子袭击了拉什迪亚(近巴格达)的伊拉克输油管道，迫使伊拉克朵拉炼油厂的石油生产量从每天140 000桶降到70 000桶。根据美国交通海事局的说法，恐怖分子也可以追踪世界上超过4 000艘油轮，这些大而笨拙的油轮构成了美国石油供给渠道中最为脆弱的一环，恐怖分子也知道这一点。停靠码头装卸货物的油轮已经成为基地组织自杀式袭击者的目标。2002年10月，一艘装载爆炸物的小船靠近在也门港口停靠的法国超级油轮“林堡号”，爆炸造成一名船员死亡并对油轮造成巨大破坏，约9万桶原油流入雅顿湾，用了36小时才将石油引发的大火扑灭。[11]而相对于更有野心的袭击,这次事件造成的伤害还相对较小。如果恐怖组织真的想破坏世界石油供给通道,他们可以在脆弱的装运时点袭击油轮,造成路过的其他油轮的停运。我们可以想象恐怖分子秘密安装原子爆炸装置的方案:最可能的是小巧易带的手提箱式原子弹,装置在油轮船体的内部,成千上万桶石油包围着它,使其免于被放射性监测发现,随着相当于千吨炸药的威力的释放,油轮被炸毁并释放出放射性物质。如果爆炸发生在石油运输的关键地点,如苏伊士运河、霍尔姆斯海峡、红海、巴拿马运河或马六甲海峡,则可以阻挠多数中东石油的运输。这会在全球市场引起恐慌,迅速导致巨大的经济衰退甚至全球经济萧条。

石油被运输到美国海岸的各大港口,所以我们的许多区域其实十分脆弱,但最大的袭击将发生在墨西哥湾的路易斯安那深水海上油港,即美国"最大的原油进港口",由轮船运输的原油13%来自这个港口。[12]发生在这个主要港口的一次袭击将严重切断美国的石油动脉,并造成对多个产业生产的破坏。这个可能的结果将导致美国经济的崩溃并造成公众财务状况的巨变。

全球气候挑战

2003年10月,两位五角大楼分析员发布了一篇标题相对温和的报告:"气候突变及其对美国国家安全的影响"。这篇报告所包含的信息远比史蒂芬·金的恐怖故事可怕。报告的作者,彼得·施瓦茨(Peter Schwartz)和道格·兰德尔(Doug Randall)预测全球的气候变化将带来严重的食品短缺和饮用水供应减少由于海平面上升所导致的土地面积减少,以及疾病的传播导致的人口的锐减。回顾人类战争的历史,作者描述了有限的环境承载能力是如何成为孕育不同部族和国家间冲突的温床。当人们拥有足够多的资源时,他们可以实现和平共处,而当衰减的资源威胁到生存时,人们则会奋起斗争。如果地球对人类的承载能力由于气候环境的快速变化而迅速降低,我们可以预见到国家间更多暴力冲突的发生。"现今,环境的承载能力,即地球及其所代表的自然生态环境,包括社会、经济、文化系统,它们所能支持的最大限度的人口数量正面临着挑战。"五角大楼的报告中写道:"世界上

8 150 万人得不到充足的物质资源，有些人也许会说，将全球作为一个整体来看，我们在环境承载范围内生活得很好，这就意味着没有足够的资源来维持我们的活动。”[13]

如果没有一个稳定的气候环境，人类文明将难以存续。约一万年以前，当最后一个大冰期将要结束时，农业出现，温暖的气候给人类提供了改变其“狩猎—采集”的生活方式的机会，他们可以在有组织的定居点繁衍生息，互助合作种植谷物、蓄养牲畜。原始农业技术为当时的人们提供食物来源，带来了社会的稳定，随后简单的村庄发展为城市，正如古老的苏美尔那样（现伊拉克境内）。尽管地球变暖孕育了人类文明，但这并不意味着气候持续变暖是一件好事，在严寒的冰期和闷热的全球变暖期两个极限之间，人类有一个可以舒适生存的气候区间。而我们正越界进入一个未知的恐惧之中，如果我们在全球变暖的进程中行进太远，随着食物和水资源变得越来越稀有，以及温和的气候环境的消失，我们将会见证文明的逐步崩溃。

如果彼得·施瓦茨和道格·兰德尔的报告听起来并不像是对美国关于气候变化和它对国家防卫的影响的警告，我们应该考虑美国前海军将领和将军关于这一挑战的观点。CAN 公司——一家非营利机构——采访了来自多个部队的前任官员并将其发现发布在 2007 年“国家安全和气候变化的威胁”的报告中。官员们警告说，气候变化的“威胁乘数”效应将导致政治的更加不稳定，而这是社会存续的基石瓦解的开始。由于重大环境变化在民众中产生的压力，各地的政府可能会垮台。作为世界上的军事大国，美国会发现自己在世界范围内陷入持久的冲突和战争中。“经济和环境条件已经很脆弱的地区会出现食物产量减少、疾病蔓延、清洁水源变少以及大量人口迁移以寻求生存的资源，这些地区的衰退会更加严重。”报告中指出：“羸弱的或正在垮台的政府，在其存续已经十分困难的情况下，会出现内部斗争、极端主义以及更加严重的独裁和激进的意识形态。”[14]简而言之，气候的变化会滋生独裁的土壤，而对于独裁者，美国必须以军事行动来对抗。

气候变化将迫使美国军队在未来几十年里激进地适应这种持续发生的变化。一个后勤方面的噩梦是，我们的许多海军基地，尤其是那些位于太平洋低海拔岛上的基地，由于海平面的上升将不得不重建。在中东，水资源的减少将加剧这一地区的社会不稳定，使我们在这一地区的处境变得更加麻烦。军队也不得不去处理由于大量移民所造成的某些地区的政治不稳定。2007 年 11 月发布的另一份报告中，其作者丹·史密斯(Dan Smith)和佳纳妮·维韦卡南达(Janani Vivekananda)描绘了，环境难民由于他们自己的国家已经被上升的海平面淹没而不得不穿越国境的悲惨景象。他们在报告"冲突的气候"中描述，世界上 64 个国家——约 27 亿人口——会暴露在武装斗争的风险之中，他们需要争夺食物和水，并同掌握这些资源的政府力量做斗争。另外，56 个国家，约 12 亿人口，由于气候的变化、资源的衰减，有很大的可能性会经历政治的不稳定。[15]

石油峰值问题

除了气候变化的挑战，全球政治的不稳定还应归因于石油产量的减少以及军队对化石燃料日益增长的依赖。石油是最重要的资源，没有它，现代军队将无法存在。我国的军队在每日的运作中需消耗大量的石油，从飞机的航油到坦克、货车的柴油。而由于能源变得更加稀有，美国的军队(空军、海军以及陆战队)都不得不去寻求一种更有效的利用能源的方式。2005 年 9 月，五角大楼的一篇名为"能源趋势及其对美国武器装备的影响"的报告中对美国军队由于石油产量下降所需要面对的问题加以警告："我们将继续面对地缘政治的风险和不确定性，对于能源安全的忧虑将持续上升"；"石油将仍是最具有战略性和政治性的能源商品，天然气紧随其后"。报告中提出了一个不详的观点："石油战争并不是不可能的。"[16]

12 位前任将军和将领持续关注我们对外国石油能源的依赖情况并保护美国的国家安全。2009 年 5 月，美国海军分析中心的一篇报告"强大的美国的防卫：能源和国家安全的风险"中，强调了美国社会对海外石油的高度依赖是如何降低美国对其他国家、试图伤害美国的基金组织或个人的杠杆力量的，这种高度的依赖性也使得我们需要在世界上最危险的区域驻扎军队。这使得美国处于一种不稳定、敌对的政治制度包围中，削弱了美国的对外政策。化石能源市场是一个不稳定的市场，石油、天然气、煤炭的价格随产出和需求剧烈变动，这种不稳定性使得政府难以制定税收项目，进而挑战资金战略和国家安全。海军分析中心的报告指出："美国对化石燃料的依赖影响经济的稳定，而经济稳定是国家安全中至关重要的一环。”[17]

如果军队正在认真对待气候变化和石油价格峰值对国家安全的威胁，也许我们其他人也该这么做。创新是解决安全问题的关键所在。在第二次世界大战期间，在物理学家罗伯特·奥本海默（Robert Oppenheimer）的带领下，一批优秀的科学家致力于原子弹的研发以对抗法西斯，他们将这个秘密的项目称为“曼哈顿项目”。今天，我们也需要类似的行动，陆军中校约翰·阿米登（John Amidon）在发表于联合部队季刊中的一篇文章中写道，他建议由联邦政府组织一个“能源曼哈顿计划”，以减少我们对化石燃料的依赖。总而言之，阿米登指出，“从现在的危机中找出一条道路，这并未涉及真实的问题本身，我们的问题在于，急剧上升的需求、军队的危机和衰减的资源之间的矛盾”。[18]

美国军队正采取措施以显著减少化石燃料在军事基地和设备中的使用。通过首次在南加利福尼亚炎热的莫哈韦沙漠的欧文堡测试太阳能电池板和风轮机技术，美国军队正走向绿色化。通过这种方式生产的电能正被用于士兵的电脑和其他电子产品上，同时也用于军事基地运送军队的外挂车辆上。军队也开发出了一种拥有三英寸的绝缘泡沫胶和反射阳光的涂层的帐篷，它可以节约75%的空调消耗的能源。这使军队每年减少了3 500万磅的碳排放——相当于3 500辆汽车所产生的二氧化碳量。美国海军也在试验清洁能源，包括利用地热产生的热水所生产的270兆瓦的电能，这可以给莫哈韦沙漠中的海军航空武器站供电。海军针对海洋暖气流能源技术进行了高端的实验，这种技术在将来也许可以为海军基地供能，海军基地每年约需消耗25%的能源。在军队的4个分支中，空军目前对化石燃料的消耗是最大的，重型货运飞机（如C-5银河和超音速战斗机）所使用的航油相当于军队每年耗油的71%。机翼设计的创新将有效减少耗油量，同时并不降低飞机性能。这些创新可以直接适用于新型节能民用飞机的设计。军队陆地运输在将来或许会完全依赖于电能来实现。2009年，镭射技术公司向国会成员提供了一种扩大范围的电车“悍马H3”。这种车完成一次充电可行驶40英里，用一个汽油引擎所发出的电能可以行驶300英里，在城市道路上，每加仑汽油平均可行驶100英里。VIA汽车公司，一家总部设在犹他州的公司，在2010年购买了这项技术来生产一种名为VTRUX的电动型小型货车。正如国防部的项目引领了互联网、手机以及现代社会习以为常的其他科技奇迹的发展，在军队能源项目上的投资将会分立出清洁能源产业，并可能为数以百万计的美国人创造就业机会。美国军队所管辖下的大片土地也可以租赁给私人公司来建立太阳能、地热能和风能项目，从而刺激就业和经济。例如，美国军方控制了超过 1 200 万英亩（约 290 万公顷）土地，多数远离商业区和居民区，这些土地可以被用来生产清洁能源，帮助我们摆脱对化石燃料的依赖。[19]

美国与中国

收缩的原油供给以及全球气候问题会影响包括 13 亿中国人在内的每个人的生活。随着基础设施工业化和社会现代化进程的加剧，中国正成长为一个强大的经济体。我们在这个亚洲国家所见证的巨大变化，将要求持续增长的原油供给来维持。根据国际能源署的数据，2010 年 2 月，中国原油需求比上年同期上升 28 个百分点。能源署预测，到 2035 年，中国的能源需求将上升 75%。除非中国研发出其他可替代能源，否则其持续增长的石油需求将导致国际油荒的爆发。此外，气候变化也是困扰中国的一个严重问题。

中国正努力和石油产出国建立战略伙伴关系，与此同时，美国和这些国家的关系正经历一个紧张和恶化的阶段，委内瑞拉、伊朗、苏丹以及最重要的沙特阿拉伯，都在与中国建立长期贸易关系。例如，委内瑞拉总统查韦斯已和中国企业达成共同开发其石油和天然气储备并建立新的炼油厂的协议。2010 年 3 月，中国海洋石油总公司发布了以 3.1 亿美元收购阿根廷石油和天然气公司布里达斯能源控股公司（Bridas Energy Holdings）50%股份的消息，这家阿根廷石油公司控制了拥有 6.36 亿桶石油储备的地区，包括智利、玻利维亚和阿根廷。2009 年 12 月，另外一家中国石油公司——中国石油天然气股份有限公司——获得加拿大政府的允许，获得价值 19 亿美元的两项阿尔伯达油砂项目的股份。随着美国与沙特阿拉伯在“9·11”后关系紧张，中国看到了这其中的商业机会并开始与沙特王室建立战略伙伴关系。[20]

到2030年，中国预计将比美国进口更多的原油[21]，这对全球政治而言是颠覆性的时刻，因为中国及其石油生产联盟将使美国边缘化为一个顾客，特别是当经过几十年的持续增长的贸易逆差后，中国货币变得比美元更值钱时。著名能源专家盖尔·拉夫特(Gal Luft)博士相信，中国对石油进口的持续热衷解释了其为什么要与石油生产国建立紧密联系，而美国正与这些国家发生冲突。拉夫特教授2005年10月对参议院外交关系委员会表示："尽管有些人乐观地相信中国对能源的追求将加强其与美国的合作、整合和相互依赖性，但已有充分的证据表明，中国和美国在石油问题上正处于冲突的地位"；"这对中东地区的未来和稳定性以及美国在这一地区的地位有深刻影响"。[22]

美中关系近期相对坚实，然而当石油问题变得更加突出时，这种情况可能会随着两者对中东石油资源的竞争激烈化而发生剧烈变化。美国对中国的贸易赤字在2008年底已达到2 680亿美元，这将影响经济的发展，特别是当持续攀升的石油价格导致美国对中国以及其他国家的更加巨额的债务时。中国在2009年11月拥有7 890亿美元的美国债务，中国是最大的美国国债持有国，拥有约1/3的已发行的政府债券。如果我们发现很难为军队和安全提供资金，这些债务加上疲软的美国经济会损害国家安全。并且，我们的贸易赤字也会导致工作机会的减少，因为更多的就业机会流向了低工资的国家。

在罗斯福大白舰队演讲一个世纪之后，今日的美国军事被看做人类历史上最强。随着全球气候的变化和石油峰值扰乱全球政治体系，我们看到全球冲突的升级，我们可以通过减少对进口石油的依赖来减少这种冲突，这样就不用面对与现代化中国和其他国家之间的难以忍受的经济竞争。建立并发展可持续能源社会并且在国家范围内实现能源有效利用，是实现未来国家安全和实施对外政策的重要步骤。和平是美国的最好保护，正如大白舰队向全球证明美国在20世纪军事的主导地位一样，实现能源自由是美国向全世界宣告，美国是21世纪的和平力量。

注释：

[1]James R. Reckner, *Teddy Roosevelt's Great White Fleet* (Annapolis, MD: Naval Institute Press, 1988), 155.

[2]Nick Turse, "The Military-Petroleum Complex," *Foreign Policy in Focus*, March 24, 2008, www. fpif. org/fpifxt/5097.

[3]Dr. Gal Luft, "America's Oil Dependence and Its Implications for U. S. Middle East Policy," testimony to the Senate Foreign Relations Subcommittee on Near Eastern and South Asian Affairs, Oct. 20, 2005.

[4]Gibson Consulting, "Some Interesting Oil Statistics," www. gravmag. com/oil. html.

[5]Stuart Levey, Under Secretary Office of Terrorism and Financial Intelligence for the U. S. Department of Treasury, testimony to the Senate Committee on Banking, Housing, and Urban Affairs, July 13, 2005.

[6]Senator Kay Bailey Hutchison, "Stability and Democracy in Latin America" (Speech, U. S. Senate, Washington, DC, March 14, 2007), www. senate/gov/～hutchison/speech550. html.

[7]Natural Resources Defense Council, "Safe, Strong, and Secure: Reducing America's Oil Dependence," www. nrdc. org/air/transportation/aoilpolicy2. asp.

[8]Jad Mouawad, "OPEC Gathering Finds High Oil Prices More Worrisome Than Welcome," *New York Times*, Nov. 17, 2007.

[9]Milton Copulos, "The Hidden Cost of Oil: An Update" (Arlington, VA: National Defense Council Foundation, January 2007).

[10]Alyeska Pipeline Service Company, "Pipeline Facts," www. alyeska-pipe. com/pipelinefacts. html.

[11]Brian Whitaker, "Tank Blast Was Work of Terrorist," *Guardian* (Manchester, England), Oct. 17, 2002.

[12]Louisiana Offshore Oil Port, "LOOP Receiving Tanker Shipments of Crude Oil," press release, Sept. 2, 2005.

[13]Peter Schwartz and Doug Randall, "An Abrupt Climate Change Scenario and Its Implications for United States National Security," Oct. 2003, http://www. gbn. com/GBNDocumentDisplayServlet. srv?aid=20231&url=/UploadDocumentDisplayServlet. srv?id=28566.

[14]General Gordon R. Sullivan(ret. U. S. Army)et al. ,"National Security and the Threat of Climate Change"(Alexandria,VA:CNA Corporation,April 2007).

[15]Dan Smith and Janani Vivekananda,"A Climate of Conflict:The Links Between Climate Change,Peace,and War,"*International Alert*,Nov. 2007.

[16]Donald F. Fournier and Eileen T. Westervelt,"Energy Trends and Their Implications for U. S. Army Installations"(Vicksburg,MS:U. S. Army Engineer Research and Development Center,Sept. 2005).

[17]CNA's Military Advisory Board,"Powering America's Defense:Energy and the Risks to National Security,"May 2009,http://www. ncoc. net/index. php?tray=content&id=top12&cid=2gp13.

[18]John M. Amidon,"America's Strategic Imperative:A'Manhattan Project' for Energy,"*Joint Forces Quarterly*,no. 39(2005),68—77.

[19]Military branches using clean-tech passage come from various sources:Peter Hoy,"The World's Biggest Fuel Consumer,"*Forbes*,June 5,2008;Alexandra Zavis,"Military Embraces Green Energy,for National Security Reasons,"*Los Angeles Times*,April 26,2009;"Navy,Army Push to Meet Renewable Energy Goals,"*Environmental Leader*,March 18,2010;"Military Seeks Fuel Efficiency with Ships and Electric Vehicles,"*Environmental Leader*,May 21,2009.

[20]Jephraim P. Gundzik,"Solid Foreign Relations to Underpin Strong Economic Growth in Venezuela,"*Power and Interest News Report*,Oct. 20,2006,www. pinr,com;"Deal for Oil Fields Extends China's Quest for Energy,"*New York Times*,March 15,2010;"China Fuels Global Growth in Oil Demand,"*Procurement Leaders*,March 17,2010;Dr. Gal Luft,"Fueling the Dragon:China's Race into the Oil Market,"*IAGS Spotlight* (Institute of the Analysis of Global Security), n. d. ,http://www. iags. org/china. htm;and Gal Luft and Anne Korin,"The Sino-Saudi Connection,"*Commentary Magazine*,March 2004.

[21]Luft,"Fueling the Dragon."

[22]Luft,"America's Oil Dependence and Its Implications for U. S. Middle East Policy."

第六章

能源与环境

1868年3月27日，一位29岁的旅行者搭乘“内布拉斯加号”游轮抵达了旧金山。抵达后不久，他问一名当地的木匠最快到达城市的路，工人回答道：“你想去哪里？”旅行者回复：“任何有荒野的地方！”[1]这场简短的对话决定了这个在苏格兰出生的约翰·穆尔会成为拯救美国环境、避免过度开采的领袖。在旅程的第一阶段，他穿越了圣克拉拉谷伊甸园，赞叹山坡上盛开的花朵渲染了春天的颜色。在4月中旬，他抵达了吉尔罗伊的小农场村，询问去塞拉斯的方向。有人给他指路，向东穿过暗黑山脉，才能抵达帕切科·帕斯。在他生日——4月21日——这天穆尔参加了在帕斯的峰会。当他注视着冉冉升起的太阳，这壮丽的景观，激发了他决心在余生的日子里要为保护自然而奋斗的意念。从他看到位于加利福尼亚中央大峡谷另一端的内华达山脉的第一眼起，穆尔震撼于这些山脉的雄伟，并将之命名为“光之所在”。这个描述如今仍用于形容这片山脉的壮丽景象。[2]

如果他能看到我们21世纪的世界，这位美国历史上最为著名的环保人士将会毫无疑问地为化石燃料对我们星球上的自然环境造成的污染而忧虑。穆尔将必定会支持这场能源自由运动，发展可再生绿色能源的来源，因为他会明白，清洁能源帮助保护大自然。他也将为全球气候变化如何破坏他所深爱着的自然景观而深深困扰。许多美国人分享穆尔保护环境的激情，但仍有一部分人认为保护环境与我们对能源的需求互斥。我们中间有太多人似乎将我们的大自然作为化石燃料的垃圾场，而忘记了它是我们美丽的家园。我们有义务去保护大自然，不仅是为我们自己，还是为未来的千秋万代。我们常常倾向于保护地方金融利润而忽略了包容着我们和其他所有地球上生命的脆弱的生态系统，没有什么比亲眼目睹生产、分配以及消费化石燃料更能了解保护生态系统的重要性。如果我们在未来几十年内继续增加使用烃能源而没有明智的保障措施，我们将对土地、水和空气等我们赖以生存的资源造成更大的破坏。

石油和环境

一些人强烈支持一项计划，即开发一部分北极圈野生动物国家保护区以进行石油开采，从而减少美国对外国石油的依赖。他们还要求进一步加强海上钻井的开采，对越来越对环境敏感的大陆架外缘进行侦测开采。环保组织抗议这些提议，坚持声称这种潜在的危害会让这些地方脆弱的环境系统无法承受，从而无法保证这些政策的实行。而另一方面，石油公司坚持声称它们有足够的技术可以在保证勘测和开采石油的同时不伤害动植物生态系统，如果近期发生过的事情能给我们提个醒，我们必须对这样的声明持谨慎的怀疑态度。我们看到，在2010年的春夏季节，深水地平线石油钻井平台造成了怎样的大灾难，11个平台的工人在事故中丧命，490万桶原油涌入墨西哥海湾，对当地的海洋和野生动物的栖息地造成了极大的破坏，完全摧毁了当地的渔业和旅游业。

深水地平线属于近海钻井承包商越洋钻探公司，是被伦敦本土石油公司租用的。石油服务公司哈里伯顿、阿纳达科以及M-I Swaco公司的合同员工也一并驻留在深海钻井平台。在2010年4月20日，位于路易斯安那州东南沿海41英里(66公里)的钻井平台上的工人正在钻井探入“马孔多前景”(Macondo Prospect)。大约晚上9:45，一股混合着泥浆、甲烷和海水的巨柱怒吼着从钻柱中冲击喷发。甲烷气体被点燃了，将平台吞没在一片火焰中。工人试图激活防喷器，但失败了。115名机组工作人员成功从事故中生还，却由于火势过于猛烈而被迫放弃对整个平台的救助。钻井燃烧了将近36个小时，最终于2010年4月22日沉没在大约5 000英尺(1 500米)的海底。全世界人民通过水下视屏摄影机都能观察到石油持续喷射了3个月。浮油蔓延到整个海湾水域，危害敏感的生态环境。超过125英里(201公里)的路易斯安那州海岸线上布满了原油。阿拉巴马、密西西比和佛罗里达的海滩也被随海波蔓延而来的石油席卷了。美国总统巴拉克·奥巴马多次访问该地区,检查对浮油的清理工作以及阻止漏油工程完成的情况。在这个关键节点上,事件肇事者英国石油公司的首席执行官托尼·海沃德却在公共关系上出现了失误。在公开记者招待会上谈到此次事故时,他试图为自己和他的公司开脱,声称开采漏油事件是“正常的”,认为海面浮油和400 000加仑的石油分散剂对于整个广阔的大海及其包含的生态系统来说仅仅是沧海一粟。“墨西哥海湾非常非常大,”他说,“今日我们渗漏到墨西哥海湾中的石油和分散剂相对于整个墨西哥湾的淡水总量来说是非常微小的。”这次事故后一个月,海沃德的行为进一步伤害了英国石油公司的企业形象,当石油持续从墨西哥海湾海底喷射而出时,他还悠闲地乘坐着他的游艇在英格兰怀特岛附近散心。

终于,在 2010 年 7 月 15 日,工程师们通过建造一个阀门切断了石油的泄漏,并永久关闭油井。英国石油公司官员 9 月 19 日证实,深水地平线漏油事故“被完全有效地终止了”。同年 10 月,英国石油公司估计,此次漏油量的总成本将近 112 亿美元,其中包括应对漏油事故的遏制成本、喷涌石油的成本,以及资助联邦政府对浮油的清理费用和对相关个人的赔付。但这次事故灾难对环境影响的成本,是无法简单用一个电子表格的形式就能概括的。[3]因重大石油泄漏事故引发的悲伤故事在全世界一再地反复,遍及全球的成千上万的鸟、鱼、海洋哺乳动物在石油灾难中灭绝了,墨西哥湾事故被认定为美国历史上最严重的漏油事件。环境给美国人一个必须牢记在心的教训,即使存在数千个有效运营并保证绝对安全的海上钻井,只要发生一次事故就可以造成毁灭性的破坏,特别是对于海洋这样复杂而敏感的生态环境,石油污染物危害实在太大,石油公司永远不能保证百分之百的安全记录。人类对财富的贪婪、倾向于走捷径而不是脚踏实地的天性,使得这样的事故在未来发生的风险不断增加。时间和一项彻底调查最终证实了,谁应为这次深水地平线石油钻井泄露事故负责。2010 年 10 月,美国国家委员会对此次英国石油公司深水地平线漏油事件进行调查并发布了一份报告,报告显示,哈里伯顿官员涉嫌在井喷之前就已获知钻井工人用于封井的水泥混合物存在重大缺陷,却没有采取有效措施来解决这个问题,最终造成了灾难的发生。

联邦政府有责任来保护我们的自然环境资源不为各行各业的开采所破坏。在对整个事故引起的后续事件进行完全审慎的分析之后，我们必须采取措施保证美国的沿海水域和土地不会再被另外一起可能发生的漏油灾难所污染。促进立法是一个好主意，这推动我们朝着清洁能源国家的方向前进。我们还需要看看被墨西哥湾事故所震惊的美国人会如何采取行动来减少我国的近海石油钻探，推动政治领导人制定可再生能源政策。1969 年在加利福尼亚州的圣芭芭拉市，一起类似的石油泄漏事件导致人民自发开展全国性的环保运动，由此美国创建了环境保护署，试图保护我们的自然世界不受这样的破坏。希望墨西哥湾事故能让越来越多的人意识到，我们的日常行为是如何深远地影响我们赖以生存的自然环境的。

从总体上看，世界上绝大多数海上运输的原油都顺利到达了目的地，并没有发生事故。但是我们必须要注意，即便只发生一起事故，也能对自然界造成巨大伤害。一项估计数字表明，每年由油轮和近海石油钻井平台意外释放到环境中的石油为 2.5 亿加仑(9.5 亿公升)。虽然每年大部分在阿拉斯加和近海钻井平台泄露的石油并不一定会污染当地的环境，但还是有一部分污染物不幸地随海水传到了更远的地方。在北极，高纬度地区恶劣的环境和老化的设备为这些意外泄漏创造了条件。其中已有 30 年高龄的阿拉斯加输油管腐蚀状况尤为严重，并已在 2006 年创造了泄露多达 267 000 加仑石油的纪录。这次事故成为了头条新闻，并使石油价格达到了纪录高点，因为 BP 石油公司同时关闭了其在普拉德霍湾的钻井设备。由于存在泄漏意外，BP 石油公司还不得不关闭它位于阿拉斯加的许多油井。这些意外事故并不是小概率事件。阿拉斯加环境保护署估计，平均每年就有高达 504 起石油泄漏事故发生于阿拉斯加北坡的普拉德霍湾的石油输送管道。[4]

自然环境并没有完全从石油危机的阴影下得到解脱。阿拉斯加的石油在结束它 800 英里(1 287 公里)的管道旅程后，还将通过运输油轮被运送到美国本土 48 个州。这种污染的危险性在 1989 年被臭名昭著的触礁事故证明了，这一年当“埃克森 · 瓦尔迪兹号”油轮触礁、船体破裂时，37 000吨(1 090万加仑)的石油泄漏到威廉王子湾的水域中。石油随着海波漂浮蔓延，覆盖了整个原始的沿海生态。超过 250 000 只海鸟因为羽毛被石油覆盖，无法从海上飞起而死亡；大约 2 800 只海獭的毛皮上沾满了原油，一部分死于体温过低,另一部分在试图舔掉这些有毒物质时中毒而死。多年来,石油泄漏已经造成数十亿鲑鱼和鲱鱼卵死亡,严重损害了阿拉斯加渔业。[5]尽管这次事故在世界石油泄漏事件名单上的排序相对较低,但因为摧毁了脆弱的生态环境,"埃克森·瓦尔迪兹号"灾难事实上造成了石油工业史上最严重的环境灾难。

石油油轮规模在过去的半个世纪中大幅增长,极大地增加了泄露意外发生的概率。1945 年,油轮最大运输容量为 16 500 吨。而今天,仅一艘超大型油轮就可以容纳超过550 000吨的石油。[6]同时,油轮的巨大规模也使得它们在航运中面临紧急情况时更难操纵。"9·11"事件发生后,美国意识到必须随时准备应对恐怖主义的威胁,大而笨拙的油轮很有可能成为恐怖分子攻击的主要目标。

墨西哥湾地区高密度地分布着近海钻井平台,它的热带生态环境被石油污染,大量物种濒临灭绝。每年,成千上万加仑的原油产品溢出或被排放到海水中,通过毒害捕鱼区的鱼类向人类传播它们的有毒物质,比如汞。海湾地区也经常会遭遇飓风,地球的变暖增加了风暴的强度,而石油的污染将随着气候变化愈演愈烈。2005 年,墨西哥湾的许多石油钻塔未能抵御卡特里娜和丽塔飓风的狂怒破坏。卡特里娜飓风摧毁了 46 个近海平台,丽塔飓风则摧毁了 69 个,分别造成 233 000 加仑和 508 000 加仑的原油流入墨西哥湾水域。同时,卡特里娜飓风还袭击了路易斯安那州,导致储存在炼油平台 800 万加仑的石油和化学危险品泄露。[7]这些有毒物质随着洪水蔓延到新奥尔良市和周围的郊区地带,渗透土壤、腐蚀建筑物,如果不及时采取措施,会导致这些地区中长期暴露在毒素下的人类和动物罹患白血病或其他危及生命的疾病。

大量石油被泄漏到海水里的场面带来了无可比拟的视觉震撼。但大部分污染环境的石油泄漏却在悄无声息地进行着。每一天,精炼石油都以微小的排放量渗透到自然世界中,从人们的车辆中,或是通过被非法倾泻入市政排水管道的石油中渗透出来。随着雨水的冲刷,大部分石油渗入小溪、河流、湖泊、海湾,甚至是居民和农场使用的蓄水库中。随着时间的流逝,一些这样的碳氢化合物会被逐渐分解,或是被自然界的细菌慢慢吞噬,生态学家称此为所谓的"生态修复过程"。[8]但不幸的是,这种微生物消化过程是有副作用的，将会释放大量的二氧化碳至大气层中，而这会导致全球气候变化。

煤炭和环境

石油当然不是唯一会污染环境的化石燃料，煤炭则有过之而无不及，并且它已经对自然环境造成了更大危害。由于国家有巨大的煤炭储备，美国使用煤作为主要的能源获取方式。20 世纪 70 年代以前，国家大部分的煤是通过煤炭工人乘坐竖井电梯下降到地球表面以下 2 000 英尺甚至更低的地方开采出来的。20 世纪七八十年代，随着煤动力发电技术得到广泛应用，对煤的需求量也水涨船高。煤炭工业开始大规模采用地表勘探和露天开采的技术。蕴含煤炭的地表被爆炸物炸开，推土机及其他重型机器随即推开石头和泥土，显露出埋藏在地下的煤脉。这种煤炭开采技术消耗较少的成本，却能开采出更多的煤矿，这使得许多煤炭公司开始大肆地开采。但是，环境为他们摄取的利益付出了沉重的代价。肥沃的土壤被推走，随着河流冲击而流失。雨水与煤炭开采汇总产生的有毒物质混合，渗入水循环系统。较轻的粉尘和煤炭渣则被风承载着传播到方圆数英里的植被中，被吸入包括人在内的无数生物体内。

今天，按照美国能源信息局的统计数据，美国政府有 600 多个以煤动力发电的工厂，生产大概 54%我国需要的电力。中国正在迅速赶上应用水平标准，因为中国正在经历工业化的转变历程，需要国家供应大量的电力，这个产量远远超出人民日常使用需求，当然，这些电力都是从煤炭中转化而来的。煤炭电力是中国经济的强劲动力，占据了中国基本动力能源的 69%。[9]不幸的是，中国的煤炭电厂与美国的并不一样，它们没有采取相应的环境保护标准，而这些标准是在美国所有煤炭电力企业里贯彻实施的。污染控制的缺失是中国大中型城市的空气污染指数位于世界前列的主要原因。燃烧煤产生的煤烟和粉尘给所有事物蒙上了一层灰雾，引发了严重的健康问题。发电厂排放出的二氧化硫会导致酸雨，而酸雨不仅对中国造成了生态污染，甚至已经影响到了近邻韩国和日本。并且，由中国煤炭产业排放的有毒污染也已伤害到了美国的自然生态环境。烟尘粒子从太平洋的另一端，由风运送抵达美国的泥土，最终进入水循环系统只需要 10 天。一项研究指出,俄勒冈州的威拉米特河中发现的大约20%的汞来自中国及其他沿海地区。[10]

随着中国及其他发展中国家的全球化程度进一步加深,以开采、燃烧煤的形式发电将会对自然造成越来越严重的负担。预计在2002～2025年间,全世界对煤的需求会增长60%～80%,这取决于世界经济发展的水平。[11]外国许多新建立的煤燃烧工厂并没有采用控制二氧化碳以及有毒排放物的相应设备,因此在生产电力的同时,越来越严重地污染着我们的环境,乃至导致地球变暖。但是,在未来,由于石油的资源限制,石油供应的减少会导致煤炭液体化技术的广泛应用,因此对于煤炭的需求量会在未来几十年内进一步提高。煤炭液体化是一种能将煤炭转化为替代石油驱动汽车的燃料的技术。这种技术最先由德国的科学家发明,早在第二次世界大战期间被纳粹军队首次应用。因为第二次世界大战时德国的传统石油供应告急,科学家在煤炭中加入氢,转化成液体的烃能源来为第三帝国的战斗机以及坦克提供驱动力。在我们的现代社会,若大量使用煤炭作为石油的替代燃料,将会对自然环境造成难以估计的破坏。首先这种液体煤炭的经济成本非常高昂,其次它的燃烧会排放巨大的二氧化碳。欧盟的相关科学家预计,生产和燃烧液体煤炭将会导致1.8倍的现今温室气体量排放到大气中。[12]

气候变化

如果任意排放温室气体,任由现在的全球变暖效应进一步恶劣,这就意味着我们将会看到地球生态系统背上越来越沉重的负担。科学家认为,气候变化将会有一个较为平缓的加速,因为在环境中确定的正效应反馈回路将会导致更多的二氧化碳释放到大气中,因此会加速全球的气候温度上升。[13]在正常的情况下,环境中存在着一些集成调节系统,我们暂且称它为环境控制器,是它控制着地球的温度,使其稳定在正常的范围之内。不幸的是,人类将燃烧化石燃料产生的大量温室气体排放至大气层中,这些温室气体与环境控制器产生了互竞作用。我们可以看到,越来越多的迹象表明,地球变暖正逐步影响着脆弱的生态平衡,首先从地球冰川的缓慢融化开始——北极的冰盖正在变薄,这令人十分担忧。在过去,大片的冰川像镜子一样覆盖着北极地区，它们白色的表面能将太阳的紫外线反射回太空，帮助地球温度维持在适合人类居住的范围内。正好相反，流动的水不但不具备这样的功能，还会吸收太阳的热量，给地球生态系统增添更多能量，使得地球温度逐渐上升。从而，冰川和北极冰雪的融化给负效应反馈回路加上了重重一笔，当大海变得越来越温暖时，更多的冰川融化了，又反过来导致地球温度上升速度进一步加快。在北冰洋，北极冰雪的面积每一年都在减少。传说中，连接欧洲和亚洲的“西北航道”有可能在2030年以后的夏季成为事实，那时北冰洋实际上已成为“无冰地区”。[14]众所周知，在北冰洋的海底深处蕴藏着大量的资源，由于开采难度太大一直不可为人类所用，当冰层融解、冰川土地露出时，不停寻求石油、天然气及煤炭资源的国家都会紧盯这片数亿年来未曾开发的区域，届时将会产生一系列领土争端事件。这并非危言耸听，自2006年开始，加拿大、丹麦、挪威、俄罗斯以及美国已经为争夺北极地区潜在资源的所有权产生了诸多事端。

如果北极冰川完全融化，对全球的海洋高度影响并不大，因为它的冰川厚度低于10英尺，且大部分冰山是漂浮在海水之上的。[15]但人类的行为，在地球的另一端却会酿造成更严重的灾难。在南部极地地区也有显示冰雪融化的迹象，而这将会对地球产生潜在的、大范围的环境灾难。与北极的海冰不同，大多数南极的冰雪是覆盖在大陆土地上的。千百万年以来，大自然在这里储存着数以万亿吨计的冰，地球上大约90%的冰储存在南极，这些冰的厚度高达3英里(4.8公里)。科学家们已经发现冰面上出现了巨大裂缝，冰块融化正在加速。2002年1月31日，由一块1 250平方英里(2 011平方公里)的海洋极地冰断裂开始，在短短35天里，大量冰块从大陆中断开，漂移在南极的海洋里。美国地质服务学家在2010年2月份发表了一份科学报告声称，在1947～2009年间，整个南极半岛的冰线正在后退，在1990年后退速度尤其迅速。[16]依附于南极大陆的海洋极地冰的断裂，预示着未来可能会发生在这个地球万年冰封大陆的事情。这让人十分担忧，因为海洋极地冰是南极海岸边缘的主要组成部分，起到了阻挡南极冰块下滑入海的大坝作用。如果这种海洋极地冰随着越来越温暖的海水而融化，此时陆地上的冰失去了冰坝的阻挡，会加速滑入海洋，这会给世界上海平线较低的岛及沿海岸人口居住区带来灾难。成千上万吨冰块倾入大海，大大抬高了海平面，对世界低洼地区造成洪涝灾害。上升的海平面将会对脆弱的沿海生态系统造成万劫不复的灾难，洪水侵蚀沙滩，杀死许多来不及迁移或快速适应新环境的动植物。上升的海平面同样会给淡水含水层带来污染，使沿海地区的农业陷入瘫痪状态。

与北极一样，格陵兰岛的冰同样储存在大陆架上。科学家估计，如果格陵兰岛或南极大部分冰融化、破裂进入海洋，会导致海平线上升 23 英尺(7米)。[17]如果这种情况发生，包括伦敦、北京、旧金山、纽约以及悉尼在内的许多城市，将会被迫建设昂贵的坝堤工程来抵挡上升的海水。由于对石油和天然气过度的商业开采，美国墨西哥海湾的沿海地区的地平线在下降，大陆架像瘪了气的气球一样下沉。大陆架下降这个问题促使这个地区的美国人做出两难的选择：是要失去家园，还是要花上千亿美元来建筑能为他们抵挡上升海平面的大坝。

气候变化还会使大片的植被遭到破坏，在自然界创造出负效应反馈回路，使得地球变暖，并越来越严重地破坏生态系统。植被相继死去后，在分解过程中释放出大量二氧化碳和甲烷气体，这些气体最终进入大气层。例如，在美国阿拉斯加、加拿大和俄罗斯的北极地区的苔原和冻土地带，已经因为地球持续变暖而受到重创。由于冻土苔原的夏季越来越温暖，冻土开始融化，导致许多只能生活在这些寒冷环境中的树木的根茎无法继续扎于土地之中，从而无法存活下去。阿拉斯加的费尔班克斯地区，成千上万英亩的树木变得七倒八歪，仿佛喝醉了一般倾斜着，最终死去了。阿拉斯加、加拿大以及俄罗斯的苔原同样含有以冰冻状态存在的大量甲烷水合物，称为水合物形态。在北冰洋持续解冻的同时，大量甲烷水合物被解冻，转换成沼气，即一种温室气体，这种气体在保持热量的功效方面是二氧化碳的 25 倍。若有足量的冻土水合物解冻，甲烷在大气层引起的热峰值将会促使另外一个负效应反馈回路的产生，届时导致的气候变化加速将会是人类无法阻止的。

对于温带来说，气候变化引起的破坏也很大。随着地球变暖，大部分的美国地区——尤其是中西部和西南部地区——将会持续数年甚至数十年的超级干旱。在落基山脉和塞拉山脉的积雪将会消融甚至消失，这导致水源供应减少，这些积雪提供的水源曾是西部许多美国农场和居民的活命之泉。

长此以往,温度持续上升,而降雨持续减少,这会导致我国大部分的心脏地带遭受超级干旱,如1930年发生的沙尘暴导致了数百或数千亩林地荒漠化,或是在毁灭性的山火中灭亡。这样的生态灾难又会给大气带来更多的二氧化碳,从而加重失控的气候变化。

海洋世界

在这场气候变化中,海洋生命面临着格外严重的生态环境的威胁。一些科学家指出,变暖的海洋世界将严重影响海洋中微小的浮游植物和生物的生活环境。随着海水最上层的温度上升,这些生物可获取的营养因子——包括氮和磷元素——会大大下降。因为被加热的水环流减弱,从而不能将这些营养因子从海底100英尺以下传输至海洋表面。这些生物——尤其是单细胞藻类生物——原本是作为海洋食物链最底层的一环。例如磷虾一类的生物,它们是更大的一些海洋生物的主要食用对象,从最小的鱼类至最大的鲸类都要以它们为生。如果浮游生物的数量下降,海洋中的生物会大量减少,甚至灭绝,这包括我们爱吃的大部分鱼类和贝类。数量减少的海洋食物供应并不是我们面临的唯一问题,浮游生物的减少也会导致地球气温上升。这些藻类虽然非常微小,但是由于它们的数量十分庞大,因此在光合作用的过程中消耗着大量的二氧化碳。如果它们大量减少,会发生什么情况呢？显而易见,海洋对于二氧化碳吞吐吸纳的能力将大大降低,这种温室气体不能为海洋所消耗,又会创造新的负效应反馈回路,加速气候的变暖。[18]

化石燃料的燃烧将大量的二氧化碳排放到地球海洋中。200多年来,人类燃烧碳氢化合物所排放的大约1/3的二氧化碳都沉入了奔腾着的海水中。尽管从某方面来说,这种情况有其正面的效用,因为其暂时限制了气候变暖的速度,但从长远来看,这种过程却可能造成全球性的大灾难。二氧化碳与海水进行混合产生了化学性反应[19],提高了海洋的酸性,使得海水的PH值下降,海水中的碳酸钙与酸性海水进行化学中和,无法以碳酸钙的形式存在于海中。碳酸钙是海洋生命重要的生存要素,因为许多海洋生物需要用它来构建自己的壳结构。例如色彩斑斓的珊瑚礁,就是珊瑚虫使用碳酸钙创造的奇迹般壮美的海洋"花园",成为鱼以及其他海洋生物的天堂。最近的几十年间,全球的珊瑚"花园"们正在慢慢失去缤纷的色彩,在被漂白的同时痛苦死去,留下的只有悲伤的苍白剪影,警告我们大部分的海洋生物正由于这样的腐蚀而失去活力。在2010年2月,《国家地理杂志》上发表的一篇报道称,伴随着大气中的甲烷和二氧化碳浓度的上升以及地球的变暖,地球上的海洋正在以10倍的速度酸化,PH值正以戏剧性的速度下降,这个速度是5 580万年以来最高的。众所周知的古新世最大热事件(PETM),那场著名的古代化学灾难,就是因为海水酸性太高,单细胞生物难以生成碳酸型外壳而导致。成千上万的海洋物种灭绝,与此相应的海洋食物链也被严重破坏。

我们周围的海洋还在为维持地球环境温度而扮演另外一个十分重要的角色,它通过平均吸收和分散地球的热能,维持了适合大部分生命居住的平衡温度。海洋覆盖了我们星球表面大概70%的面积,位于南太平洋的马里亚纳海沟的最深处达6.8英里(11公里)。存储在海水中的热能直接影响地球的气候模式。海洋的洋流循环,将海水从温暖的热带地区带至寒冷的北纬地区,这对于气候的形成是十分重要的。例如墨西哥湾流,它更像是一个传送太阳热量的流动介质体。这些洋流循环平衡了气候,保证欧洲不至于变成巨大的"冰棍",大西洋沿岸中部地区不至于变成一个可持续一年的"桑拿室"。然而,如果北极和格陵兰岛的冰雪融化,或许有一天会让墨西哥湾流的循环缓慢停止。现在科学家们使用先进的电脑系统来模拟这一情况的发生,他们预言,如果冰川架构融化,大量淡水会冲淡原本北极和北大西洋的盐水,由于淡水比盐水轻,当墨西哥湾流到达北边地区时,并不会按照以往的循环下沉,却又同时失去其蕴含的热量。这会让整个洋流循环停滞,导致住在北纬地区——如欧洲和北美地区——的人们在几乎全年间要忍受破纪录的冻结温度。面对这样剧烈的气候变化,大部分动植物乃至人类都无法承受,将会被迫饿死或者冻死在极致的严寒中。

墨西哥湾流的停滞也会对住在低纬度的美国人造成严重后果。海水的持续性洋流循环帮助把美国东南部地区的热量输送走。如果这种循环终止了,这些地区持续吸收太阳直射的热量,加勒比海、墨西哥及美国南部沿海地区的人们将会遭受热带飓风的频繁袭击。也许未来这些狂怒的天气变化已经初露端倪，麻省理工学院的研究人员在 2005 年做了一项研究，他们发现，太平洋以及大西洋地区的风暴强度和持久度都比 1970 年增长了 50%。[20]《国家地理杂志》在 2008 年发布的一项研究中分析了 1981 年至今的热带风暴卫星数据，从中我们发现风暴的最大风速在这些年里面有了非常显著的提高。地球变暖使得海水蒸发不断加速，为超级飓风提供了更多的能量，导致飓风肆虐沿海地区，损害经济利益，危害人们的日常生活。

人口问题

大部分的美国人仍然不能理解，化石燃料的燃烧对于最近 200 年来急速的人口增长意义何在。然而，人类消耗石油、煤炭以及天然气，与地球人口急速增长之间有着紧密联系。从整体上看，人类用了 25 万年的时间在 1800 年将人口发展到 10 个亿，此时恰好是工业革命刚刚开始，并为西方世界向现代化转化提供不懈的动力。然而仅仅一个多世纪过去，1927 年世界总人口就达到了 20 亿。1960 年，30 亿；1874 年，40 亿；1987 年，我们立下了世界总人口 50 亿的里程碑；1998 年，我们又立下了 60 亿的里程碑，并有望在 2011 年达到 70 亿的人口。这些数据和预测完全属实，它们来自美国人口资料局的《2009 年世界人口统计年鉴》。如果人口增长势头不减，我们将会在 2050 年达到 90 亿的总人口。[21]不管你相信与否，如此高的人口增长率对地球绝对是一个沉重的负担。

化石燃料的使用给予人类的优势是自然界中任何生物都无法拥有的，但这种优势同时扼制了自然界防止物种过度增长的趋势。化石燃料提供了肥料、农药、除草剂这些现代文明农场需要的原料。农业设备以及卡车、火车、轮船的使用，在化石燃料的帮助下使在世界范围内运输食物成为可能。化石燃料为我们提供了房屋加热和制冷系统，保证我们能在极端的自然温度中生活，而在工业化之前的世界中，这样的严寒或酷暑足以杀死我们之中较为虚弱的人。化学使得我们能处理生活污水，为城镇和城市提供清洁的水源，减少了疾病的传播。化石燃料同时助长了许多被广泛使用的医学治疗手段，如抗生素及最先进的医疗设备的使用，这使得人类的健康得到保证，人类的寿命得以延长，从 1900 年的平均 30 岁至 2006 年的平均 67

岁。[22]这些因素共同促进了近一个世纪以来人口的疯狂增长。

不幸的是，化石燃料在给予人类如此多优惠的同时，带来的环境代价也是无可估量的。在我们无限制地扩张人口时，工业也在全球性扩张，我们被迫生产更多使我们维持现代社会生活方式的物品，因为我们已经习惯如此生活，缺一不可。碳氢能源让我们的城市化水平迅速提高，大部分人类聚集在遍布全球的城市中。随着现代城市向郊区扩张，居住性土地不断增加以满足日益增长的城市居民的居住需求，与此相应的是植被和耕地不断减少。

由智人成功进化成为人类的那一刻开始，我们使用智慧不停地扩张自己的居住领地，提高生活水平，并不惜为此改变地球的生态环境，这将地球上其他生命置于危险之中。人类正在大肆侵占其他物种的领土，大量的动植物种类面临着从未有过的灭绝危险。也许因为大部分人类从小居住在城市环境中，选择性地遗忘了我们应该与其他的生命分享地球的义务。我们同样遗忘了我们同属于复杂的生命圈中的一环。从这个地球生态圈中消失的物种越多，我们自己的生存就越没有保障。尤其是人们使用的化石燃料，对地球气候形成了严重破坏，损害了大自然中精妙的正效应回馈机制，对所有的生命体造成了威胁。有科学家预测，我们人类在未来 100 年中，对地球气候造成的改变，对我们赖以生存的土地的改变，会引起大量的植物和动物种类无法适应而灭绝。英国利兹大学的一项研究警告我们，到 2050 年，“超过 100 万”现存于地球上的物种将会有灭绝的危险，因为它们习惯的生态环境将会因为气候变化而发生较大的改变。人类应该为这些潜在的灾难负责，我们对阻止这种生态灾难的发生有着最基本的义务。

我们必须明白，如此巨大的物种灭绝在地球历史上是曾经发生过的。大约 2.5 亿年前的二叠纪时代，地球遭遇了一次浩劫，大约 95%的海洋物种以及 79%的陆地物种在同一时间灭绝了。没有人知道到底是什么在突然之间带走了这些物种的生命，有研究认为这场浩劫与甲烷泄漏有关。大量甲烷在短时间内涌入大气层，造成地球温度急速上升，对生态环境形成了高压。这种情况也许距离我们并不遥远。21 世纪，科学家们发现在东西伯利亚北极大陆架水下的甲烷冻土以每年 800 万吨的速度排入大气之中。现在北极空气中的甲烷含量是 40 万年以来的最高峰。根据 2010 年 5 月 5 日《科学》杂志的一篇文章，科学家们声称北极海底的永久冻土有不稳定的迹象，极有可能继续释放出更多的甲烷。[23]这已经是预警了，提醒我们地球环境的骤变以及大量物种的灭绝并不是遥不可及的。1998年由美国自然历史博物馆对400多名生物学家进行了调查，其中有70%的生物学家相信，与二叠纪类似的大规模灭绝灾难正在进行中，也许就发生在不远的将来。[24]这样的危险再一次警告人类，要在全世界范围内减少对化石燃料的使用。

核能会是化石燃料的良好替代品吗？

随着世界范围内化石燃料的储量减少，越来越多的美国人民开始将目光放在核能发电上，关于是否应该建造核能发电站来代替化石燃料发电的议论层出不穷。核能的使用长期以来都是有争议的，但是它能够为我国提供巨大的能量(目前核能提供了美国日常所需电力的20%)，我们应该认真地来探讨一下使用核能的优点和缺点。法国被认为是世界上成功建造核能发电厂的典范，法国供电局(EDF)是为政府所控制的机构，以其59个核能发电站的规模提供了整个欧洲国家将近80%的电力。但是在美国，使用与法国同样的技术来进行核能发电要比目前的发电方式花费更多成本。对美国消费者来说，成本才是重要的考虑因素。法国核反应堆使用了独立的工程设计，将技术问题发生的概率降到最小。此外，法国的核废物处理项目同样得到了高度的重视，废物被储存在阿登省附近350英亩(141.6公顷)的区域范围内，尽可能保证整个核能系统的高效、安全。如果美国决定开展使用核能源的工程，法国目前的技术进展已经为我们提供了最好的榜样。

目前美国的政府提供了替代核裂变的其他方式，但是这些替代工程成本高昂，并不足以吸引投资者投入资金，这使得新核能源电力厂无力建设。在最近的30年里，美国并没有建设新的核能源电力厂，但这种趋势是可以改变的，如果我们意识到全球的气候危机，以及石油储量持续下降的问题，我们就会意识到这种从原子裂变中产生的能量将会给整个人类文明带来多么大的变革。在2010年2月，总统奥巴马承诺提供80亿美元以上的财政资金，在格鲁吉亚建造两个核反应堆；同时，一些知名的环境学家，例如英国的环境学家詹姆斯·拉夫洛克，强烈主张在全世界广泛应用原子能，因为他们相信核能是“利于环境保护的”。[25]他们争论说，以核能源反应堆取代煤炭和石油电厂将会显著地减少二氧化碳的排放。这种新能源本身正在为公众带来潜在的利益，因为核能是全球气候变化的绿色能量解决方案。但是，在我们的国家建设更多的核能电站来作为取代化石燃料的替代品之前，我们必须仔细探讨这种核裂变反应堆对环境潜在的风险。

当然，从狭义的角度来看，这种核能量反应堆内部发生的放射性铀衰变在给我们带来能量的同时，并不会带来任何的碳氢副产品，但是如果从广义的角度仔细考量使用核能源的每一个步骤，我们就会发现，以现有的技术，要使用核能源仍需要耗费大量的化石燃料。首先铀矿石要从地质储备中开采出来，并且用卡车和火车运送到处理站，这个过程中要使用石油。在处理站，还需大量的化石燃料来粉碎和研磨铀矿石，将其从原矿石提炼到适用于核能量发电厂使用的纯度。建筑核动力发电厂更是需要大量使用煤炭和石油，尤其是在核反应堆的外面，为了保证无放射性物质泄漏，要构筑耗费千万吨水泥和钢筋的安全壳结构。（科学家们正在研发能把二氧化碳封存在水泥结构中的安全壳新技术，届时或许能解决这个问题。）核能源发电还需要应用大量的水来冷却，为了使这些水在核能量的生产运作中发挥效力，毫无疑问，还是需要大量的化石燃料。

简·威廉·斯托姆凡莱奥文和菲利普·史密斯在2000年的联合国气候会议上，为欧洲政党的“绿色”党派做了一篇名为《核能源：能量的平衡》的分析报告。随即，他们将这篇报告几次更新，并警告说，应用核能源作为气候变化的解决方案也许并不是那么严谨合理。在他们详细的研究中陈述了这一观点：使用核能源将会导致——在最好的情况下——相对于天然气燃烧发电大约1/3的二氧化碳排放。二氧化碳的排放还是无可避免的。他们同时警告说，核能源电力也是不可持续的，“铀矿石的富集程度需要达到一定的要求才能应用于发电，但是满足富集条件的铀矿石在自然界是非常有限的，不足以用来提供所有的电力需求，如果满负荷运载，铀矿石将会在9年内耗尽”。而若使用达不到富集标准的铀矿石来发电，将会比使用化石燃料来发电的情况排放更多的二氧化碳。[26]

从铀矿石中提取高纯度铀后，上百万吨的放射性碎片矿渣像废物一样被丢弃了。在过去，这些矿渣经常被倾倒在较为偏僻的地方，例如美国原住民部落的土地。[27]这样的随意丢弃对环境造成了严重的污染，废物污染了水和泥土，使得丢弃地成为有毒的荒野。暴露在放射性射线下会导致动植物产生重大的健康问题。核能企业对于如何妥善掩埋这些废弃物品负有最基本的责任，它们应该将其深埋在对环境造成危害最小的地方。但是使用这种处理方式的成本——大约是原本掩埋方式的4倍或更多——将会大大抬高核能源电力的价格，使得推广环保性的核能源成为不小的挑战。[28]这种掩埋的处理方式，在应用生产重型机械来掩埋和转化废弃物等过程中同样会导致更多二氧化碳的排放。

美国在考虑是否建设核动力发电站时，同样要考虑核动力反应堆由于设备老化、人员操作失误、自然灾害、人为破坏或受到攻击而引起的事故带来的生态隐患。尽管美国核能源宣传者告诉社会公众，核动力发电厂的设计在整体上以及在任何情况下，是经得起任何考验的，但是恐怖分子若发起一场成功的攻击，就有可能导致又一次的"切尔诺贝利灾难"。日本福岛的核灾难告诉我们，我们不能保证预知所有的自然灾难。就算是发生一起地震，都有可能毒害美国数千平方公里的土地，给我们的下一代带来不可估量的危难，严重损害美国及整个世界的经济。核灾难也有可能因恐怖分子的攻击而产生。应国会的要求，一份曾经作为最高机密的美国国家科学院的报告在2005年4月份公布于众，认为在美国核反应堆附近应采取更严格的安全保障措施。核发电站中存在特殊风险的是已用核燃料的冷却池，冷却池里储存着数百万吨的、数年来生产核能量产生的高放射性的核污染废水。报告认为，"在一些特殊的情况下，恐怖分子的袭击将会部分或整个地排干冷却池，这将会导致锆火传播，释放出大量放射性物质，对整个周围环境造成污染"。[29]

另外一个因核能量发电站而产生的环境隐患是，如何妥善处置使用后的放射性核原料。其中，锶90和铯135这两种废弃物将会在至少600年里持续放射并产生高度的毒性，钚239废弃物的毒性持续时间可达到惊人的500万年，这给我们的后代带来了持续性的处置问题。超过75 000吨辐照核燃料废物在美国核电站以及与国防相关的活动中被生产出来，如果建造更多的核电站，这些废弃物将会只增不减。为应对核废物处置问题，联邦政府决定为我国放射性材料选择一个永久性储存点。1987年，国会选择了司兰山——位于内华达荒漠 93 英里开外(150 公里)拉斯维加斯西北部的一个偏远地区——来存放 7 万吨辐照核燃料及放射性废物。[30]但是,就算是这样偏远的地方,选择同样是有争议的。司兰山在地理上是一个比较复杂的地带,是地震多发区,并且火山比较活跃。1992 年 6 月 29 日在这里发生了一场 5.6 级的地震,造成距离地震带 8 英里(12.8 公里)的国家能源部损坏了至少 100 万美元的建筑物。[31]2002 年由国际原子能、核能源机构和经济合作与发展组织(OECD) 联合发布的一项研究中认为,美国能源部对于司兰山的“水文地质性能”是“低估的、不能确定的,对于批准此地作为如此重要的核能储存地点来说,调查了解是不够全面的”。[32]简而言之,这份报告提出了一系列问题,美国能源部将司兰山作为储存核燃料废物掩埋地的决定,是否是正确的,考虑是否成熟,是否能确保对环境的影响是降到最低的。

2010 年 3 月,美国能源部结束了在司兰山建设核废物掩埋站的工程。奥巴马政府成立了一个小组来研究其他处理核燃料废物的方法。但是真正的问题是,如何将政治和实际联合起来。一旦建成储存核燃料废物的中心,美国在未来的许多年里需要不远千里,将成千上万吨的放射性核废物运输、穿越美国的每个地区。大量的废弃物[33]将会滞留在柴油驱动的卡车、驳船以及有轨电车里,这些交通工具不停地向大气中排放二氧化碳。同时,如果恐怖分子想要在国家造成放射性恐怖的混乱,这些交通工具就是他们的“活靶子”。同样,核燃料废物的运输会给途经路线上的政党带来各种各样的政治争议,会在之后的政治选举中成为众多议员们头痛的难题——无论是州际选举还是国家选举。在 2010 年的秋季,德国的丹嫩贝格就曾出现过这样的例子,超过 4 000 个反核能分子与防暴警察产生冲突,试图阻止法国处理工厂运走 123 吨核燃料废物。反核能分子还试图抗议总理安格拉·默克尔的延长 17 座核电站使用 12 年的计划,这超出了他们的最初计划使用周期。

在美国人民对使用核能代替化石燃料发电感兴趣的同时,技术也在不断进步。一项发明正在研究,并有望在近几年内做出成果,它的名字是“小型模块化核反应堆”(SMRs),它的规模大约是传统核反应发电站的 1/3。这种模块化核反应堆统一在工厂里生产出来,并运输到最终制造电力的地方。奥巴马政府劝说国会投入了 3 900 万美元到这项技术的研究中。从核燃料废物中分离出钚元素，将其运用于增殖反应堆是我们思考的另外一个方向，这有可能帮助美国减少需要处置的核废物总量。法国在其核发电站里使用“混合氧化物”(MOX)燃料。然而麻烦的是，在分离钚元素的处理过程中蕴藏着核扩散的危险，钚元素将有可能被用来制造原子弹。这样的处理过程成本非常昂贵，大约要花费 200 亿美元来建造一个处理厂。第三种可能的处理技术是“行进波”核反应堆，这个概念在 1950 年被首次提出。核能量系统是一种较缓慢燃烧的反应堆，铀燃料被放在一个封闭的汽缸中，产生一种可以自我维持的连锁反应分化裂变，这种连锁反应可以持续 100 年之久。对于现在的科技来说，这种行进波技术仍然未经证实，尽管在 2010 年，世界各地的科学家都对其表现出了强烈的兴趣。这里有一件趣事，微软公司发现比尔·盖茨将自己的私人资产投资到一家叫做泰拉能源的有限公司，而这家公司的主旨正是要将行进波技术变为现实。其他可行的技术包括设计更为合理的核反应堆，例如快中子核反应堆技术，这项技术有能力减少在发电中产生的核燃料废物，并且将核能源转变为更安全并且成本更低的能源。出于环境安全的考虑，快中子反应堆技术应该得到研究和推广，因为它的实施对公众来说更安全，对环境来说更清洁，它应该成为美国替代化石燃料发电的主要方式。但是，不论采取哪一种核反应堆技术，我们都要清楚地认识到，核能量发电的真实成本——无论是财务上的、对人类健康上的，还是对生态环境的，这样我们才能做出谨慎的决定。

尽管现行核能发电系统对于生态环境有着诸多缺点，在未来技术性的进步仍然是可能的，有可能从原子中提取真正的绿色能量。世界科学家们都在做着这样的研究，希望有一天国家能够制造出核聚变能量厂。与裂变反应堆不同的是，裂变反应堆需要富含铀元素的矿石来作为热源的提供者，而核聚变能量场使用氢原子作为更清洁的能源。太阳的内部就通过类似的过程来源源不断地产生能量，核聚变反应堆会制造更高的压力和温度，使得氢原子核之间产生碰撞，发生聚变，释放出中子来创造能量，从而产生电力。实际上，美国已经在两个地方研究这项技术：一个是在美国加利福尼亚的利物摩尔的国家点火装置，这里有着世界上最大、能量最高的激光发生器；另一个是在新墨西哥和桑迪亚的国家实验室，这里的 Z 机器是世界上最大的

X射线发生器。我们当然不能保证,人类将会在核聚变科技中找到供给电力的突破,但是如果我们能够找到这样一种可持续生产的能源,这将使我们现代文明的电力供应具有伟大的跨时代进步。有些人认为,这样的技术在2050年将会得以实现,另外一些人说永远不会有这样的技术。[34]时间加上人类的聪明才智将会证明那些爱唱反调的人错了。鼓舞人心的核聚变能量反应堆有可能在未来的40～50年内被发明出来,我们的美梦将会成真。最后,无论是裂变还是聚变,核能源将必定会保证以低成本、无危害的清洁能源供应。随着化石燃料生产和消费的价格不断上升、核能源的不断发展,原子核中蕴含的能量对于我们来说越来越具有吸引力了。

如果美国的环境英雄约翰·穆尔在21世纪的今天再一次站在加州北部的帕切科·帕斯,往远处望去,他将会因他所深爱的塞拉山脉上的一切与记忆中如此不同而震惊。除非他幸运地站在一个无比晴朗的早晨,不然他的视线将会被掩盖了加利福尼亚中央谷的厚厚的云雾所遮挡。他将会困惑于排着长龙的无边无际的车流,这些车里坐着在硅谷上班的人们,他们沿着丝带一般的沥青公路蜿蜒穿过山口,抵达硅谷。当然,他将会惊喜地发现帕切科·帕斯山脊农场附近的旋转涡轮机,这些旋转的叶片为约3 500户家庭提供电力。如果他能够看到今天的美国,穆尔将对这些与我们的健康发展、我们星球的生态紧密相连的能量来源产生浓厚的兴趣。如果他再多了解一点,他必然会对化石燃料对生态环境的恶劣影响担心不已。他会好奇,为什么核能源和原子能会成为绿色安全能量的希望。他会明白,能源和环境是密不可分的,那么,他将再次发挥他的热情,在整个美国推动清洁能源来保护他所热爱的大自然。不幸的是,穆尔再也不能为拯救美国的环境作出努力,为美国的后来留下一个干净的地球。但是,我们可以。

注释:

[1]Peter Thomas and Donna Thomas,"A Trans-California Ramble:Rewalking John Muir's 1868 Trip from San Francisco to Yosemite:April 2-May 14,2006,"www.john-muir.org/walk/index.html.

[2]John Muir,"The Treasures of the Yosemite,"*The Century Magazine* 40,no.4

(1890).

[3]Deepwater Horizon material comes from various sources:"Investigating the Cause of the Deepwater Horizon Blowout," *New York Times*, June 21, 2010; Jessica Resnick-Ault and Katarzyna Klimasinska, "Transocean Rig Sinks in Gulf of Mexico as Coast Guard Looks for Survivors," *Bloomberg News*, April 22, 2010; "BP Leak the World's Worst Accidental Oil Spill," *London Telegraph*, Aug. 3, 2010; "Obama Blasts Oil Execs for Gulf Spill Finger-Pointing," National Public Radio, May 14, 2010; "Spill Costs Tally to $11.2 Billion for BP," *Forbes*, Oct. 1, 2010; "BP's Hayward Takes a Day Off for Yacht Race, Infuriating Gulf Residents," *Washington Post*, June 20, 2010; Henry Fountain, "U. S. Says BP Well Is Finally 'Dead,'" *New York Times*, Sept. 19, 2010; Gerald Herbert, "Has the Gulf Oil Spill Changed U. S. Attitudes?" Associated Press, Sept. 30, 2010.

[4]Kristen Hays and Tom Fowler, "BP Will Plead to Felony in Plant Blast," *Houston Chronicle*, Oct. 26, 2007; "Prices Climbing After Oil Field Shutdown: BP Regrets 'Drastic Action' of Shutdown," *CNN. com*, Aug. 9, 2007; and U. S. Public Interest Research Group (PIRG) Educational Fund, quoting the Alaska Department of Environmental Conservation, in "Saving America's Arctic: Dispelling Myths About Drilling in the Arctic National Wildlife Refuge" (Washington, DC: U. S. PIRG Education Fund, Sept. 2005).

[5]Stuart Hertzog, "Oil and Water Don't Mix: Keeping Canada's West Coast Oil Free" (Vancouver: David Suzuki Foundation, March 2003).

[6]"Oil-Environmental Concerns About Oil Transportation," Library Index, www. libraryindex. com/page1505/Oil-Environmental-Concerns-About-Oil-Transportation.

[7]Sierra Club, "Oil and Gas Drilling Is Dirty Business—Hurricane Risks," www. sierraclub. org/wildlegacy/bigoil/factsheet. asp; and "In Katrina's Wake," *Environmental Health Perspectives* 114, no. 1(2006), www. ehponline. org/members/2006/114－1/focus. html.

[8]Derek R. Lovley, "Bioremediation: Anaerobes to the Rescue," *Science*, Aug. 24, 2001, 1444-46.

[9]Energy Information Administration, "China Energy Data, Statistics, and Analysis—Oil, Gas, Electricity, Coal," www. eia. doe. gov/emeu/cabs/Chiana/Coal. html.

[10]James Russell, "Coal Use Rises Dramatically Despite Impacts on Climate and

Health"(Washington, DC: Worldwatch Institute, 2008), www. worldwatch. org/node/5508; and "China's Mercury Flushes into Oregon's Rivers," *Oregonian*, Nov. 24, 2006.

[11]The National Academies, "Coal: Research and Development to Support National Energy Policy"(report Prepared for a briefing to Congress, June 18, 2007).

[12]Union of Concerned Scientists, "Biofuels: An Important Part of a Low-Carbon Diet," Nov. 2007, www. ucsusa. org/clean_vehicles/vehicles_health/biofuels-low-carbon-diet. html.

[13]Gary Braasch, *Earth Under Fire: How Global Warming Is Changing the World* (Berkeley: University of California Press, 2007).

[14]David Adam, "Loss of Arctic Ice Leaves Experts Stunned," *Guardian* (Manchester, England), Sept. 4, 2007, http://www. guardian. co. uk/environment/2007/sep/04/climatechange.

[15]"Arctic Ice Revealed," *NASA Science News*, Aug. 22, 2000, http://science. nasa. gov/headlines/y2000/ast22aug_1. htm.

[16]Jane G. Ferrigno et al. , "Coastal Change and Glaciological Map of the Palmer Land Area, Antarctica 1947—2009," United States Geological Survey report, Feb. 2009, http://pubs. usgs. gov/imap/i-2600-c/.

[17]Description of global warming's impact on Antarctica is from Public Broadcasting System, "Antarctic Almanac," *NOVA*, www, pbs. org/wgbh/nova/warnings/almanac. html; National Snow and Ice Data Center, "Larsen B Ice Shelf Collapses in Antarctica," March 18, 2002, www. nsidc. org/iceshelves/larsenb2002/; and "Warming to Cause Catastrophic Rise in Sea Levels?" *National Geographic*, April 26, 2004, http://news. news. nationalgeographic. com/news/2004/04/0420_040420_earthday. html.

[18]"Marine Plants Die in Warmer Oceans, Speeding Climate Change," *Environmental News Service*, Dec. 7, 2006.

[19]Scott C. Doney and Naomi M. Levine, "How Long Can the Ocean Slow Global Warming? How Much Excess Carbon Dioxide Can the Ocean Hold and How Will It Affect Marine Life?" *Oceanus*, Nov. 29, 2006, www. whoi. edu/oceanus/; and James C. Orr et al. , "Anthropogenic Ocean Acidification over the Twenty-First Century and Its Impact on Calcifying Organisms," *Nature*, Sept. 29, 2005, 681—86.

[20]National Science Foundation, "Hurricanes Growing More Fierce over Past 30 Years," press release, July 31, 2005; "The Increasing Intensity of the Strongest Tropical

Cyclones," *Nature*, Sept. 2008, www. nature. com/nature/journal/v455/n7209/full/nature07234. html.

[21]United Nations Population Division,"The World at Six Billion,"http://www. un. org/esa/population/publications/sixbillion/sixbilpartl. pdf.

[22]Joseph A. McFalls,"Population: A Lively Introduction," *Population Bulletin* 62,no. 1(2007).

[23]Natalia Shakhova et al. ,"Extensive Methane Venting to the Atmosphere from Sediments of the East Siberian Arctic Shelf," *Science*, March 5, 2010. (Go to http://www. sciencemag. org/content/327/5970/1265. 2. full to hear a podcast on the study.)

[24]University of Leeds,"Climate Change Threatens a Million Species with Extinction,"press release,Jan. 7,2004:"The Day the Seas Died: What Can the Greatest of All Extinction Events Teach Us About Climate Change?" *Daily Galaxy*, Aug. 10, 2007; and American Museum of Natural History, "National Survey Reveals Biodiversity Crisis—Scientific Experts Believe We Are in Midst of Fastest Mass Extinction in Earth's History,"press release,April 20,1998,www. well. com/~davidu/amnh. html.

[25]James Lovelock, "Nuclear Power Is the Only Green Solution," *Independent* (U. K.),May 24,2004.

[26]Jan Willem Storm van Leeuwen and Philip Smith,"Can Nuclear Power Provide Energy for the Future; Would It Solve the CO_2-Emission Problem?" Oct. 12,2004 (available at http://www. greatchange. org/bb-thermochemical-nuclear_sustainability_rev. pdf).

[27]Judy Pasternak,"A Peril That Dwelt Among the Navajos," *Los Angeles Times*, Nov. 19,2006.

[28]Helen Caldicott, *Nuclear Power Is Not the Answer* (New York: New Press, 2006),9.

[29]Description of nuclear safety issues comes from Edwin S. Lyman, Ph. D. , senior scientist with the Global Security Program, Union of Concerned Scientists, testimony to the U. S. Senate Subcommittee on Clean Air, Climate Change, and Nuclear Safety Committee on Environment and Public Works, May 26,2005; and National Research Council, National Academies, "Safety and Security of Commercial Spent Nuclear Fuel Storage" (Washington, DC: National Academies Press, 2006).

[30]Statistics on radioactive waste disposal come from People for a Nuclear-Free

Australia,"PNFA Fact Sheet: Medical Hazards of Radioactive Waste,"www. pnfa. org. au/pdf/pnfa_fa3. pdf; and U. S. Department to Energy,"How Much Nuclear Waste Is in the United States?"www. ocrwm. doe. gov.

[31] William Poole, "Gambling with Tomorrow," *Sierra Club Magazine*, Nov. / Dec. 1992; and State of Nevada, Agency for Nuclear Projects, "Earthquakes in the Vicinity of Yucca Mountains,"www. state. nv. us/nucwaste/yucca/seismo01. htm.

[32]Organization for Economic Cooperation and Development(OECD), International Atomic Energy Agency, and Nuclear Energy Agency, "An International Peer Review of the Yucca Mountain Project TSPA-SR: Total System Performance Assessment for the Site Recommmendation"(Paris: OECD Publications, 2002).

[33]Kenny C. Guinn, testimony to the Committee on Transportation and Infrastructure, Subcommittees on Railroads and Transportation and Hazardous Materials, United States of Representatives, April 25, 2002.

[34]Elizabeth A. Thomson, "Fusion Energy May Be Here by 2050, MIT Physicist Predicts," *MIT Tech Talk*, Fed. 27, 2002; and David L. Chandler, "No Future for Fusion Power, Says Top Scientist," *NewScientist. com*, March 2006.

第七章

能源与经济

在美国历史上，化石燃料让“疯狂的20年代”成为了“香槟时代”。碳氢化合物给我们的国家带来了数十年的大规模生产和消费商品，这有助于刺激美国经济的繁荣。举个例子，在底特律的大型汽车制造工厂，流水线生产出源源不断的汽车供给数以百万计的美国公民，以致他们很难在公路上找到位置。工厂生产的家用电器，如洗衣机、吸尘器、炉灶、冰箱以及其他电器等商品，以分期付款的方式出售给众多消费者。爵士乐时代的经济扩张看来好像会永远继续下去，许多有着华尔街的财富梦想的美国人开始大量投资于股票。通常情况下，他们交付保证金，用他们并没有真正拥有的钱去豪赌。

就像大部分的不幸一样，1929年10月29日，美国“黑色星期二”的爆发让这个激动人心的庞大组织痛心地终结了。由于股票价值暴跌，经济暴跌，美国和世界其他的地区进入20世纪30年代经济大萧条的时代。面对我们国家在其历史上最严重的金融衰退，工厂生产的产品，只要是依靠大量的煤和石油能源为燃料的，都让人望而却步，因为许多美国人面临着沉重的债务负担和巨大的失业风险。

在21世纪的这里，美国人可以了解到从20世纪20年代到30年代的一些有价值的货币政策的经验和教训。我们已经建立了一个依赖化石燃料的经济，现在这种情况危及我们对油气市场的支配。一旦石油和天然气资源的能源供应达到顶峰，便会开始不断加速下挫并走向枯竭，世界各地以化石燃料为基础的制成品也将不可避免地开始下挫和走向枯竭。化石燃料是美国国家的经济命脉。工业部门占全部能源消耗的38%，[1]这种能量绝大多数来自煤炭、石油和天然气。遍布美国的投资者和商业机构都明白,对油气能源的这种高依赖程度意味着我们国家的经济实力。供给和需求的基本规律决定了化石燃料价格的上升和下降。不管是近期还是长期,这实际上将导致我们严重的财政压力。这是世界人口不断增长带来的能源需求增长同日益减少的石油和天然气供应的矛盾造成的。

在 20 世纪 70 年代后期,由于欧佩克石油禁运的威胁,石油价格飙升时,我们国家面临的原油供应减少,一种多米诺骨牌效应由此产生。由于石油价格波动,许多美国公司不得不关门,因为他们无法应付高昂的能源成本。这导致许多人失去工作。失业率上升意味着美国人无法购买许多商品和支付服务,这进一步加剧经济的困难。欧佩克引起石油价格上涨的不愉快的结果是严重的经济衰退,并降低了许多美国人的生活质量。[2]

今天,整个世界都面临着石油供应的不确定性,人们依赖的石油供应关系到他们经济的安全。石油的生产迟早会受到冲击,我们将开始看到全球经济海啸的冲击波涟漪,同时,石油产品的生产下滑将会加快世界各地的金融损失。也许我们现在正看到这个不幸的情况,因为油价波动显示出日益剧烈的格局。原油的平均价格在 2000 年是每桶 33.39 美元(以 2007 年的价格为基准)。到 2007 年,油价几乎增加了 1 倍,为 64.92 美元。在 2007 年 12 月,原油价格首次突破每桶 100 美元的大关,并且持续上升,在 2008 年 7 月创下每桶 147 美元的纪录,在 7 年期间上涨 400%以上。在 2010 年,美国的石油年平均价格每桶约为 76 美元。这个价格与 1998 年时的相比,当世界市场上供过于求时,每桶石油带来平均每年 15.35 美元的上涨幅度(以 2007 年的价格为基准)。[3]以前那种低廉的石油价格将会一去不复返,因为经济供给和需求规律在今后几十年中开始推动价格趋势总体向上发展。

便宜的化石燃料能源有助于刺激美国的经济,它在 20 世纪 90 年代带动经济惊人地增长,就像它在 20 世纪 20 年代带来的经济扩张那样。在 20 世纪的最后 10 年,低廉的价格使得汽车制造商生产的越野车占领了市场。蓬勃发展的时代鼓励数以百万计的我国公民追寻“美国梦”,为他们的家庭购买豪宅。当然,这些房子需要一些设备,以便让他们的新主人过得更舒适。这意味着,美国人花了更多的可支配收入在家电商场、家具店、家居和园艺中心,这反过来又帮助建立新企业,创造更多的就业机会,并进一步刺激我们的经济。不幸的是，经济繁荣可能会消失。纵观美国历史，我们可以看到波动剧烈的财富创造周期。如果美国继续沿着其一贯的能源战略，在世界石油生产开始下降的背景下，我们将在未来面对越来越庞大的经济衰退。

考虑到化石燃料带来的气候变化，美国和世界其他地区现在面临的财政问题将会进一步加剧。气候变化的后果将降低世界各地的生产力，而极端天气正在改变我们这个星球的环境。长时间的干旱会减少农作物的生长以及淡水的供应。这些干旱也会重创美国度假胜地的旅游业务。例如，一个山区积雪减少，会损害滑雪产业。萎缩的湖泊和溪流将导致本想捕鱼或水上游乐度假的游客数量急剧下降。如果干旱不发生，就会有洪水到来。飓风和其他风暴将愈演愈烈，严重的灾难给美国墨西哥湾沿岸和大西洋沿岸人口稠密地区带来巨大的财政损失。卡特里娜飓风带来的损失估计达到2 000多亿美元，这超过了美国国内生产总值的1%。如果持续的气候变化带来更大的风暴，美国的一些地区将会面对天气带来的更大灾难，同时也将面临重大的经济问题。

气候变化的影响，也可能会损害美国的经济生产力。由于炎热的天气和差的饮水卫生以及昆虫携带的疾病等相关问题，员工最终可能会请更多的病假。由气候变化引起的食品质量和数量下降，可能会导致许多工人及其家属的健康状况变差。随着越来越多的美国公民患上与气候有关的疾病的概率上升，医疗保健费用支出增加将削减工资。我们本可以将这部分支出用在其他项目上。财产损失也将损害美国经济，因为我们国家的东部和中东部面临着强烈的暴风雨和龙卷风的威胁，西部和西北部则面临着由较高的温度所造成的毁灭性火灾的威胁。随着人们对食物和水感到越来越绝望，气候变化可能导致社会动乱，如果法律与公共秩序无法应付这些，社会动乱将造成更多的财产损失。石油供应和气候变化的双重危机所造成的生产损失可能会导致我国国民经济令人讨厌的长期低迷，也会导致政府花在很多基本公共服务上的支出减少，比如警察、消防、医院护理等公共服务。

配额与交易

根据货币专家的理论，如果我们不采取行动，通过实施智能能源和交通政策来减少气候变化的影响，那么气候变化将会给美国的金融健康带来令人担忧的打击。经济学家弗兰克·阿克曼和李斯·斯坦顿2008年的研究估计了照目前的趋势继续下去美国人要承担的气候变化的总成本。他们发现，到2100年，全球变暖将对我们国家的GDP产生高达3.6%的影响比例。[4]关于气候变化对未来全球经济的影响，有几项高度受人关注的研究，但是没有哪一篇能有尼古拉斯·斯特恩勋爵为英国政府准备的700页的报告取得的轰动大。这位勋爵曾在2000～2003年间担任世界银行的首席经济学家。这篇发表于2006年10月的《斯特恩报告：气候变化经济学》，为我们提供了令人大开眼界的关于全球气候变暖给所有国家带来严重金融风险的评价。不擅夸张的他，在报告中提到，“全球气候变化带来了非常严重的风险，这需要全球的紧迫反应”。稳定温室气体排放是昂贵的，但是从长远来看，以目前的态势继续的话，成本将会更加昂贵。他补充说，金融损失对人们的影响比第一次世界大战、第二次世界大战和大萧条带给人们的综合影响还要大。“我们的排放将会影响他人的生命，”他说，“当人们不为其行动后果进行支付，我们的市场将会失灵。”[5]

斯特恩的报告预测，只要我们的排放量保持在目前的水平，世界上有可能避免最恶劣的影响，不过这将大约花费全球各国年度国内生产总值(GDP)的1%。在2009年，全世界的国内生产总值超过70万亿美元，所以1%的国内生产总值大约相当于7 000亿美元。这是很大一笔钱，但这比什么都不做来说是更好的选择。斯特恩认为，在气候控制上缺乏行动将耗费世界5%～20%的国内生产总值。如果现在我们不积极地处理这个问题，我们星球上的人们将每年支付数万亿美元来应对气候变化的影响。

斯特恩的报告也为政策制定者们提供了一些建议，提出如何稳定温室气体排放量的支付方案，以防止灾难性的全球气候危机。这些计划将从根本上使企业为它们的碳排放付出代价。但一个更具创意的概念涉及市场调节本身所带来的财政回报。“配额与交易”的想法就像一个股票市场，把减少污染排放看做一种市场产品。一个政府机构设置一个总的强制性排放上限或许可，污染者必须购买许可证才能排放二氧化碳。

人们普遍认为，二氧化碳(或其他温室气体)排放许可证的公开拍卖是分配排放配额的最公平的方式。然而，与最初赋予一些传统的碳排放许可证相比，如何最好地过渡到拍卖所有的碳排放许可证存在着争议。有些企业会发现，通过生产清洁能源能够满足这些固定的排放配额，甚至可能赚取许可证。然后，这些企业可以出售它们的剩余许可证给那些超过了污染排放上限的公司，以达到盈利的目的。环保团体或者其他组织也可以购买配额并且将这些配额从市场中撤回，因为配额的供给减少，那些剩下的配额价值将会增加。这个胡萝卜加大棒的方法提供了一项高财政奖励政策，可以激励企业研发和改进用来减少碳排放的技术。这些创新的技术可以出售给其他公司，将会使得这些公司在碳排放的交易中提高自己的盈利能力。[6]

配额交易系统是一种可行的创意，它是由美国环境保护署发展起来的，它成功地应用在减少酸雨的案例上，这些酸雨是因燃煤电厂排放二氧化硫而引起的，它一直在破坏着北美东北部的雨林。这个系统需要几个部分才能让它成功运作。一个执法机构如联邦政府，管理、分配或拍卖许可。调节机构必须有足够的法律约束力来确保公司遵守规则。配额交易系统也需要一个准确的方法来衡量和验证相关排放资料以及报告过程，这种方法要足以透明，以确保保存下来的测量的完整性。因为二氧化碳气体完全混合进入我们地球的大气层，从而有一个全球效应。而无论它们的来源是什么，这些温室气体排放控制的配额交易系统是理想的，因为它创建了一个具有公平竞争环境的市场。

结合碳排放的配额和交易，我们还必须考虑改善美国电网基础设施的老化问题，由它引起的能源效率低下也增加了气候挑战，进而危及我们的经济。我们国家的发电厂——它们大部分是燃烧煤炭的——通过一条长达157 000 英里(252 667 公里)的高压输电线电网连接到美国的家庭和企业，时时刻刻提供能源。据美国能源部提供的资料，电网中发电厂的平均热效率约为 33%，和 50 年前差不多。因为燃煤发电厂生产如此多的二氧化碳，如果我们可以改进气化技术[7]，增加它们的热效率至 50%或者更多，这将非常有助于减少温室气体排放。配额管制与排放交易系统的优点在于，它将给这些发电厂所有者经济激励来开发和安装先进技术，进而达到这种程度的能源效率，他们就会在清理他们的能源生产流程中得到奖励。考虑到更广泛的能源行业，配额和交易也将促进创新，公共和私人投资的增加将会使低碳能源技术成本少于化石燃料能源。如果管理得当，这将促使我们国家经济增长呈螺旋式上升。

美国电网的超载带来电力的丢失，从而也影响了我们国家的全球温室气体排放。能量传输系统的“瓶颈”和低效的管理都将造成浪费。这个能量浪费甚至高达通过这些系统的能量的 9%。[8]除非我们采取行动以更节能的电力线路和变电站来改进我们的电网，否则电力传输损耗问题将变得更糟。不幸的是，安装电力传输系统的经济风险对公用事业公司进行新的设施安装起到消极的作用。促进配额管制与排放交易系统可能是一个很好的方式，通过这种方式，这些企业能找到一种经济激励来提高其电力分布的效率，从而减少能源浪费，并且使它们能够通过出售获准的碳排放配额而获利。

我们国家的经济实力是建立在我们的电网系统基础之上的，而电网系统已经是一个老化和产能过剩的系统，这对我们的未来金融健康构成了威胁。随着我们的人口增长，我们需要更多的电力来供给我们的家庭和企业，我们将会在现有的线路上体验到电力的日益短缺。如果我们未能做出必要的改进，停电和电力不足将更加频繁地发生。这些停电将导致生产力损失，从而严重影响区域经济发展。根据美国能源部所述，停电以及电力服务质量下降使美国经济每年在生产力上的损失达 250 亿～1 800 亿美元。如果一个大型地区遭遇停电并持续数周，它将带来数百亿美元的经济损失。经济学家估计，如果 1/3 的美国地区——大约 1 亿人——失去电力连续 3 个月，这将导致 7 000 亿美元的经济损失。[9]我们国家这种潜在的金融灾难会使我们的电网成为恐怖分子或敌人国家袭击的主要目标。他们可以通过电网攻击或变电站的物理破坏来削减部分国家电网。他们会对数以百万计的美国人制造巨大的困难。提高我们国家电网系统的完整性和效率性，将有助于防止这样的经济和社会灾害。它还将减少输电线路上的大量电力损失，这使发电厂减少煤炭消耗，从而节约资金和降低二氧化碳排放。一个小的改进就可以带来大的能源节约。例如，正如联邦能源监管委员会主席乔恩·威林霍夫所说，若美国电网效率增加 5%，在未来将可以少建 90 个大型煤燃料发电厂。[10]

如果我们不提高国家电网的质量，电力干扰在接下来的 20 年里将变得更加严重。据美国能源信息管理局透露，美国到 2025 年将需要额外 281 千兆瓦的发电能力以满足消费者对电力日益增加的需求。在未来15年,需要建设937个300兆瓦的新发电厂才能满足这种巨大的能源需求。另外一个问题是,许多美国电厂已经老化,它们即将失去实用性并且将被关闭和停止使用。我们国家的电网升级将是一项艰巨的任务,需要1 000亿美元或更多。[11]该项目也许在某种程度上通过配额管制与排放交易的激励措施可以解决。如果电网能源效率的重要改进可被算作碳补贴,那么电力公司做出这样的改进就会有一个金融激励。在未来的几十年里,如果电网的主要客户对电力的需求不断增加,那么不管我们如何支付费用,我们为提高我们老化的电网系统所投资的这笔钱,相比于巨大的损失而言是少之又少。

能源自由作为一个目标可能有助于说服地方、州和国家领导人采取行动来改善我们的电网。一种安装了更多信息技术组件的系统使得这个复杂的电力电网智能化。它将监测低功率,并提供运营商所需要的实时数据,以便让他们能更好地匹配电力供应与客户需求。这将极大地提高客户服务,同时降低能源浪费与生产成本。同样,如果"智能电表"安装于家庭和企业,那么家庭和企业将会在非高峰时间使用电力,这样可以减少它们花费在电力上的成本。现在有可利用的技术让我们能够构建分散电网,来取代目前传输电力的三大区域,给边远的小客户传输电力。建设现代化的分散的电网将帮助我们更好地管理发电厂的局部电网,这些发电厂使用可持续能源,如太阳能、风能、地热能、水能和生物能来发电。因为电力不需要传输多远的距离便到达客户端,从传输线损失或电网瓶颈上被浪费掉的能量将会更少。当发生设备故障或遭恐怖袭击时,分散电网的较小规模和多样性也使其不太可能导致灾难性的经济崩溃。发展分散电网系统也将使得拥有太阳能或风力发电系统的个人客户连接到网络,其多余的电力可以卖给其他的客户。[12]

绿色能源经济

金融利润的激励将是使美国实现能源自由的最大驱动力之一。在美国,商业领袖和投资者尽管政治上派别不同,但是都开始看到,绿色能源对地球有益。"钱的颜色是绿色",这是陈词滥调了,但它是真实的,并且在美国过去的每一天都是这样。美国公司正在提高能源效率并且将清洁能源策略纳入它们的商业计划,这不仅是因为它们相信这能保护环境,事实也是如此,而且因为从长远来看这是在保护它们的钱。这一举措也提高了工人的生产效率,有助于工作招聘,并维护了关心社区的爱国组织这一公司形象。正是沃尔玛这个世界上最大的零售商,在其商店里通过减少浪费和促进能源效率来支持环保。2005 年,沃尔玛宣布将在一年内花费 5 亿美元以达到其雄心勃勃的绿色目标,其中包括在其规模庞大的商店里削减 30%的能源使用,消除 25%的固体废物,在 10 年之内使它的车队燃料节约量翻倍。对于沿着美国的高速公路出售商品的沃尔玛卡车车队来说,该项目每年将节省超过 5 200 万美元。[13]该倡议暗含着在大型企业对环境的一种新的哲学,即越来越多的美国公司将环保作为它们的使命。正如李·斯科特——沃尔玛的首席执行官——在一次描述公司新能源效率项目的演讲中告诉公司员工:"作为在世界上不断扩大的全球最大的公司之一,环境问题是我们面临的难题。"[14]

华尔街也特别重视日益增长的清洁能源革命,意识到随着这种趋势的发展,清洁能源将提供很好的回报,这将使投资者赚得数以百万计的美元。投资公司明白,由于在未来几十年石油价格会不断提高,而激动人心的新清洁能源技术创新会拥有越来越多的政府和经济激励,可再生能源市场将会扩大。正如气候变化成为全球迫切解决的社会问题一样,政治气候也将改变,促使选出的领导人在立法与促进扩大清洁能源市场的项目上更活跃。到目前为止,关于美国政府是否真的支持清洁能源市场,华尔街表示喜忧参半。然而,一旦我们作为一个国家真正致力于清洁能源自由,投资绿色科技的闸门将完全打开。我们已经体会到投资于清洁技术的强大兴趣,其细分市场作为在过去几年中增长最快的企业类别已经成为头条新闻。在 2005 年,4.697 亿美元涌入清洁技术公司;一年以后是 14 亿美元,2007 年达到 20 多亿美元。[15]在 2009 年,清洁技术风险资本投资总额达 56 亿美元。[16]其中最活跃的清洁能源投资者是风险资本家约翰·杜尔,他是一个硅谷传奇,曾在亚马逊、苹果、思科和谷歌等公司从事底层工作而赚取数以亿计的美元。他一直在指导他的风险投资公司——凯鹏华盈——从 2008 年开始 3 年内投入大量的投资资金(7 亿美元)进行绿色创新。[17]杜尔坚持清洁能源是"所有市场的母亲"，特别热衷于将资金押注于太阳能、光伏技术和创新的生物燃料的发展。2010年6月，杜尔和其他著名的美国商业领袖——包括微软联合创始人比尔·盖茨和通用电气首席执行官杰弗里·伊梅尔特——一起建立了美国能源创新委员会。根据该组织的网站，其成员打算在清洁能源创新上鼓励以每年160亿美元的投资来"促进强劲的经济增长，在新产业创造就业机会，通过在能够改变世界的能源技术开发方面进行良健的公共投资来重建美国的能源技术领导力"。

当然，并不是所有的公司在清洁能源的棒球场上都会打出本垒打。许多初创企业投资于无用之物，开始看起来很有希望，但终不能兑现他们最初的高期望。我们可以把信息技术产业作为模板来看清洁技术投资的模式。随着在20世纪80年代和90年代计算机、电信系统和互联网的发展，成千上万家公司应运而生，这些公司是建立在创新的理念和基于数字基础设施发展的新技术上的。重量级的公司，如微软、苹果、思科、谷歌站了出来，这是例外而不是规则。然而，人们在不太知名的公司里提供产品和服务来赚钱。在美国实现其能源自由的过程中，我们将会看到同样的事情发生。预测哪些公司将成为佼佼者还为时太早，但对于所有清洁科技初创企业来说，如果它们能想出并通过努力工作来开发利用固体能源的方法，那么它将有大量的机会获得经济利润。

建立清洁能源经济将有利于美国工人。在构建、安装、维护、开发和管理可再生能源和节能产品以及服务上，它将创造成千上万个"绿领工作"，比如公交运营商和司机。一项由环境法律和政策中心所做的研究发现，如果美国设定一个22%的可再生能源计划，那么到2020年，仅在风能上，美国中西部10个州就可以创造37 000个新的就业机会。[18]另一项由能源和资源集团（在加州大学伯克利分校的高盛公共政策学院）所做的研究发现，"可再生能源部门通过每兆瓦的电力安装、单位的能量产出和投资的每一美元，比以化石燃料为基础的能源部门产生更多的工作岗位"。这项研究的分析结果显示，如果美国设定的目标是，能源消耗的20%来自可再生能源，这其中的55%来自风能[19]，那么到2020年将会产生超过188 000个新的就业机会。马萨诸塞大学阿姆赫斯特校区和美国进步中心分析了《美国复苏与再投资法案》和《美国清洁能源和安全法案》，于2009年6月发表的一份研究报告指出，这些立法措施可能使美国在10年时间内产生每年高达1 500亿美元的清洁能源投资。这笔投资资金将为美国人创造250万个新的工作岗位。“我们的关键发现是，与等量的钱花在碳基燃料上相比，清洁能源投资产生大约三倍多的工作岗位。”该研究的作者说。[20]

这项工作不能外包给其他国家，这意味着能源独立运动将给我们的公民带来更多的工作和金融安全，并且保护由美国80%的人组成的中产阶级。能源自由让我们的中产阶级有工作保障，并将通过创造更多的就业机会来增加全国性的赚钱能力以支撑经济。通过建立清洁技术行业，我们将为更多在工厂和办公室的公民创造就业机会，在那里他们诚实的劳动将获得良好的报酬，同时帮助美国结束对化石燃料的依赖。而且从长远来看，它也将有助于分散纳税人的负担和拯救我们的税金。开发一个绿色能源经济还将使美国工人更健康，因为环境污染在减少，从而使得卫生保健计划的预算负担减少。

全球化的能源经济

正如石油、煤炭和天然气在过去100年里对美国的经济发展起着推动作用，通过使那些正越来越多地连接我们地球上各个国家经济之间的技术成为可能，化石燃料的使用也使美国经济走向全球化。制造业、通信、信息处理、运输都是全球化的必要组成部分。并且在现存的工业基础设施上，这些组件要继续运行，则需要大量烃类来提供能量。无论美国人愿意与否，全球化的趋势正推动我们的经济与其他国家连接得更紧密，其中许多国家将与美国的竞争日益激烈。随着全球化的影响增加，我们经济的兴衰将基于能源在其他国家的供应和消费。例如，中国化石燃料突然短缺，将导致一些亚洲工业生产下降甚至停止，同时反过来这将导致中国制造商品的价格在美国商店大幅飙升，因为消费者的需求上升而供应萎缩。

全球经济正趋于制造商统一，对于美国人来说，认识到这一点非常重要，即我们的经济正在并入日益复杂并且相互关联的国际经济体系，我们无法轻易脱离。随着国家变得相互依赖，如果全球经济引擎因为化石燃料的耗尽而出现故障，这个系统越复杂，美国人将越有可能面对金融崩溃。

在未来几十年，我们必须考虑国内石油钻井，全球化在这一点上也扮演了重要角色。当涉及减少我们对外国石油的依赖时，我们的一些民选官员为是否开放阿拉斯加北极圈国家野生动物保护区（ANWR）以及近海地区的石油开采而争论。根据1998年美国地质调查局（USGS）估计，北极圈国家野生动物保护区在原油冰冻的情况下有44亿～118亿桶的原油。[21]美国每年消耗76亿桶石油，所以，如果我们把目前的进口水平也算在内，国家野生动物保护区理论上可以为我们提供4年的石油。[22]实际上，如果北极圈国家野生动物保护区的石油以最大的速度开采，它或许能够每天产生约100 000～200 000桶石油。美国目前大约每天消耗2 100万桶石油，所以即使以最大的速度开采，保护区也仅能够供应我们需求的1%左右。显然，这对汽油的价格或我们的国家能源安全将不会有非常重大的影响。准确地科学预测美国石油在北极的储备数量是很困难的。例如，2010年10月，美国地质勘探局大幅修改其在阿拉斯加的国家石油储备的估计，即对于北极圈国家野生动物保护区的西北地区，放弃了2002年的估计（106亿桶），更新为8.96亿桶，相差约90%。

对于扩大国内石油钻探，支持这一政策的人给出的理由是，这将提供给市场更多的汽油，从而为我们建立可再生能源基础设施提供了喘息空间。在20世纪70年代早期，我们对外国石油的依赖现实成为显而易见的痛苦。在石油短缺的期间，沙特阿拉伯看到美国和欧洲通过供应更高效的汽车和开发新能源，来了个漂亮的转身，从而避开了对石油的依赖。作为回应，沙特阿拉伯石油产量大幅增加，使价格下跌，从而大大吸引着我们。这种策略奏效了，并且在20世纪80～90年代，廉价的石油满足了我们的能源需求，这进一步减少了对环保的激励。今天，我们正在复制同样的场景。价格飞涨，所有国家已经减少了消费，沙特阿拉伯反过来增加产量，企图以更低的价格来牢牢地拴住我们。然而，沙特阿拉伯已经处于生产高峰期，并不能像20世纪70年代时那样使市场摇摆不定。政客们倡导的北极圈国家野生动物保护区的快速开采，只会伤害我们的经济，因为在美国的“不费力的石油”不再丰富的困难时期，我们应当做好准备，而不是逃避。

我们美国人必须吸取疯狂的20世纪20年代和大萧条时代之后蓬勃发

展的10年教训。现在采取措施建立清洁能源基础设施将会帮助保护美国经济，以免在同样戏剧性的金融动荡中公民生活受到沉重的打击。成为一个清洁能源的国家，还将有助于我们更好地参与世界经济并开发可持续能源技术。有一天，我们或许可以出口美国清洁能源的产品和服务，并帮助其他国家建立自己的绿色能源经济体，特别是发展中国家，将需要超越化石燃料的使用。随着石油成为稀缺资源，我们也可以帮助各国加强它们的经济，从而有助于其社会和政治的稳定。为了减少潜在的金融危机对美国和世界其他地区的打击，我们需要做好准备，必须使能源自由成为我们未来经济安全的基础。

注释：

[1] Union of Concerned Scientists, "Current and Future Energy Trends," www.ucsusa.org/clean_energy.

[2] Joseph Coton Wright, "Oil: Demand, Supply, and Trends in the United States," ca. 2006, http://dr.berkeley.edu/pdfs_to_post/OIL_OVERVIEW_OF_5DECADE_HISTORY_AND_TODAYS_CHALLENGES-1.pdf.

[3] Statistics cited are from InflationData.com, "Historical Crude Oil Price (Table)," updated Jan. 16, 2008; and "Oil Sets New Trading Record Above $147 a Barrel," *ABCNEWS.go.com*, July 11, 2008, http://abcnews.go.com/Business/PainAtThePump/wireStory?id=5353919.

[4] Frank Ackerman and Elizabeth A. Stanton, "The Cost of Climate Change: What We'll Pay if Global Warming Continues Unchecked," National Resources Defense Council, May 2008, http://www.nrdc.org/globalwarming/cost/fcost.pdf.

[5] Sir Nicholas Stern, "The Stern Review: The Economics of Climate Change" (report prepared for Her Majesty's Treasury Department, London, Oct. 30, 2006), http://www.hm-treasury.gov.uk/independent_reviews/stern_review_economics_climate_change/stern_review_report.cfm.

[6] Zachary Coile, " 'Cap-and-Trade' Model Eyed for Cutting Greenhouse Gases," *San Francisco Chronicle*, Dec. 3, 2007.

[7] U.S. Department of Energy documents: "Overview of the Electric Grid," www.energetics.com/gridworks/grid.html; "U.S. Power Grids," www.eere.energy.gov/de/us_power_grids.html; and "Gasification Technology R&D," www.fossil.energy.gov/

programs/powersystems/gasification/index. html.

[8]Sean Casten, "Generate Energy Locally, Recycle Whenever Possible," *Grist Environmental News & Commentary*, April 23, 2008.

[9]Brian Kingham, "Wide-Area Power Quality Analysis System for Utility Grid Applications" (Schneider Electric, 2006); and Joseph McClelland, "The Cyber Threat to Control Systems: Stronger Regulations Are Necessary to Secure the Electric Grid," testimony to Committee on Homeland Security's Subcommittee on Energy Threats, Cybersecurity, and Science and Technology, United States House of Representatives, Oct. 17, 2007.

[10]Jon Wellinghoff, cited in Brian Bergstein, "Smarter Electric Grid Could Be Key to Saving Power," Associated Press, May 4, 2008.

[11]U. S. Department of Energy, Office of Electricity Delivery and Energy Reliability, "The Electricity Delivery System," Feb. 2006, www. electricity. doe. gov; and Marsha Freeman, "U. S. Electric Grid Is Reaching the End Game," *Executive Intelligence Review*, Sept. 22, 2006.

[12]Descriptions of the modernization of the electric power grid come from Electric Power Research Institute, "The IntelliGrid Consortium: Leading the Drive to Transform the Power Delivery System," www. epri. com; Campaign for Great Green Jobs, "Creating Jobs, Saving Money, Enhancing Security and Environmental Protection Through Energy Efficiency," www. GreatGreenJobsforPA. org; and Jean Elliott, "The Electric Slide, Fixing America's Power Grid," *Research Magazine*, Summer 2006, http://www. research. vt. edu/resmag/2006Summer/Slide. html.

[13]MSNBC News Service, "Is Wal-Mart Going Green?" Oct. 25, 2005.

[14]Lee Scott, "Twenty-First Century Leadership" (speech given at Walmart meeting, Jan. 23, 2008); Michael Barbaro and Felicity Barringer, "Wal-Mart to Seek Savings in Energy," *New York Times*, Oct. 25, 2005.

[15]Malika Worrall, "Green Energy Makes Money: Venture Investments in American Clean Technology Firms Reach a New High," *Fortune*, Nov. 29, 2007.

[16]Cleantech Group LLC, "Clean Technology Venture Investment Totaled $5. 6 Billion in 2009 Despite Non-binding Climate Change Accord in Copenhagen, Finds Cleantech Group and Deloitte," press release, Jan. 6, 2010, www. cleantech. com/about/pressreleases/20090106. cfm.

[17]Deborah Gage, "Kleiner Perkins Bets Big on Green Tech Firms," *San Francisco Chronicle*, May 2, 2008; and Fred Krupp, "Climate Change Opportunity," *Wall Street Journal*, April 8, 2008, A20.

[18]Brita Belli, "Welcome to Green-Collar America: Does the Future of the American Middle Class Lie in Sustainable Business?" *Emagazine. com*, Nov. /Dec. 2007.

[19]Daniel M. Kammen et al. , "Putting Renewables to Work: How Many Jobs Can the Clean Energy Industry Generate?" report of the Renewable and Appropriate Energy Laboratory, Goldman School of Public Policy, University of California at Berkeley, Jan. 31, 2006.

[20]Robert Pollin, James Heintz, and Heidi Garrett-Peltier, "The Economic Benefits of Investing in Clean Energy," University of Massachusetts, Amherst, and the Center for American Progress, June 2009, www. americanprogress. org/issues/2009/06/pdf/peri_report. pdf.

[21]United States Geological Survey, Fact Sheet 0028—01: Online Report, "Arctic National Refuge, 1002 Area, Petroleum Assessment, 1998, Including Economic Analysis," http://pubs. usgs. gov/fs/fs—0028—01/fs—0028—01. htm.

[22]Roger H. Von Haefen, "Can Ethanol End Our Oil Addiction?" *NC State Economist*, March/April 2007.

第八章

能源与交通运输

1919 年 7 月 7 日，美国军方开始了一项终将引起美国交通运输系统重大变革的实验。这天，从摩托车到重型货车共 81 辆交通工具，从作为零里程碑标记的华盛顿出发，开始向西行进至加利福尼亚。这个车队旨在验证长途地面旅行穿越美洲的可行性。这个实验将确定当西海岸被外国侵略者入侵时，美国武装部队能以多快的速度、多高的效率派遣军队和重型装备到达这里。

在美国军用车队第一次横贯大陆的实验中，一位聪明的美国陆军中校作为官方观察员参与其中。这个年轻的军官发现美国纽约州的道路状况，就旅行来说，具有相对较高的质量。然而，一次车队离开伊利诺伊州边境，行经人口较少的西部各州时，道路条件变得与 19 世纪美国开拓期时的状况无异。地面上的车辙和破洞损坏了卡车轴。车辆陷进了暴风雨后的泥潭里。横跨在小河溪流上的旧桥因为重型卡车而几近坍塌。在犹他州，整个车队差点淹没在流沙中。整个车队超过原定计划，62 天后到达了最终目的地——旧金山。在陆军中校的官方报告中，这次试验里程中至少约 1 800 英里(2 900 公里)需要极大改善以达到加快军事运输的目的。他向上级建议道:“为了加强国防，联邦政府应该建立一个全国公路系统并进行维护。”这个观点在最初的时候遭到了拒绝。1953 年，这名陆军军官成为了美国军队的总司令。受其车队远行加利福尼亚的经历及在第二次世界大战中德国公路系统给他留下的深刻印象的影响，在美国总统德怀特·D. 艾森豪威尔的推动下，1956 年《联邦公路法案》获得通过，并通过建立全国州际公路系统而促进了美国运输系统的现代化。现在美国旅行的便利水平达到了有史以来的最高点。

对于生活在21世纪的许多人来说，很难想象仅在100年前，大部分美国人很少离开家到数英里外去旅行。在那个时期，交通工具的原始性使得长途旅行不太实际。一个世纪前，很多美国人仍然生活在马拉车的时代，依赖骡队将装满货物的马车拉到市场。然而，以汽油为动力的内燃机的发明使美国社会在短时间内发生了变革，使旅行变得便利：旅行热爱者可以在任何时候去他们想去的地方。20世纪几十年里的汽车文化在很大程度上重新定义了我们国家，因为城镇间复杂的道路系统重塑了我们的景观。于是，一种浪漫色彩在美国人和他们的汽车间油然而生，可能是因为这些车辆给予我们行动的自由，从而强化了我们追求自由的天性。现在在美国，获得驾照已成为一种仪式，意味着一个年轻人足够成熟，能以负责任的态度驾驭可以达到很高速度的重型车辆。汽车同时也是地位的象征。

我国现代公路系统需要社会持久提供源源不断的石油以炼成足够多的汽油和柴油，让汽车可以行驶在这些公路上。公路同时也刺激了对煤的需求，以生产足够多的钢铁及其他材料来制造汽车。美国每天用掉的2 100万桶石油中，约2/3被燃烧用来提供将人和物从A地运到B地所需的能量。石油燃烧的产物大部分扩散到了空气中，其中客车每年平均产生9 600磅的释放量、轻型货车平均每年产生14 400磅[如果这两种车辆每年行驶12 000英里(19 312公里)]。考虑整个运输版图，为达到能源解放，美国的能源政策中，汽车、火车、飞机、轮船燃油效率的提高将发挥最显著的作用。然而，我们的焦点应放在私家车的改善上。美国交通运输用的石油中有2/3被提炼成汽油供汽车和轻型卡车使用，剩下的1/3用来为商用车提供柴油、为飞机提供喷气燃料、为油轮和巨型船提供燃油。[1]

形成这样一个过分依赖于汽车及其行驶所需汽油的文化需要付出巨大的代价。正如布什在2006年国情咨文演讲中的一句名言：美国沉迷于石油。而造成这种全国石油困境的大部分原因来自这样一个事实：我们是一个车轮上的民族。据贸易与环境委员会估计，美国家庭每挣得的1美元中有19美分花费在交通上，这是除了住房支出外最高的开支了。[2]反过来，汽车通过增加就业来拉动我们的国民经济：要么通过增加制造业和销售业的就业直接拉动经济，要么通过提供支撑汽车社会所需的物品和服务来促进经济。因此，当我们被迫面对全球石油产量持续减少的时候，如果它仍然坚持过分依赖于燃油汽车的生产和使用，美国的金融健康将遭受严重的打击。

作为一个国家，我们将汽车用于交通运输的效率是极其低下的。同许多其他国家的车辆比较，我们的汽车燃油效率低下。当前，一加仑汽油能令美国舰队平均行驶 22.4 英里，而日本的舰队可利用一加仑汽油行驶 50 英里。此外，在欧洲，每一加仑汽油平均可以行驶 43 英里。[3] 其中一个原因是，过去几十年里，美国加油站的汽油售价相对欧洲、亚洲的售价来说比较便宜。许多美国司机对便宜的汽油如此敏感，以至于当 3 美元或 4 美元一加仑的数字出现在加油站价格牌的角落里，将被作为令人瞠目的高价引发全国性价格冲击波。而欧洲人则会认为这些价格很实惠。

尽管开车的成本在上涨，美国人仍将继续购买机动车，因为我们民族的生活方式是围绕它们演化的。1995 年，美国道路上承载着 6 500 万辆汽车和卡车。而在 2008 年，这个数字达到了 25 000 万辆。到本世纪中叶，预计将近 4 亿辆汽车行驶在道路上。然而，由于日渐增长的交通量正堵塞我们庞大的公路系统中的要道，道路将无法继续承受日益增长的车辆。在美国主要城市，36%的公路面临着严重的交通堵塞问题，这一数据来自非营利研究小组 TRIP 在研究全国交通问题时的分析。据贸易与环境委员会估计，1/3 的美国城市里，司机们每年因交通拥堵要浪费超过 40 小时。这样的交通拥堵造成了汽油、柴油的浪费及生产力的减少，因为人们在交通拥堵中浪费的时间会引起我国商业的损失。一些人提出，我们需要修建更多的公路以解决这个问题，但是建立公共交通系统可能是更好的解决办法。如果在 10 年间，美国花费 100 亿美元来改善其公共交通系统，美国工人的生产力将增加 5 210 亿美元，如果将同样的钱花费于修建更多的公路，生产力只能增加 2 370 亿美元。[4]

日益严重的交通堵塞问题还会带来其他的成本。我们道路的最初设计并没有考虑到，如此多的车辆夜以继日地在路面上行驶，路面开始因为过度使用而大规模塌陷。美国驾车者平均每人因不良的道路状况而支出额外的 413 美元在汽车修理和维护上，同时也增加了燃料的损耗。洛杉矶和旧金山湾地区的司机因车辆的磨损每年需花费 750 美元。[5] 不断恶化的高速公路状况因其会引发交通事故而成为全国性的安全问题。车祸因其造成交通堵塞而增加国家每天化石燃料的使用量，在等待交警处理事故现场时，司机们开着引擎，浪费的不只是时间，还有大量的汽油。

美国人不想放弃使用大型汽车的一个原因是，大多数人认为燃油效率高的汽车没有"油老虎"安全。这一认知又被美国汽车制造商和销售商强化了，因为相比小型汽车，越野车和大型卡车具有更大的利润空间。本田汽车公司做了一项比较汽车大小、重量、安全特征的研究，并得出结论：为了提高能源效率，设计、技术等因素要比大小、重量因素更为关键。[6] 2002年在由伯克利国家实验室和密歇根大学共同完成的风险分析研究中，认为车的质量与车的重量相比，是更重要的安全因素。研究还发现，不管传统看法如何，对司机来说越野车并不比普通中型或大型汽车更安全，也不比许多最流行的紧凑型和超小型汽车安全很多。[7]

美国要想获得能源解放，可以对所有新型汽车（大型和小型）使用先进技术，以在将来几十年里获得更小的油耗。在当今的内燃机汽车里，普通的美国汽车只能将汽油产生能量的12%～20%转化为有用的动能。[8] 大部分能量因发动机热量、摩擦及空载而浪费。我们有很多可用的创新技术可以让汽车购买者不用放弃汽车功率和舒适享受也能提高燃油效率。例如，可以在发动机上安装失活装置，这样当汽车空载或不需要太多动力时可以关闭气缸。高科技点火系统可以在红绿灯或交通堵塞时自动熄火，也可以重新启动。可以用轻型的碳纤维材料代替沉重的钢铁制作汽车的底盘。空气动力学设计特性可以帮助减少空气阻力，以提高燃油的经济性。

燃油经济性

1973年，美国受到欧佩克石油禁运的打击，开始对车辆进行一系列改进，使全国平均英里数差不多翻倍。在接下来的20年里，我们的技术可以在不用牺牲舒适、安全和性能的情况下实现英里数再次翻倍。但是，我们已经有太长时间缺乏推动我们提高车辆的燃油效率的政治动力。庆幸的是，这一切正在发生改变。我们的国家领导人正逐渐认识到这样一个事实：我们对石油的日益依赖会引发经济、社会和国家安全风险的增加。2007年12月，国会和布什总统通过了《能源独立和安全法案》，提出到2020年国家公司平均燃料经济(CAFE)标准提高到35英里/加仑——比过去的标准27.5英里/加仑增加了可观的40%,这是一个积极改变的迹象。2009年5月,奥巴马宣布了一个计划:到2016年,轿车的CAFE标准提高到39英里/加仑,卡车提高到30英里/加仑(平均34.5英里/加仑)。

提出更具雄心壮志的CAFE标准与制造出更好的汽车在实现能源解放上同等重要,但美国仍然需要做很多事情来改善其整体交通系统的燃油效率。提高汽油动力车的英里数只是解决问题的一个方法。我们要抵制寻找一劳永逸的办法的诱惑,专注于创造更多的办法来减少我们在交通能源上的消费。随着全球石油产量到达顶峰,我们及世界其他国家需要培育和提倡非汽油动力车的市场。乙醇和生化柴油等以植物为基础的燃料已经在美国某些区域销售,但它们只占当前汽车使用能源中的很小百分比。其中一个重大原因是:我们对生物燃料的研发、生产和营销没有给予足够的经济激励。炼油厂和加油站等基础设施的建立花费了美国几十年时间,同样,对生物燃料相关基础设施的建立也需要时间。然而,情况正在改善,全球变暖和汽油价格上涨刺激了对非汽油液态燃料的需求。

为减少全国交通系统的石油消耗量,电动汽车是未来可行的另一个选择。1891年,一位来自艾奥瓦州首府得梅因的名为威廉·莫里森的人发明了第一辆电动汽车。到1897年,纽约市民可以在百老汇或其他街道看见来往的电动出租车。遗憾的是,整个20世纪低廉的石油价格,扼杀了美国人改善电动车技术的聪明才智。21世纪,混合动力车在美国消费者中日渐受到欢迎,这对我们来说是一件令人高兴的事。但是,纯电动汽车市场仍处于初始阶段。为了了解需求,通用汽车公司于1996年尝试性地推出了电动汽车EV1,并在2006年因一部纪录片《谁让电动汽车消失了》而家喻户晓。尽管这款造型前卫的电动汽车很受出租车司机欢迎,但通用公司还是决定将EV1撤出市场,原因是技术"瓶颈"使继续制造在当时变得无利可图。[9]现在,随着市场力量改变企业的想法,通用汽车公司又研发了新型油电混合动力车——雪佛兰Volt,该车于2010年10月上市,起始定价为41 000美元。在不久的将来,我们会看到像通用汽车公司这样历史悠久的美国汽车制造商在面对像加州特斯拉汽车公司这样企图抢占这一有利可图的市场的特立独行的汽车制造商时,是如何应对的。

电动汽车很难扩大其市场份额的主要原因是，其面临着电池无法快速充电并持续长时间使用的障碍，因而无法与使用便捷的汽油相媲美。如今关于电动汽车的一个重要问题是，如何处理电动汽车的废旧电池。[10]我们不能让电池中的有毒物质破坏我们的环境。而这些挑战终将被解决，因为电动汽车新兴市场上日益激烈的竞争催生了惊人的创新，研究人员正在想方设法改善电动汽车的电池技术。批评人士还警告说，电动汽车不一定是环保的，因为它们的动力来源于煤燃烧提供的能量。尽管从我们能源基础设施的现况来看该论点有道理，但是太阳能和风能发电方面的创新将在未来降低电动汽车的成本并减少其对化石燃料的依赖。情况正在改善，一些有远见的地区，如加利福尼亚州的圣何塞，修建了充电站供电动汽车使用者在其工作时间充电。2009 年，《美国复苏和再投资法案》拨款 24 亿美元来支持美国研究人员开发新一代电动电池和相关技术。如果获得成功，这个计划将会因为 EV 产业的扩张而创造出成千上万个新工作。

氢动力燃料电池汽车要进入当地销售可能比电动汽车晚很多。在美国建立起供这些零排放汽车使用的"氢气公路"基础设施前，还有很多重大的技术阻碍需要克服。2004 年美国加利福尼亚州州长阿诺德·斯瓦辛格颁布了一项建立氢燃料站网络的行政指令，加利福尼亚州开始尝试性地启动燃料电池汽车市场。到 2010 年初，整个州共运行 21 个站点，并且计划再增加 10 个站点为一小部分燃料电池汽车服务，这些汽车大部分是由政府机构使用的实验车型。[11]加利福尼亚州的率先努力为研究者改善燃料电池汽车及所需的燃料配送和存储系统提供了很好的借鉴。甲烷（也称天然气，主要来自农场动物粪便和其他自然资源）动力汽车是未来潜在燃料市场的另一选择。靠甲烷或压缩天然气（CNG）驱动的汽车已经在美国的一些城市投入使用，但要大范围使用，还需要对基础设施建设进行大力投入。

尽管将技术创新引入市场对提高美国交通系统能源效率来说似乎十分有利，但我们还需要考虑一些更简单、更低成本的方法来节约能源。其中一个让美国获得能源解放的行之有效的方法是，让更多的美国人养成良好的开车习惯。一个研究发现，激进的驾车习惯，例如快速启动和急刹车，会使燃料使用量增加 37%。这对作为全球领导者的我们来说似乎有点残酷，更多的市民可以养成遵守法律、将车速限定在规定范围内的习惯。在长途旅行中，遵守那些限速标志，平均可节约12%的燃料，更别提因避免交警开罚单而节省的钱了。避免长时间的空载可以节省19%的能源消耗。使用定速巡航可以节省7%的汽油。[12]如果美国人把这些简单的节能方法看成一种爱国行为，也许会有更多的人愿意形成更好的开车习惯。

也许因为对国外石油的依赖越来越成为个人自由的负担，更多的美国工作者开始拼车上下班。将近1 000万～1 600万人口经常拼车上下班，并且人数还会随着石油成本的提高而增加。不过大多数的通勤者还是选择独自开车。据美国人口普查局统计，88%的人开车上班，其中77%的人是单独开车。[13]拼车是一种特别容易做到的在日常通勤中节能的方法，它可以使化石燃料使用减半。当拼车者们使用多人乘坐汽车专用车道（HOV）时，道路上的汽车数量将减少，从而减轻了交通堵塞，最终缩短了通勤者花在路上的时间。雇主们为鼓励雇员在午餐时间能拼车处理个人杂务而向雇员提供特殊津贴，比如特殊的停车位、奖金、节能汽车贷款。在家工作通过彻底降低通勤率来减少能源消耗。当然，并不是所有的工作都可以在家完成，但是公司经营者们发现，能远距离办公的雇员往往效率高，而且可以降低公司成本。例如，AT&T公司通过让员工在家办公而使每年的管理费用及其他成本支出减少了1.5亿美元。[14]雇员也十分乐意在家办公，尤其是那些有家庭需要的人，因而离职的几率减小了，雇佣成本也随之降低。为了减少员工参加异地会议的开支，越来越多的公司开始引入视频会议系统，并以旅行开支和时间节约迅速补偿系统使用成本。对很多公司来说，这是一个可以让美国减少化石燃料消耗及温室气体排放的简单且成本相对低的方法。

公共交通

20世纪，大部分的美国城市已经发展到能满足我们新兴汽车文化的需求了。1950年以前，大部分在都市工作的美国市民乘坐火车、电车和公共汽车去上班。1946年美国的公共交通达到高峰，旅客人数达234亿。第二次世界大战后的年代里，大范围建设沥青公路和道路让越来越多的居民能从郊区开车去很远的地方上班。在欧洲现代化其公共交通系统时，许多美国城市却走到相反的方向，拆除了一些电车和火车的轨道，减少了公共汽车服务量，使得公共交通变得不再便利，促使汽车数量愈发增大。选择公共交通的人数持续降低，在 1972 年达到最低谷，只有 65 亿人。20 世纪 70 年代的能源危机使公共交通服务数量又开始上升，而越来越高的汽油价格必然会在未来几十年里加速公共交通的使用。据美国公共交通协会统计，公共交通系统每年可节约 14 亿加仑汽油，这一数量相当于 300 000 辆汽车每天的加油量。如果有 10%的美国人使用公共汽车、火车、电车，我们可以减少 40%的国外石油的使用，降低 25%的二氧化碳排放量。公共交通的使用还可以减少汽油和汽车养护的开支，从而可以增加其他支出。使用公共交通代替开车的家庭，每年可节约 6 200 美元。[15]

然而大众交通的缺陷在于，对很多美国人来说不太方便或不容易获得。住在美国一些乡村社区的人通常没有经常性的固定公共交通体系。在市区工作的人们通常开车上班，是因为他们的时间表不允许使用公共系统或者是为了防止紧急情况而选择使用私人汽车。也许开车已成为一个根深蒂固的习惯，或者是不想花费时间去了解火车和公交的班次转换系统，我们中许多人选择了开车去上班。为了更好地服务数量日益增长的乘客，美国很多大都市区的公共交通系统变得更容易使用。时刻和线路变得更为便利，信息技术使得乘客们可以在手机上获得公车和火车的时刻表，从而知道下一班公车或火车到站所需要的时间。2008 年海湾地区快速运输系统(BART)在加利福尼亚北部做了一个实验，该实验成功地表明可以通过在手机上安装特殊的部件，让乘客们用手机付费和通过站门。[16]

公共交通系统经常被诟病的一点是，由于票价无法弥补运营成本，需要政府持续补贴。总的来说，美国公共交通系统的运营成本的 1/3 由其乘客支付。[17]剩下的资金来源于地方、州、联邦政府。这样做的好处是，这些补贴减少了交通堵塞，提高了工人们的工作效率。它还减少了我们对外国石油的依赖及温室气体的排放。建立和运营公共交通系统还有助于增加就业，从而增加税收收入。它还能帮助美国人省钱，因为使用私人汽车的人数大量减少能阻止汽油价格上升。2009 年，联邦政府对公共交通系统的财政拨款总额为 103 亿美元，而每年的石油补贴和税收优惠估计有 40 亿美元。[18]如果我们用这笔钱来建设美国公共交通系统，让更多的美国人可以使用，我们就可以大大减少对国外石油的依赖。

随着21世纪石油峰值问题和全球气候变化问题越来越突出，美国城市不得不在能源使用上变得更环保、更绿色。公共交通系统无疑将在这一进程中发挥越来越重要的作用。然而，城市的“理性增长”项目也将有助于美国的能源解放。这一项目的灵感来源于20世纪70年代发生的能源危机。美国的许多城市集中力量重新开发其城市中心，把它们变成动态地供人们生活和工作的地方。现在，越来越多的美国城市使用理性增长范式来鼓励在市中心和交通枢纽附近建造高密度、多功能的建筑物。设计便捷的公共交通是为了帮助减少居民对汽车的使用。优质的人行道和自行车道鼓励市民更多地步行或骑自行车上学或上班。市区的居民也不用开很远的车去参加文娱活动，因为在他们附近就有商店、饭馆、剧院，只要步行或坐公车就能到达。理性增长证明，它可以提高美国人的社区生活质量，为人们之间的互动交流创造了更多机会，通过让人们更多地运动和呼吸新鲜空气而变得更健康。另一个好处是，理性增长减少了税收。对一个城市来说，向郊区扩张是一件成本很高的事情，因为这意味着需要建立新学校、道路、排水系统等基础设施。理性增长是建立在原有基础设施上的，通过吸引更多的人来城市中心居住或参观而促进当地经济发展。[19]

货物运输

美国经济的健康发展需要保证原材料、制造品在全国甚至全球范围内流通。行驶在公路上的大型柴油卡车提供了大部分的运输，占美国物资运输总量的80%。但柴油价格伴随着汽油价格上升，使得卡车行业的利润空间逐渐萎缩。如果燃油价格为4美元/加仑，卡车司机们需要花费600～700美元才能装满18轮车的普通油箱。这降低了他们的生计水平，也提高了消费者购买商品的价格。要想在艰难时刻生存下来，司机们需要想方设法减少卡车的燃油消耗量。其中一个简单易行的办法就是，降低在公路上的行驶速度。例如，国家卡车公司——康威运输——发现，通过让公司的8 400名卡车司机将行驶速度控制在62英里/小时(100公里/小时)以取代公路限速65英里/小时，可以减少3%的能源成本。这个决策还能每年减少7 200万磅的二氧化碳排放量。安装在卡车上以减少风的阻力的空气动力翼和气流控制系统可以减少12%的化石燃料成本。在2009年,联邦快递引进更环保、更有效率的混合动力技术,翻新了其92辆旧的柴油动力货车。对运输行业来说,改进货车引擎以使其燃油效率更高还具有潜在的经济利益。其中一个例子是,一家清洁动力公司发明的双燃料燃烧系统。这项技术通过在液态柴油燃烧时注入天然气以使引擎更高效地使用燃料,可以减少25%的二氧化碳排放量。运输公司,比如联邦快递,还使用混合动力电动卡车来降低其燃油成本。混合动力是一个极佳的选择,这是因为在运输业,司机们要经常停车装卸货后又启动。举个例子,10 000辆混合动力货车可以为联邦公司一年节省720万加仑柴油,这不仅减少了美国的石油消耗,还为公司节省了开支。[20]

对于货物运输,火车货运每吨、每英里的能源效率是卡车的6~12倍,并且这个数字将随着新火车机车问世而继续增大,该新火车机车带有电脑控制系统来监测能源消耗并调整燃油系统以实现能源经济最大化。1980~2002年间,火车运输行业的能源效率提高了73%,这归功于找到了减少柴油消耗的方法,甚至是在增加运输量的情况下。[20]一辆火车可以代替公路上的几百辆卡车,从而减少道路堵塞。据美国铁路协会统计,如果美国仅将10%的卡车运输转换成火车运输,就可以每年节省至少10亿加仑的柴油。正因为如此突出的能源效益,运输行业正在开发引进更多联运货物运输的计划。美国各地站点联系系统通过卡车将货物集装箱运载至某一站点,然后由火车运输至下一站点。接着由另一辆卡车装载货物运往目的地。一个复杂的电脑系统保证了货物在准确的时间到达指定的地点。联运系统对长途运输特别有用,因为它比单独依靠卡车运输要快,从而节省了托运人的时间和金钱。该方法还因减少了道路上卡车的数量而减少交通量,从而减轻对美国高速公路的损耗。

远洋货轮依靠燃烧柴油在国家间运输货物。如同其他运输行业,化石燃料成本的上升减少了轮运行业的利润空间,增加了其运输品的消费者购买价格。风能可能是帮助货运者减少柴油消耗的一种创新方式。不要指望轮船变成过去那种有着高桅杆和大帆的老式横帆船。相反,高科技牵引风筝——天帆(SkySail)——这一现代发明,可能有一天会使货轮成为在能源经济上的新竞争者。这一技术由德国公司发明,该自动系统通过电脑来控制方向盘,并根据风的方向和速度调整船的速度和方位。与滑翔伞的原理类似,这一系统每年可以减少 20%的能源成本,该数据来源于 2008 年完成的实验航行。该公司称,根据不同的风况,能源成本在理论上可减少 35%。[22]

空运飞机为保持竞争力,也需要想方设法减少化石燃料的消耗。据航空运输协会统计,空运行业的二氧化碳排放量占全球排放的 2%,喷气燃料成本占其运营成本的 1/3。每桶油价格每上升 1 美元,将引起航空公司的喷气燃料支出额外增加 465 美元。[23]因此,降低能源成本对航空公司的生存至关重要。目前有一些可用的技术性解决办法,包括为未来的飞机设计出燃油效率更高的引擎和机身。改进的航空交通控制系统通过使飞机选择更有效的飞行路径而减少在特定高度的能源消耗。航空公司还致力于寻找非汽油来源的能源。2006 年 9 月,维珍集团董事长理查德·布兰森先生宣称,其公司打算在 10 年间花费高达 30 亿美元,为航空和铁路公司研发清洁的生物燃料能源。他在解释为什么做出如此大的经济投入时称,"我们的子孙是否继承了相同的世界取决于我们的选择,我们不能成为永久性破坏环境的那一代"。2008 年 2 月,布兰森的一架维珍大西洋波音 747-400 大型喷气式飞机成为航空行业的里程碑,因为它是第一架使用生物燃料从伦敦飞往阿姆斯特丹的商用飞机。这次试验飞行燃烧了四个油箱中含椰子油和巴西巴巴苏坚果油的混合物燃料的 20%。新西兰航空公司和荷兰皇家航空公司也成功地在其喷气机上实验生物燃料。在生物燃料飞机能运载乘客前,还需要做很多的实验,因为在高海拔的地方,生物能源比传统的喷气燃料更容易凝结。

在未来的几十年,美国在能源创新方面研发新技术的努力将使运输行业发生变革,并有助于我们获得更大的能源解放。我们正处在一场激动人心的变革的开端,它将创造出更好地利用能源的方式,在全国和世界范围内运送人和物品。就像 1919 年艾森豪威尔的横跨大陆军事车队开始横贯大陆(这次旅程最终引起了美国公路系统的现代化)一样,我们现在也正开始一段开创性的旅程,去寻找改进未来汽车、卡车、火车、轮船和飞机的新方法以实现能源解放。

注释：

[1] Statistics cited come from the Surface Transportation and Policy Project, "Transportation and Climate Change," www. transact. org/library/factsheets/climate. asp; and Brookhaven National Laboratory, "Ridesharing Benefits," www. bnl. gov/rideshare/benefits. asp.

[2] "Traffic Facts and Figures: How Does Traffic Affect Us? A List of Facts and Figures to Put It in Perspective," *ABCNews. com*, Feb. 23, 2005.

[3] Mile-per-gallon numbers for the United States, Japan, and Europe are from U. S. Department of Transportation, Bureau of Transportation Statistics, "Average Fuel Efficiency of U. S. Passenger Cars and Light Trucks," www. bts. gov/publications/national_transportation_statistics/html; and Bilal Zuberi, "A Drive Toward Fuel Economy," *Boston Globe*, Aug. 13, 2007.

[4] Statistics cited are from American Association of State Highway and Transportation Officials, "Transportation: Invest in Our Future," www. transportational. org/tifl-report/glance. html; and Center for Transportation Excellence, "All Factoids," http://www. cfte. org/factoids/default. asp.

[5] "California's Rough Pavement Puts State at Top of Worst Road List... Again, Transportation California Says," *The Auto Channel*, www, theautochannel. com/news/2008/03/12/080633. html.

[6] Mark Clayton, "Safe Cars Versus Duel Efficiency? Not So Fast," *Christian Science Monitor*, June 12, 2007.

[7] Mare Ross and Tom Wenzel, "An Analysis of Traffic Deaths by Vehicle Type and Model," University of Michigan and Lawrence Berkeley National Laboratory, March 2002, http://www. lbl. gov/Science - Articles/Archive/assets/images/2002/Aug - 26 - 2002/SUV-report. pdf.

[8] Mackinac Center for Public Policy, "The Great Race: The Technological Challenges of More Fuel-Efficient Vehicles," Aug. 8, 2007, www. mackinac. org/article. aspx?ID =8869.

[9] "GM Pulls Plug on Electric Car, Automaker Spent $1 Billion on Program; Never Sold One," *CBSNews. com*, March 11, 2003.

[10] "Hybrid Battery Toxicity," *HybridCars. com*, April 8, 2006, www. hybridcars.

com/battery-toxicity. html.

[11]State of California,"Governor Schwarzenegger Announces the California Hydrogen Highways Network,"press release, April 20, 2004; and Paul Rogers,"Hydrogen Highway Hits Roadblock,"*San Jose Mercury News*, March 31, 2008.

[12]Philip Reed and Mike Hudson,"Fuel Economy: We Test the Tips: What Really Saves Gas? and How Much?"*Edmunds. com*, Nov. 22, 2005, www. edmunds. com/advice/fueleconomy/articles/106842/article. html.

[13]Joanne Helperin,"Driving Tips: Commuter Carpools Save Time, Money, and Stress,"*Edmunds. com*, Oct. 4, 2005, www. edmunds. com/owernship/driving/articles/107371/article. html; and U. S. Census Bureau,"Most of Us Still Drive to Work—Alone,"press release, June 13, 2007.

[14]Minnesota Work-Life Champions,"The Advantages of Telecommuting,"www. worklifechampions. org/practices _ resources/documents/TheAdvantagesofTelecommuting_000. pdf.

[15]Various statistics are from American Public Transportation Association(APTA),"Historical Ridership Trends,"May 5, 2008, www. apta. com/research/stats/ridership/ridetrnd, cfm; APTA,"Public Transportation and Petroleum Savings in the U. S. : Reducing Dependence on Oil,"Jan. 9, 2007; and Center for Transportation Excellence, "All Factoids."

[16]Eric Young,"BART to Test Using Cell Phones as Tickets,"*San Francisco Business Times*, Jan. 11, 2008.

[17]John Semmens,"Public Transit: A Bad Product at a Bad Price,"*Heritage Foundation*, Fed. 13, 2007, www. heritage. org/research/smartGrowth/wm213. cfm.

[18]American Association of State Highway and Transportation Officials,"Transportation Revenue Needs: Current Federal Highway Trust Fund Revenues,"www. transportationl. org/tif2report/trans_revenue. html; and John M. Brode,"Obama's Bid to End Oil Subsidies Revives Debate,"*New York Times*, Jan. 31, 2011.

[19]Smart Growth America,"What Is Smart Growth?"www. smartgrowthamerica. org/whatisg. html.

[20]Examples of fuel consumption in the trucking industry come from"TRIP Report Finds Need for National Freight Policy: Safety and Mobility at Risk with Coming Surge in Truck Traffic,"*BusinessWire. com*, Feb. 10, 2004;"Independent Truck Drivers

Struggle to Survive as Diesel Prices Soar," Associated Press, April 1, 2008; Con-way Freight, "Con-way Freight Turns Back Speed Governors on Trucking Fleet," press release, March 10, 2008; "Low-Drag Trucks: Aerodynamic Improvements and Flow Control System Boost Fuel Efficiency in Heavy Trucks," *Science-Daily*, Jan. 10, 2005; Clean Air Power, "Dual-Fuel Technology," www. cleanairpower. com/duel-technology. php; and FedEx, "Hybrid Electric Vehicle," www. fedex. com/us/about/responsibility/environment/hybridelectricvehicle. html.

[21] National Atlas, "Overview of U. S. Freight Railroads," www. nationalatlas. gov/articles/transportation/a_freightrr. html.

[22] Michael Kanellos, "Sail-Powered Cargo Ship Test Results In: It Cut Fuel by 20 percent," *CNetnews. com.* March 19, 2008.

[23] Jennifer Waters, "Say Goodbye to Cheap Flights, Maybe Peanuts, Too," *Market Watch. com*, April 8, 2008.

[24] Andrew C. Revkin and Heather Timmons, "Branson Pledges to Finance Clean Fuels," *New York Times*, Sept. 22, 2006.

第九章

能源与农业

1934 年 5 月 11 日，一个“怪物”开始攻击美国的中心地带。这天，一场巨大的风暴在大平原上肆虐而起，数百万英亩因 3 年剧烈干旱而实质上已变成沙漠的农田土层被掀起。两天来，超过 3 亿吨的泥土被卷入沙尘暴中遮住太阳，白天变成了黑夜。对于那些为了谋生而多年徒劳挣扎在这片土地上的美国中西部农民家庭来说，这场灾难性的风暴是对他们的最后打击。带着可能会找到工作并能够在这场痛苦折磨中存活下来的希望，他们收拾好旧汽车、旧卡车，开始大规模地向西部迁移。成千上万名遭受重创的美国人来到加利福尼亚州圣华金山谷，在那里，如果他们足够幸运找到工作，他们可以用微薄的收入买些水果和蔬菜了。这些人中的一部分留在了这里，他们和他们的子孙后代见证了这片山谷成为美国最高产的农业区之一。

今天，加利福尼亚州农产品产量占到全美农产品的 13%，而这一产量中相当大的一部分就来自组成圣华金山谷的八个县。化石燃料这种能源使大量的农业收益变成可能，可是一旦化石燃料开始耗尽，在加利福尼亚州和美国其他地区的农业可能会面临食品数量和质量的急剧下滑。如果不找到替代碳氢化合物提供给我们营养需要的方法，我们为了满足不断增长的人口数量而过度依赖化石燃料的行为将会成为一场灾难。如果我们不为面临全球最高石油产量问题的这一天做准备，圣华金山谷以及美国的其他许多地区，可能会退化到无水、无肥料来维持农业生产的荒漠化状况。全球变暖可能也会加重威胁到我们的食品安全。在本世纪里，极端的天气情况可能会造就像 20 世纪 30 年代咆哮在整个中西部地区的那些“怪物”一般可怕的沙尘暴。很多的家庭农场将会消失，导致大规模的移民和社会动荡，就像约翰·斯坦贝克的著名小说《愤怒的葡萄》中描述的那样。

美国人常常理所当然地认为，我们可以走进我们的社区超市，将各式各样从全国各地甚至是世界其他遥远的地方运来的杂货物放入购物车中。碳氢化合物使数以百万计的世界各地的人们享受着绿色革命带来的福音，在上个世纪，一个现代化农业时代开始，并带给农民们技术以生产足够多的食物来养活地球上的每个人。幸亏化石燃料，2009 年美国 986 亿美元的农产品出口到其他国家，以帮助他们维持社会和减少饥荒的威胁。通过减少农场劳动力的需求，绿色革命也改变了美国社会。70 年前，美国共有 1.27 亿人，其中有 680 万农民生产全国的食品，现在仅有 190 万农民在富饶的土地上提供超过 3 亿人民的食物。[1]农业劳动力需求减少的发生，是因为化石燃料提供给农民收获大规模水果、蔬菜、坚果、谷物、肉类和家禽产品的生产手段。

使用现代农业技术大批次地生产所有这些食品，需要大量的化石燃料。美国大约 17%的化石燃料是用于农产品的生产。在所有因素都考虑在内的情况下，据估计，我们餐盘中一卡路里的食物在其生产过程中，需要 10～15 卡路里的能量。超市的分布进一步增加了食品的燃料成本，运输到每个超级市场的平均距离是 1 500 英里(2 414 公里)。有很多使用化石燃料生产食物的方法。石油用于操作重型设备(比如拖拉机和联合收割机)来翻新土壤和收割庄稼。我们用汽油或柴油动力汽车将劳动力运到不同的农场点。煤炭发电被用于操作大规模的灌溉系统，这种灌溉系统是将水从地下蓄水层抽出来或者沿着管道或运河进行远距离运输。石油也用于制造除草剂和杀虫剂来控制杂草和昆虫，否则可能会降低农作物产量。化石燃料被广泛地用在氮肥的生产上，这是绿色革命的一个重要组成部分。通过一种称为哈伯—博施工序的方法，肥料制造商使用天然气制造氨，氨是肥料的一种关键成分。而生产这种氨将消耗世界天然气年产量的 5%。化石燃料占肥料生产成本的 70%～90%，所以当天然气的价格上涨时，意味着食品的成本也会增加。[2]

当然，对于人类来说，食物和水是人类过上健康而丰富生活的必需品。这一事实意味着，我们对化石燃料的高度依赖令每个人的生存都处在高度的风险中。因为现代农业消耗了如此多的石油和天然气，如果我们不早做准备,当世界上这两种化石燃料的产量不可避免地下降时,美国的农业会面临迫在眉睫的危机。我们已经看到了这个即将到来的窘境的些许迹象。2008年的春天,随着石油价格攀升至每桶140美元以上(一个我们将会再次看到,并且相比较未来化石燃料超出需求而显得适度的价格),美国人也看到了当地市场上杂货品成本的增加,这是因为要支付更高额的生产费用账单,农民被迫增加了食品的价格。石油价格的上涨意味着灌溉农田和果园的能源成本,以及牲畜饲料、除草剂、杀虫剂和肥料等供应品的收购价会更高。影响用半挂卡车、轮船、飞机、火车将食品送到市场以及超市收银台的化石燃料成本的因素增加了。罐头、肉类加工工厂和其他食品加工设施也依赖化石燃料来处理农业原材料,并把它们变成包装整齐的消费者产品。存储设备使用大量的能量来制冷或冷冻肉类、鱼类、水果和蔬菜。超市还需要一个24小时的电力系统来防止易腐食品的腐坏。当添加了所有这些不同的能量消耗的成分时,我们就很容易明白食物的价格是如何随化石燃料成本而上涨的。超市里不断上升的商品价格也发生连锁反应,伤害到美国的经济。因为食物对于基本的生物链生存如此重要,所以,如果薪水迫使人们要在衣食住行和购买奢侈品欲望的满足上进行选择的话,大多数人会推迟购买不必要的物品,如电子设备、家具和最新的时尚服装。

由于其本身的性质,务农是一项很艰难的工作。在美国,现代农业不仅是体力的需要,还要求农民成为业务、化学、农场设备、水管理以及政府规章制度方面的专家。另外,还要增加的两个难点是:不可预知的天气和不稳定的市场环境。但是,由于世界面临石油峰值的问题,在未来的几年里,美国的小型家庭农场将要为了生存而战。石油供应量的下降是不可避免的,如果我们的国家不为这个做好准备的话,那么我们正在苦苦挣扎的农场社区将会被恶化的财政问题所摧毁。成千上万个美国农场和牧场家庭,其中一些回溯几代人,被迫结束了他们传统的生存方式,将土地卖给那些拥有良好经济实力并且能够更好应对石油峰值挑战的大型农产品企业。当石油峰值问题开始加剧的时候,美国乡村的其他方面也会受到经济斗争的打击。成千上万的人们在农场区间里从事着加工、处理和包装食品的工作,或者是出于农业生产的需要提供劳动力和服务。可悲的是,其中很多辛勤工作的美国人的生活将会受到严重的扰乱。

全球气候变化

近期和未来很长的一段时间里，石油峰值带来的挑战并不是美国和世界其他各国在维持食品产量上必须要应对的与化石燃料相关的唯一的困难。美国的农业也将会在未来几年内受到全球气候危机的破坏。具有讽刺意味的是，绿色革命已经导致了全球变暖。据估计，现代农业技术在全世界范围内的广泛应用，产生约14％的温室气体并排放到地球的大气层中。排放的来源有很多，包括：化肥、除草剂和杀虫剂的生产；农场设备中柴油发动机的运行；土壤的耕作，其释放的二氧化碳和甲烷进入大气中；家畜粪便，产生甲烷气体并释放；腐烂的蔬菜废物，产生温室气体。美国农业生产每年排放多达1.5万亿磅的二氧化碳气体。从砍伐森林到为种植作物翻新土地以及饲养牲畜，其他国家的农业生产也会增加温室气体的排放。非洲，还有南美洲亚马逊雨林的农民们每年都会砍伐并烧毁数以百万计的树木，这个过程会释放大量的二氧化碳进入地球的大气层，从而加剧了全球变暖。联合国估计每年大约有3 200万英亩(1 300万公顷)的树木因为砍伐而消失。[3]

由于农业生产与季节性气候模式息息相关，因此在未来几十年里，在某种程度上，全球变暖对这些模式的影响将会改变美国和其他国家供养人类的方式。农民们总是受天气的摆布，但是，科学家们预测由于气候变迁，全球将会产生极端天气事件，而这些事件的发生将会使美国农业生产出维持世界数十亿人口生活的农产品产量变得更加困难。计算机模拟表明，未来几十年，在美国的某些区域，全球变暖将会引发更多的热浪，其温度超过100华氏度(38摄氏度)，并且会持续超过几周的时间。随着夏季高温愈演愈烈，中西部和西部各州的农民将需要应对和处理由于更强的太阳热度而造成表层土壤的水分流失这一问题。[4]他们会被迫增加农田的灌溉，反过来需要燃烧更多的化石燃料，将水引入农田里，从而进一步增加大气中温室气体的含量。最终，由于全球气候变化而造成世界范围内严重的干旱，我们很可能不会有足够的水资源来满足国家农业生产的需求。例如，塞拉山脉和落基山脉地区的积雪每年都会减少，这会造成严重的水资源短缺，需要强制性配给。随着每年春天冰雪融化得越来越早以及河流和小溪的泛滥，美国可能会发生越来越多的洪水，这种水资源浪费和土壤侵蚀也将会影响美国的农业。由于全球气候变化对陆地气候产生的影响开始变得更加普遍，因此大面积的干旱，比如20世纪30年代摧毁大平原各州的那次干旱，可能会成为常见之事。干旱地区，如加州和美国的西南部，将需要开发庞大的水资源系统，包括建设更多的运河、地下管道和水库来储备和分配这种珍贵的资源，这么做不仅是为了农业生产，也是为了日益增长的人口数量。如果气候条件严重削弱了云层带来的降雨量和降雪量，那么关于水资源控制和管理的问题，美国各州之间的政治纷争可能会导致冲突发生。

在人类历史上，由前工业化时代气候变化引起的长时期干旱和大规模洪，水已经在全世界范围内造成食品生产的毁坏和水资源的减少。这也导致了社会和政治的动荡，带来了曾经强大一时的古埃及、古代中国、古印度及古代墨西哥玛雅文化文明的衰落。在21世纪，关于水资源和食物的国家与国际间的冲突可能会发生在发展中国家，尤其是沿着赤道的国家，因为它们将会是受到全球气候变化引发干旱的影响最为明显的国家。一项由斯坦福大学关于食物安全和环境的项目研究预测，由于全球变暖引发的长期干旱给非洲和南亚地区造成沙漠化，因此到了2030年，这些地区将会面临主要粮食的毁灭性缩减，如玉米、水稻和小米。[5]如果我们不能调整全球的农业系统来应对气候变化，那么地球上1/5的人口可能会饿死。

在美国的某些地区，气候的变化也可能会增加极端风暴的几率，比如飓风和厄尔尼诺强降雨等现象。如果不采取切实有效的措施来防止有价值土地的流失，这些事件将会造成农场土壤的侵蚀破坏。格陵兰岛和南极洲地面冰川融化引起的海平面的上升也会侵蚀沿海地区肥沃的土地，从而削弱了世界粮食产量。一米海水的上升会导致世界范围内数百万英亩的农田被淹没，特别是东南亚的一些低地尤其显得脆弱[6]，在这样的上升潮中，严重地损害了这些地区的农产品产量。世界海平面的上升也会使世界沿海地区的农民们面临另一个危机，当海水渗入淡水蓄水层，就会将盐类矿物带入地下水库从而造成污染。如果发生这种情况，盐渍水需要进行深加工才可以用于浇灌作物，这个过程需要消耗大量的能源，因此会增加更多的粮食生产成本。结冰的气候也会影响到粮食生产。如果墨西哥湾流停止流动了，一些气候专家担心，如果格陵兰正在融化的冰层往北大西洋的海水中注入足够多的冰川水，那么英国和欧洲大陆西北部的大部分地区将面临严重的暴风雪天气，甚至进入一个新的冰河时期。如果这种灾难性的冰冻时期到来了，延长的冬天甚至是长年的冰冻将彻底摧毁农民们的园艺工作。在这种情况下，这些居住在北方地区的农民将会了解到生产传统作物几乎是不可能的。

一些科学研究表明，在一些农业地区，在某些特定的情况下，地球大气层中二氧化碳量的增加可能会有助于粮食作物的生长。一些科学家认为，温室气体的浓度越高，就越会促进植物的生长——促进作用也许会高达30%。通过保护客户在每年向大气释放数百万吨的二氧化碳中所得到的利益，煤矿企业的游说者已经认可了空运肥料假说。然而，另一项研究的结论是，由于植物随着工业文明的温室气体排放量的增加而吸收更多的二氧化碳，结果它们从土壤中吸收的氮和矿物质的数量将会大大降低。如果这个结论被证明是正确的，则意味着粮食作物的产量可能会暂时增加，但是其营养价值将减少，因为蛋白质价值下降。由此导致的食品营养含量的下降会造成公共健康的下降。额外的二氧化碳也会使农田里杂草丛生，这样就需要喷洒更多很贵的除草剂。我们预计，地球上的气候变化会增加害虫的数量，如啮齿类动物和贪婪的昆虫，如果不加以妥善控制，粮食产量就会减少，人类的消费需求就得不到满足。如果日益变暖的气候延长了春季和夏季，那么昆虫可能会加倍延长它们的繁殖周期，因此农民被迫要增加杀虫剂的使用量。昆虫如某些甲虫在冬季冰冻的时候就被杀死了。全年这种变暖天气时间的延长意味着昆虫会有更多的时间繁殖和生长，对地球上的农作物和森林会造成更大的破坏。不断上升的气温也将增加空气中的湿度，导致植物的叶子和茎上长出更多的真菌。我们已经可以看到类似暴毙综合征的例子的发生，比如，如果不及时处理，一些南部和中西部州的大豆作物会完全消失。[7]

全球变暖同样会伤害到海洋区域上的粮食生产，这与伤害地球上的农场如出一辙。科学家已经发出警告，随着越来越多的二氧化碳被海洋所吸收，海水的酸化可能会导致大面积的水域变得不适合当前很多或者大多数海洋生物生存。因为二氧化碳转化成碳酸，这将会使很多海洋生物很难吸收到碳酸钙，而碳酸钙是海洋生物外壳和骨骼结构生长所需要的重要组成成分。海洋生物学家正在看到一种现象的发生，那就是全世界的珊瑚礁开始褪色。曾经充斥着鱼类和其他水下生物的珊瑚礁，现在却很贫瘠。有可能到2100年，海洋酸化会大幅度地减少海洋中浮游生物的数量，这对于人类来说甚至是更大的威胁。[8]这些微小生物体是作为海洋食物链的底端存在的，因此它们数量上的显著减少会造成一种级联效应并作用在复杂的较高端的生物上，如贝类和鱼类。如果发生这种情况，世界各地的商业捕鱼行业就会发现，需要用来帮助养活全世界人口的捕捞业会变得极度困难。由于周围海洋中鱼类和其他可食用生物资源的日益枯竭，为了生存，人类将变得更加依赖于生产陆地上的食物。

来自农场的可再生能源

尽管有着看似黯淡的粮食前景，但是我们确实有解决食品问题的方案，通过从以化石燃料为基础的生产方式转变为以清洁能源为基础的农业模式，我们将使美国的农业获得经济利润。与几乎完全依赖于烃燃料相反，清洁能源行动可以帮助创建一个全新的、可以基于国家可再生能源的绿色革命。一个开发清洁能源的国家通过改善当地经济，有潜力在美国农村社区创造出好的工作成绩。工作人员需要构建和维护当地的太阳能和风能等资源，同样也要建造和运行生产生物燃料的工厂。新增就业的收入可以用来设立基金，用于创办新学校和建造其他公共建筑，也为那些抓住了可再生能源机遇的城镇的公共服务事业买单。

越来越多的农业企业正在探索使用可再生能源技术来管理其业务操作。回顾风车遍布于美国农田的那些日子，如今我们国家的农民正在安装风力发电机用于抽水或者操作电灯。在涡轮技术允许的条件下，农民也可以将田边或者山坡上的土地、牧场出租给企业，而这些企业会安装连接到电网的风力发电机。农场每年可以从每个风力涡轮机上获得2 000～10 000美元的收入。这些能源的产生占有相对较小的比例，也不会对日常的农业生产产生显著的影响，牛和其他牲畜可以放养在塔的周围。一份由美国能源部发起的名为“美国风能”的倡议发现，如果美国获取5%的风能，那么到2020年，我们国家每年可以为农村社区增加相当于12亿美元的收入，并创造 80 000 个永久性工作。[9]

美国的农民已经开始利用可用的太阳能资源，通过重新设计，温室能够更有效地收集和保存太阳的热量，以便温室中的植物在寒冷的季节里也能够茁壮成长。温室的设计主要是在温室的屋顶安装 2～3 倍的窗格玻璃，以便所构造大楼有一半的墙在地面以下，从而提供更有效的绝缘性。安装在谷仓和农舍的太阳能板也可以帮助减少农场日常运营中化石燃料的使用量。相比较安装几英里的电力线路而言，在偏远的农村地区安装太阳能电池更为便宜，所以，在生产技术不断改善的前提下，由于这种太阳能技术的价格稳步下降，面板将作为一个极好的方式来激励更多的美国农场。太阳能电池最终也将会使偏远地区的抽水工作变得更加划算。如果农民和农场主手里有闲置的土地适合大型太阳能阵列，那么通过将这项财产租赁给分布在附近社区的公共事业公司或者其他生产太阳能电力的公司，他们会获得额外的经济收入。

农民帮助推动能源自由运动的另一种重要方式是，更有效地利用美国的水资源。农场使用大量的水来灌溉庄稼，而所有的水资源都需要能源来清洁和配置，许多美国农场正在升级它们的灌溉系统以减少水的使用量。例如，微灌或者地下滴灌系统目标是将水直接浇在植物的根部，而不是从地面上的洒水装置将水喷洒到空气中。通过将滴灌系统整合到园艺的实践中，农民们可以节省高达 25%的抽水成本，这样可以减少水分蒸发和流失所造成的损失。[10]有效的水处理技术也会为农民们节省买除草剂、杀虫剂和化肥的钱，因为随着标准灌溉方式中被冲走的除草剂等数量的减少，农民们将需要更少的这些东西。

由于汽油随着石油储量的减少而变得越来越昂贵，美国人将开始在他们的车辆上使用更多的生物燃料。对于我们国家的农民来说，这是另一个极好的农场生产的机遇，但是，我们必须理智地去贯彻执行。近年来，美国加强了以玉米为原料的乙醇的生产，来帮助补充以石油为基础的汽油。尽管对于美国生产玉米的农民来说，这种生物燃料在经济上是一个意外的收获，但是在生产和消费上，粮食作物并不像某些其他类型的植被那样是节能的。一项来自美国加利福尼亚大学伯克利分校的研究估计，生产 1 个单位的乙醇需要多达 6 个单位的燃料。[11]玉米用做生产乙醇也造成了这种作物作为食品的消费数量下降，有时，虽然对其他国家饥饿人口的玉米供应量在减少，但还是提高了消费价格。对于我们的汽车，还有比玉米燃料更好的选择。其中之一就是微不足道的大草原上的草，根据一项由明尼苏达大学科学家完成的耗费10年的实验研究，未来这种草有望成为一种生产乙醇的非常有吸引力的改变本地植被的原材料。研究员大卫·蒂尔曼(David Tilman)和杰森·希尔(Jason Hill)发现，“当地的草原植物(那些不会被用做食品或者其他东西的)……在贫瘠的土地上生长(并没有占用宝贵的农田)”。根据他们的说法，这种草原植物对生物能源的产出率很高。种植这些常年用做能源作物的草的另一个好处是，它们几乎不需要怎么灌溉、施肥、除草和杀虫。大规模地发展当地草场还有一个好处，那就是这种植物可以去除每英亩土地上约1.5吨的空气中的二氧化碳。[12]草的根部储存土壤中的碳，因此随着时间的推移，增加了贫瘠土地的肥力，以便今后这片土地可以被用来生产粮食。

作为生物质能源的潜在原材料，木材也应该包含在未来常年能源作物的发展规划中。农民们可以在偏远和荒凉的地区种植并砍伐快速生长的树木。相比较每年的行间作物如玉米和大豆，这些树木需要更少的保护，而且更便宜、更持续。在温暖、干燥的地区，像无花果、杨木和枫香这样的树会茁壮成长。在凉爽和潮湿的气候下，杨树和柳树会长得比较茂盛。在七八年之后，我们可以有选择地砍伐这些树木，旨在保护它们的根基，以便它们能够在一个短期循环周期里再长回来。然后可以把砍伐的木材烧了用来发电，或是卖了高效能的家庭取暖器。这些树木不仅能够帮助减少美国的碳排放和我们对化石燃料的依赖，而且它们也会为美国的景观增添大自然的美丽。在某些地区，土地由于多年的作物过度生产，已经失去了营养成分，同样，这些树木会帮助这些地区防止水土流失和提高土壤中的有机成分。

由于天然气供应量下降和价格上涨使得肥料对于农民们变得更加昂贵，美国必须开始考虑，如何让土地去适应不使用贵的化石燃料生产的这一情况。一个很有前景的方法是使用一种被称为“特拉普雷塔”(terra preta)的耕作法，它最初是由亚马逊雨林的居民发明的。这项技术是将不想要的植物慢慢焚烧以便使其大部分变成烧焦的灰，然后把这些黑土的残骸作为一种有机肥料混入土壤中。研究表明，这种土壤的作物产量是普通土壤的

3倍，它还帮助吸收碳，减少对土地的侵蚀和滥用，因此为农民们节省了成本。普雷塔土壤法的另一个好处是，灰烬燃烧所释放的热量可以用来发电。[13]

在帮助国家减轻对化石燃料的依赖并对抗全球气候变化的同时，美国的农民们增加其收入的其他机会比比皆是。最令人兴奋的一个就是，生产奶制品和牛肉的农场主将牛的粪便产生的甲烷气体转化成一种能源来源，实现了从粪肥到金钱的转变。与仅仅允许这种温室气体飘到大气中从而加重气候变化的问题相反，奶牛粪便中产生的甲烷气体是被收集起来并加以焚烧来发电的。加利福尼亚州的公用事业公司——太平洋煤气与电力公司——已经开发了一个程序，用来取走奶牛场产生的废物，再用它来发电，为超过150 000个家庭供电。[14]还有一个潜在的发展，这种动物粪便产生的甲烷可以收集起来用来运行农用车辆。哥伦比亚的密苏里大学的研究人员正在考察使用丢弃的玉米棒建立一个甲烷存储系统。[15]把去壳的玉米棒放在特殊的大容器中，当向其注入甲烷气体的时候，蜂窝结构的玉米棒的气孔会防止气体的分散。类似这种独创性将会使美国的农业更加自给自足，并且拥有更高的生产力和更多的利润。

另一种生物燃料的来源，可能是农场和农产品加工工厂产生的食物垃圾。一些公司正在致力于研究能源生产方法，使用精心挑选出来的几种厌氧细菌来吞噬和消化农场种植的植物中的碳水化合物。[16]微生物被放进容器中，在那里，它们分解碳水化合物并释放氢气，然后可以收集起来用做燃料电池或者直接燃烧用于发电厂发电。如果这项技术证明在商业上可行，它将会在很多方面帮助农民们和食品加工厂，从获得的能源中赚取额外的收入。它将削减处置废弃材料的成本，并且细菌经过消化碳水化合物后剩下的碳材料可以作为土壤改良剂重新投入土地，从而减少了对昂贵的合成肥料的需求。德国威斯特法伦州明斯特大学的科学家们在2006年建立的另一个生物燃料的突破系统，称为微型柴油，它使用转基因细菌将作物——包括植物大部分的原料——转化成生物柴油燃料。[17]研究人员改良大肠杆菌，使其可以更有效地消化植物原料，从而产生脂肪酸代替柴油燃料。

另外，生物燃料的发展可能允许农民有一天帮助美国人民，把由自然界最古老的生物之一生产出的燃料抽到他们的汽车里去。全世界的科学家正在使用最普遍的藻类做实验，试图从商业的角度来找出它们可能会被用来生产出一种类型的生物柴油燃料的方法。犹他州州立大学的生化学家正在从事一个生物燃料项目，这个项目从本质上说，是在大型的绿色海藻汤池中生产出能源产品。而这种汤池可以在世界各地设立多个站点。他们估计，一英亩这种黏糊糊的生物可以制造出多达10 000加仑的石油，这些石油又可以转化为汽车燃料。藻类养殖也能潜在地帮助减少燃煤电厂的温室气体的排放。来自麻省理工学院(MIT)的科学家们已经尝试建立一个使用藻类吸收这些电厂排放的二氧化碳的系统，在为这些电力公司获取额外收益的同时也清洁了大气。如果这个项目被证明在工业层面上是可行的，或许有一天我们会看到，藻类植物将在临近国家燃煤发电厂的大型池塘里生长，伴随着煤释放的二氧化碳以气泡的形式在水下促进藻类的有机增长。我们可以每天收割藻类，然后加工成一种富含能量的蔬菜油，这种蔬菜油可用于运行柴油车辆。MIT 的研究人员使用来自 2 000 万瓦特发电厂排出的废气在校园里建立了一个小型的试验系统，他们发现海藻清理了 40%的二氧化碳和 86%的一氧化二氮。研究人员们建议，更高水平的碳清理可能是来自转基因修改藻类的品种吸收更多的温室气体。[18]

把干净的可再生能源技术带进美国的农场，使我们的农业变得更加节能，这需要大规模的资金来支付启动资本的费用。为了使农村社区更易于获得这笔钱，我们需要鼓励发展州和地方“合作社”的管理系统，为农场和牧场邻近的居民分散风险和提高收益。随着越来越多的农村电力合作社集资用于风力发电农场和太阳能生产以及节能项目，我们正看到这个举措已经结出果实。现在，许多合作社正在从《联邦政府美国农村能源计划》(REAP)的基金中获得利益，这项计划来源于《2002 年农业法案》，旨在减少农业操作流程中对化石燃料的使用。(它最初给出了一个毫无吸引力的名字——“9006 条款”。)REAP 被证明非常成功，以至于在 2008 年的农业法案中，国会对每个项目增加了高达 2 500 万美元的资金用于拨款和担保贷款。自成立以来，这项计划已经帮助成立了超过 3 000 个农场能源项目，并通过减少化石燃料的使用给国家带来福利，同时也增加了农场和牧场区的收入。

我们现在看到的许多清洁能源生产理念和创新方法都是由美国人的思想形成的，它可能有助于增强我们国家在未来几十年里的农业发展。如果美国的农场和牧场能够在不久的将来利用研究发展的重大技术突破开发生物燃料、太阳能和风能，那么我们将会在减少对化石燃料的依赖并保护食品安全这条道路上走很长一段时间。我们可以从 20 世纪 30 年代的悲剧中学到很多，当时美国大平原中心地带变成了沙尘侵蚀区。如果气候学家预计的场景是准确的，那么未来几十年里，全球变暖造成的气候和季节性变化可能会使美国再次见证类似的灾难。美国农业如今所采取的措施将对抗即将到来的危机，同时给美国农民家庭和农村社区在能源自由的绿色农田方面提供赚钱的机遇，使他们获得经济回报。

注释：

[1]Katherine Ainger, "Gleanings: The New Peasants Revolt," Rodale Institute, www. newfarm. org/depts/gleanings/0503/peasantrevolt. shtml.

[2]Statistics on fossil fuel use in agriculture are from Worldwatch Institute, "State of the World 2004 Special Focus: The Consumer Society" (Washington, DC: Worldwatch Institute, Jan. 2004); Wisconsin Foodshed Research Project, "Food and Energy : Another Way to Count Calories," www. cias. wisc. edu/foodshed/pubsntools/meall. htm; Tom Starrs, "The SUV in the Pantry," *Solar Today*, July/Aug. 2005, www. solartoday. org/2005/july_aug05/chairscornerJA05. htm; Stan Cox, "Hunger for Natural Gas," *AlterNet*, Oct. 12, 2005. www. chlseagreen. com/2004/items/highnoon/AssociatedArticles; and Ford B. West, "The High Price of Natural Gas and Its Impact on the U. S. Fertilizer Industry," testimony to the U. S. Senate Appropriations Interior and Related Agencies Subcommittee, Oct. 25, 2005.

[3]Various statistics in this paragraph are from International Fertilizer Industry Association, "Greenhouse Gas Emissions, Sequestration, and Agriculture," http://www. fertilizer. org/ifa/Home-Page/LIBRARY/Publications. html/Global-Estimates-of -Gaseous-Emissions-of-NH3-NO-and-N2O-from-Agricultural-Land. html, citing data from the Organization for Economic Cooperation and Development; Laura Sayre, "New Finding: Organic Farming Combats Global Warming... Big Time," Rodale Institute, Oct. 10,

2003, www. newfarm. org/depts/NFfield_trials/1003/carbonsequest. shtml; and Associated Press, "World Fells Trees at 'Alarming' Rate, Expert Says," Feb. 3, 2008, citing the United Nations, "State of the World's Forests" report.

[4]Juliet Eilperin, "More Frequent Heat Waves Linked to Global Warming: U. S. and European Researchers Call Long Hot Spells Likely," *Washington Post*, Aug. 4, 2006; and Intergovernmental Panel on Climate Change(hereafter IPCC), "Climate Change 2007: Impacts, Adaptation, and Vulnerability," April 6, 2007, www. ipccinfo. com/midwest. php.

[5]David Lobell et al., "Prioritizing Climate Change Adaption Needs for Food Security in 2030," *Science*, Fed. 1, 2008, 607—10.

[6]IPCC, "Fourth Assessment Report," Fed. 20, 2007.

[7]Scientific research cited in this section comes from the Food and Agriculture Organization of the United Nations, "Dimensions of Need—Global Warming," www. fao. org/docrep/U8480E/U8480E0y. htm; Daniel R. Taub et al., "Effects of Elevated CO_2 on the Protein Concentration of Food Crops: An Analysis," *Global Change*, March 2008, 565—75; Lancaster Farming, "Research Shows Climate Change Could Bring More Weed Problems," April 4, 2008, citing research by the Weed Science Society of America, www. lancasterfarming. com/node/1179; United States House of Representatives, Select Committee on Energy Independence and Global Warming, "Health," www. globalwarming. house. gov/issues/globalwarming? id=0006; Larry J. Schweiger, "Global Warming: Is Time Running Out?" *National Wildlife Magazine*, Aug. /Sept. 2006, www. nwf, org; and Civil Society Institute, "Experts: U. S. Agriculture, Food Supply Face Major Dangers and Some Opportunities from Global Warming," press release, Sept. 29, 2003, www. resultsforamerica. org/media/press_030929. php.

[8]"Ocean Acidification Due to Increasing Atmospheric Carbon Dioxide," *Royal Society*, June 2005, www. royalsoc. ac. uk.

[9]Union of Concerned Scientists, "Fact Sheet: Farming the Wind: Wind Power and Agriculture," http://www, ucsusa. org/assets/documents/clean _ energy/agfs _ wind _ 2003, pdf; and U. S. Department of Energy, Office of Energy Efficiency and Renewable Energy, "With Powering America," May 2001, http://www. nrel. gov/docs/fy01osti/29895. pdf.

[10]Sustainable Agriculture Research and Education, "Smart Water Use on Your

Farm or Ranch,"www. sare. org/publications/water/water_10. htm.

[11]"Study: Ethanol Production Consumes Six Units of Energy to Produce Just One," *Science Daily*, April 1, 2005, www. energybulletin. net/5062. html.

[12]David Tilman and Jason Hill, "Biofuel Best for Ethanol Is Right at Home on the Range," *Washington Post*, March 24, 2007.

[13]Emma Marris, "Putting the Carbon Back: Black Is the New Green," *Nature*, Aug. 10, 2006.

[14]Janis Mara, "Dairies Convert Waste into Biogas for PG&E," *Oakland Tribune*, Nov. 6, 2007.

[15]National Science Foundation, "From Farm Waste to Fuel Tanks," press release, Feb. 16, 2007.

[16]Kazuhisa Miyamoto, ed., "Renewable Biological Systems for Alternative Sustainable Energy Production," FAO Agricultural Services Bulletin-128 (Rome: Food and Agricultural Organization of the United Nations, 1997), http://www. fao. org/docrep/w7241e/w7241e0g. htm.

[17]Rainer Kalscheuer et al., "Microdiesel: *Escherichia coil* Engineered for Fuel Production," *Microbiology*, June 26, 2006.

[18]"Energy Tech: Using Pond Scum to Fuel Our Future," *SpaceDaily. com*, Feb. 5, 2007; Mark Clayton, "Algae—Like a Breath Mint for Smokestacks," *Christian Science Monitor*, Jan. 11, 2006; and Sarah H. Wright, "Up on the Roof, Algae Appetites May Transform Waste into Energy," Massachusetts Institute of Technology news release, Aug. 9, 2004, http://web. mit. edu/newsoffice/2004/algae. html.

第十章

能源与公众健康

1943年7月26日中午，当一阵刺鼻的浓烟覆盖洛杉矶商业区，当地市民遭受了一次严重的热浪。热浪使得可见距离减少到了三步以内，也刺痛了波及范围之内的人们的眼睛。很快他们感觉到，呼吸突然变得非常困难。被难闻的气味影响的人们开始抽搐、恶心、呕吐。一开始，人们害怕他们正面临来自纳粹或日本敌军的毒气攻击。行政官员很快将矛头指向南加利福尼亚气体公司，这家公司有一个生产丁二烯的工厂安置在洛杉矶商业区，丁二烯是一种从石油中提炼出来用于制造合成橡胶的化学原料。可是，在这个工厂关闭之后，空气质量危机依旧持续。专家通过进一步调查得到，气体的来源是火车头和卡车柴油机的排气管，就像在后院焚烧垃圾产生的烟弥散到整个城市一样。由于旁边大山的封锁和悬浮在城市之上的大气逆温层，产生的烟聚集在洛杉矶这个区域里，就像被控制在一个盒子里一样。

1943年夏日的那一天记录了洛杉矶第一次面对极端烟雾环境的例子，而这个烟雾环境现在已经成为了这个城市的一部分。当环境污染问题持续并导致市民呼吸和其他健康问题时，行政官员和城市卫生部门设立了一个控烟管理局。在烟雾仍成为健康威胁的情况下，法律和焚烧法令获得了通过。1947年10月14日，洛杉矶监督管理委员会为了控制当地化石燃料的焚烧并减少对公众健康的损害，确定了美国的第一个空气污染控制区。[1]

就像洛杉矶的臭名昭著的烟雾困扰所表明的那样，由消耗化石燃料所引发的空气污染对人类十分有害。从小城市到大城镇，煤炭和石油污染的有害化学药品危及人们的基本生活，美国大众必须每天处理相关的环境污染问题。煤炭污染尤其会降低我们的总体健康质量。虽然《1970年空气净化条例》加快了对新的烧煤发电厂地区空气污染的控制，并要求它们将空气污染降低到出台环境控制之前水平的 10%，烧煤发电厂仍是“空气污染的最大贡献者”[2]，它们释放到空气中的废气也降低了周边许多城市人民的公共健康条件水平。根据环境保护基金会的调查，空气中的微粒影响着 1.16 亿美国人民的健康状况。[3]国家科学研究院在 2009 年 10 月发布的一篇研究显示，烧煤发电厂和车辆的石油类燃料燃烧所引发的空气污染，每年将令美国人花费 1 200 亿美元在医疗保障上。[4]由化石燃料所引起的空气污染甚至不一定需要在国界内伤害我们。在大气高空循环的风会将污染微粒从烧煤发电厂带到距离中国那么远的海洋，最终可能还是会污染美国自己的空气、土地和水。

根据美国肺科协会的《空气质量报告：2007 情况说明书》显示，大约 1/3 的美国人居住在那些臭氧处于不安全水平从而使得人们极容易患上严重健康疾病的地方。从煤厂大烟囱释放出的空气污染物造成美国每年有 3 000 人过早死亡。在马萨诸塞州剑桥的健康影响研究所为美国环境保护署所做的研究中表明，每年美国大城市有 60 000 人死于身体伤害，这些伤害是由于呼吸空气中的污染微粒所致，而这些污染微粒是由车辆中化石燃料燃烧或其他原因所产生的。不仅烧煤发电会导致高死亡率，用油车辆也一样。统计表明，居住在主干线或高速公路边的人比那些居住在较清洁空气中的人更容易死于中风和心脏病等心血管疾病。这是因为，燃烧煤炭和石油燃料所产生的极小的有毒的煤烟颗粒可以从肺部进入人体内。煤炭的热量同样会导致很严重的健康疾病。长年在恶劣的环境下工作并呼吸着煤尘的矿工，往往会得一种被称为“黑肺”的病。当硅石和碳粒子通过人们的呼吸进入矿工肺部极小的气囊内，这个器官的外表就会从健康的粉红色变成深黑色。这个疾病可以导致肺气肿、癌症或者严重的心脏疾病。[5]

化石燃料污染物也导致了美国哮喘病人的人数增多。燃烧石化柴油所释放出的硫磺颗粒会导致呼吸疾病，如哮喘、慢性病和严重的支气管炎。根据美国肺科协会统计，2 200 万美国国民正遭受着哮喘的痛苦，哮喘在美国是发展最快的慢性病。孩子的肺尤其容易患上由烟雾导致的哮喘，因为他们仍处于身体发育时期。城市地区由车辆产生的导致呼吸疾病的空气污染问题较严重，因此这些地区的青少年有更高的几率患上呼吸疾病。这个问题会影响到那些教育频繁被打断的美国孩子的未来，导致他们生病而无法上学。家长也要被迫请假并支付孩子的医疗费用，由此增加了家庭经济负担。呼吸疾病也开始在农村地区蔓延开来。加利福尼亚的圣华金山谷是美国的一个物产富饶的地区，几十年以前有着很好的空气质量。但是随着山谷中的人口急剧增多，增加的交通工具导致这个地区开始经历严重的烟雾问题。圣华金山谷现在可能是孩子哮喘病发病率最高的地区。根据美国肺科协会资料，这个地区每 6 个孩子中就有 1 个遭受着哮喘发作的呼吸挑战，导致每年超过800 000天的请假天数以及这个学区范围内 2 600 万美元的年收入损失。[6]更糟糕的情况是，气候变化带来的更炎热的天气导致花粉数量和霉菌孢子增加，从而加剧了由哮喘病引起的呼吸困难。

全球变暖的气候变化在其他方面也增加了空气污染的不利后果。这也增加了那些得了肺部疾病的病人的痛苦。烟雾是非甲烷碳氢化合物和氮氧化物在光能和大气热量中发生化学反应而产生的，可以产生地表臭氧层，这是一种可引起肺损伤的有毒气体。当我们的地球开始经历越来越多炎热的日子，在人口稠密的地区，我们也将经历烟雾数量上的全面增加，这将导致更多的人患有肺部疾病。更加炎热的天气、空气中额外的二氧化碳、更多的豚草和花粉丰富的植物释放它们的花粉，都将增加过敏的痛苦。[7]大约4 000万美国人患了花粉热，为了处理这个问题导致了 380 万天的工作日和学习日的缺失。[8]零能源举措推动清洁燃料的使用，将会帮助我们通过降低这个情况的不利影响而提高我们的生产率。

气候变化

我们的健康与星球的环境稳定有着直接联系，这也是为什么全球变暖会成为一种严重的公共安全威胁的原因，全球变暖可能会导致成千上万的生命丢失以及数百万人患病。世界卫生组织 2005 年的一份报告估计，每年由气候变化所导致的死亡人数为 15 万人，生病的人数为 500 万人。到2030 年，这些数字有可能会增加一倍，因为根据研究报告显示，与全球变暖相关的疾病（如腹泻、营养不良和疟疾）会变得严重。[9]

为保证生活质量而需付出成本是一个悲剧。但是这里还有一个额外的经济成本。由气候变化所造成的健康问题需要上亿美元去治疗和抚慰这些病人。制造业也会由于更多的工人生病不能在工厂和办公室工作而遭受生产力损失。这里有个例子,一个2009年发表在《美国热带医学与卫生》杂志上的研究表明,由蚊子传播的登革热使得八个分布在南美洲和亚洲的国家每年在医疗保健上的花费和由生产力下降所产生的损失共计18亿美元。[10]

在我们的自然环境改变之后,全球变暖可以通过许多方式危及人们的生命安全和健康。格陵岛有着接近全世界10%的冷冻水,如果这个北极岛屿的冰完全融化,将会导致全世界海水上涨23英尺左右。其影响将是灾难性的,因为这个星球上有多达37%的人生活在60英里(约100公里)的海岸线边。[11]人口密集的地区,包括像佛罗里达半岛这样的低洼地区、埃及尼罗河三角洲地区、印拉马普特拉河三角洲地区,将会由于洪水淹没数十万亩的海岸而面临巨大的社会动荡。在接下来的几十年时间里,成千上万的人可能放弃他们的家园而移至位于高地的避难营。这些环境流亡者会被迫集中生活在新的地方,这也为危险病原体的传播提供了绝佳的环境。如果现代医学和恰当的卫生设备无法阻止疾病的传播,传染病的感染率将会增加。历史表明这些危险是存在的。90多年前,在1918年和1919年蔓延全球的特别残酷的传染病中,有4 000万～5 000万人在6个月内死于流行性感冒,其中有50万人是美国人。[12]

全球气候模式的变化可能会带来暴风、飓风、台风、龙卷风的强度增大,将会导致数以千计的人们受伤或者死亡。这些极端天气事件将会通过侵蚀富饶的土地、摧毁这个区域的建筑设施而危及数百万人的生命。大雨无情地重击各个区域,由大风暴产生的洪水尤其会危及公众安全和健康。举个例子,1999年12月,委内瑞拉首都加拉加斯的一个"棚户区"被雨水浸透并引起大量泥石流覆盖了这个拥挤的社区,生活在这里的3万人因此而死去。2005年当卡特里娜飓风引起的暴风雨肆虐路易斯安那州和密西西比州时,超过1 800人由于被洪水淹没或是因飞行碎屑、结构倒塌或压力使身体受创而死亡。[13]在未来几十年里,气候变化有可能改变地球的气候模式,像卡特里娜这种致命的强飓风或是更糟糕的情况将会更频繁地发生。

警报已拉响,警告未来在管理美国公众健康的过程中将会有怎样极端的温度等待着我们，我们必须明智地留意这个明确的警告。世界已经见证了这一事物的真实性，一些已报告的发生率可以证明：1995年7月，在异常炎热天气袭击了芝加哥几天之后，超过700多名居民死亡；2003年8月，热浪烘烤着欧洲大陆，有21 000～35 000人因此而死亡；2006年7月，灼热的热浪袭击了美国北方的许多地区，导致约225人死亡。[14]由于天气炎热，人们开始使用空调，因此用电量就增加了。当数百万人加大功率冷却他们的家庭和企业环境时，如果美国不稳定的电网没有升级，或者如果我们不能产生足够的电能以满足日益增长的需求，炎热的天气今后可能触发局部暂时限制用电甚至全面断电的情况发生。如果那些低忍耐度的人无法忍受极端的温度，供电的失败可能会导致更多潜在的死亡和疾病。

热量的增加也意味着更多地表臭氧的产生，正如前面所讨论的一样，臭氧是一种会破坏肺组织并增加肺充血几率的污染物。在美国西部地区，夏季酷热天数的增加将使人们承受可能会出现的热中风、心脏病等疾病，以及伴随臭氧增加带来的水银猛增而产生的与空气有关的问题等方面的压力。炎热的天气会导致火灾频发，若火焰蔓延到房屋和社区，也将会危害公众安全。由火灾地区产生的烟会飘移到人口密集的地方，并使得数以千计的人产生严重的呼吸道疾病。如果气候变化带来极端严寒的冬季，当北极冷风降临在北纬地区，美国的医疗专业人员将会看到越来越多的遭受低温的受害者。石油峰值迫使我们燃烧化石燃料，温暖我们在暴风雪和严重寒流中的房屋和企业，这也会使人类健康遭受更严重的威胁。

气候变化也有其他致命的后果。更猛烈的风暴带来的洪水以及世界冰雪融化导致海平面上升，都会污染我们的水供给，那些没有财政手段来保护水资源的贫困地区情况尤其严重。其他地区长时间的干旱减少了那些无法从其他地方引入水资源的区域的水供应。其结果是，数以百万计的人将会遭受更多的苦难，他们可能会得很严重的病，也有可能死于被污染的水或死于缺乏这种对生命如此重要的液体。海洋变暖会随时间微妙改变海洋生态系统，因此我们将会看到在海洋、湖泊、池塘表面藻类的增加，从而成为引起霍乱的霍乱弧菌的苗圃。温暖的海水也会导致更多贝类中毒事件的发生，从而减少对世界各地人口的粮食供应，或者使那些吃了有毒海鲜的人得病。[15]

在美国和世界各地，气候改变所引起的地球上的生态变化可能会促进传染性细菌以及由一些昆虫和害虫传染的病毒的传播，从而危及公众健康。这些细菌载体在温暖的气候环境中更容易生存和繁殖。美洲、非洲和亚洲的许多城市建立在高海拔地区，这在过去使得它们免于遭受某些疾病，因为凉爽的气候阻碍病菌载体在这些地方生存下来。未来，当全球天气转暖使得原来那些较冷的地区也开始变暖，许多高海拔地区也开始面临携带有害微生物的昆虫和啮齿目动物增加所带来的问题。蚊子、跳蚤、舌蝇、壁虱、老鼠可能给人们的居住地带来瘟疫。我们现在开始看到在那些以前寒冷天气曾阻止病菌侵入的地区，这些病菌携带者开始在这些地方安家，当然包括美国的这些区域。当它们进入这些地区，使得数百万人患病，如西尼罗河病毒、疟疾、霍乱和莱姆病。国际气候变化专门委员会 2007 年的研究预测，由蚊子带来的全球疟疾肆虐风险尤其会严重化，在下一个百年，受害者将从 2.2 亿增加到 4 亿。疟疾是一个一直困扰着非洲的公共健康问题。国际气候变化专门委员会表示，疟疾不只影响着非洲，亚洲及澳大利亚也遭受该疾病的影响。[16]

正如我们在第九章叙述的，当气候变化带来严重的干旱、暴风雪进而影响粮食生产时，我们的粮食产量会下降。干旱胁迫植物，从而触发蚜虫和粉虱，这会减少粮食产量，也会使得植被由于缺水而萎蔫。缺乏食物而导致的营养不良可能会阻碍许多孩子的成长以及精神活跃度。营养不足也降低了身体对疾病的抵抗力，使得人们更容易得传染病。石油峰值，以及石油和天然气供应的逐渐减少，加剧了气候变化所带来的挑战，导致我们无法生产充足的食物来维持公众健康。如果我们不能找到一个维持农业产量的办法，包括许多美国人在内的数以百万计的人们会面临营养不良和饥荒。

贫穷的国家尤其会遭受损害，因为它们没有经济能力来处理由食物短缺而带来的大规模饥荒和健康问题。这些问题和政治、社会紧张加在一起，人们会由于担心生存问题而导致暴力。如果持续的干旱导致对食物和水的竞争的频发，达尔富尔危机可以让我们看到将来等待我们的是什么。当二氧化碳水平不断增加导致海水酸化，世界海洋地区的粮食产量也会受到气候变化的影响。鱼类食品为人类提供了高达 20% 的动物蛋白，并且海洋渔业提供了大部分的供应量。当浮游生物减少导致鱼类种群减少时，如果那些过度依赖海产蛋白的种族找不到获取营养的其他来源，他们将会挨饿。[17]

美国必须面对气候变化导致健康问题的威胁，如果环境变得更加恶劣，健康问题将会变得更加严重。这些危险带给美国政府开始解决问题的强大动力，这些问题是关于，我们该如何管理国家健康体系，使得那些受气候变化影响而生病的人得到治疗。

化石燃料和药物

当人们发现他们的生命所依赖的现代医疗用品和设备是以化石燃料为动力而提供的，由气候变化带来的健康问题将再次引起关注。未来几十年内将出现的新问题是，在第二次世界大战后 20 年的时间里出生的美国人，在他们变老以及面临更多的健康问题时，将会需要更多的医疗救助。坐落于匹兹堡大学公共卫生研究院的公众健康中心的前副主任丹·贝那兹博士说："婴儿潮一代的人数是前代人的两倍，他们开始退休并且会像现在这样，每年消费两倍多的医疗资源。"[18]他已经频繁地发表论文并演说医疗和全球石油供应的关系，强烈主张美国医学界对与石油峰值相关联的公共健康风险采取措施。不幸的是，他的警告还没有引起人们的注意，石油峰值后所带来的医疗保健用品数量的减少将危害人们的生命。

石油峰值可能是一个转折点，因为我们的公共健康医疗保健行业十分依赖石油。化石燃料已经使得许多人在过去的一个世纪享受了非常棒的健康状态。世界 70 亿人口中的大部分都会活得更长。预期寿命在世界范围内增加了一倍，这在很大程度上受益于营养和卫生状况的改善，而正是石油、天然气和煤炭中的能量使得这种改变成为可能。石油化学物质还可以帮助药物公司制造各种各样的药物，包括抗生素、止痛药、镇静剂和抗组胺药。石油过去常常用于生产如阿司匹林等止痛药，以及如酒精和环氧乙烷等消毒产品。石油也用于制造各种医用塑料部件，包括心脏瓣膜、助听器和人工假体，如胳膊和腿。放射性染料和 X 光片的生产也需要石油。每日医用的用于维持患者生命和舒适度的一次性塑料产品，如注射器、血袋、静脉管、导管、绷带、氧气面罩以及其他必需品的生产也需要化石燃料。当石油成本上涨时，这些产品的价格也将上升，从而增加了医疗费用的负担。[19]

我们震惊世界的高科技医疗设备的制造工艺过程也需要化石燃料。随着医疗实施更加依赖于这些机器，它也变得更加依赖那些使它们运行的能源。心脏除颤器、扫描机、X射线机、心脏测量仪、呼吸器和其他设备都需要电力来使它们运行。大型现代化医院依赖化石燃料来运行冰箱，用于储存器官、血液和对温度敏感的药物。操作系统和空调系统可以用于帮助医疗中心控制使病人和雇员舒适、安全的室内温度，而操作系统和空调系统的运行也需要能量的消耗。电力提供手术室的光照，使急诊室监测设备得以运行，为医学计算机和通信系统提供能量。为防止停电，政府规定医院储备一定量的天然气或者柴油燃料，用于运行发电机得以供电。汽油和柴油也用于医疗行业的运输。这些燃料用于运行救命的紧急车辆，比如消防车、救护车、直升机。飞机将药品、血液和捐献的器官运送到遭受地震或飓风等自然灾害的地区。在一个不太明显的水平，燃料也用于运输护士到病人身旁、运输卫生检查员到餐厅、运输虫害控制人员到工作地点。

现代医学对化石燃料的依赖是一把“双刃剑”。我们现在可以享受远远高于人类历史上任何时间点上的健康水平。但是当我们处理更大的气候变化问题和关于石油燃料依赖的石油峰值问题时，我们也会发现，我们已经创建了一个医疗保健系统，在能源挑战变得更复杂时，这个系统并不容易维持。我们的医疗保健系统已经不堪重负，并且石油峰值只会加剧满足健康保健质量的需求问题。医学界将需要适应保护供应和管理能源节俭使用的当前情形。在其他方式上，石油峰值直接威胁着公众健康。随着世界应对越来越缺乏的石油问题，许多国家可能会选择消耗更多的煤炭能源，这就加剧了空气污染和气候变化所带来的健康问题。因为气候变化和化石燃料的减少，水和食物等基础资源的缺乏也会导致城镇中绝望的人们爆发暴力冲突。如果执法人员由于石油峰值降低其工作效率而不能处理这一危机，许多人将在骚乱和犯罪行为中受伤。警察、医护人员以及急诊室的工作人员将面对在这些社会事件中受伤或受累而带来的健康问题。

超过100年的历史中，美国每年花费数十亿美元来防止威胁美国的侵略行为。打击恐怖主义、现代化我们的军队力量并再投资于我们的经济，已经获得公众的注意力和资源。我们还应该记住，全球变暖和石油峰值同样构成对我们身体健康的重大威胁。这些威胁必须给予同危及公民生命同样高的重视。我们从1943年洛杉矶的烟雾"攻击"中可以知道，空气污染是如何产生对我们健康的不利影响的。水污染和土地污染也一样。医学表明，化石燃料的毒性作用可以危害我们的健康，并降低许多美国公民的生活质量。成为一个清洁能源的国家，将帮助我们实现保护公众健康这一目标。

注释：

[1]Details of Los Angeles from South Coast Air Quality Management District website,"The Southland's War on Smog: Fifty Years of Progress Toward Clean Air,"May 1997, www. aqmd. gov/newsl/Archives/History. marchcov. html.

[2]Clean Air Task Force website,"Children at Risk: How Air Pollution from Power Plants Threatens the Health of America's Children,"May 2002, www. catf. us/publications/reports/Children_at_Risk. pdf.

[3]Environmental Defense Fund,"Coal-Fired Power Plants Are Big Contributors to Sooty Particle Pollution in Eastern States,"April 24, 2007, www. edf. org/article. cfm? ContentID=3842.

[4]National Academy of Sciences,"Reporter Examines Hidden Health and Environmental Costs of Energy Production and Consumption in U. S. ,"press release, Oct. 19, 2009, http://www8. nationalacademies. org/onpinews/newsitem. aspx? RecordID = 12794.

[5]Statistics cited are from the Clean Air Task Force,"Cradle to Grave: The Environmental Impacts from Coal,"June 2001, http://www. catf. us/publications/reports/Cradle_to_Grave. pdf; American Heart Association,"Air Pollution, Heart Disease, and Stroke,"www. americanheartorg/presenter. jhtml? identifier = 4419; Environmental Defense Fund,"All Choked Up: Heavy Traffic, Dirty Air, and the Risk to New York," March 2007; Alice McKeown,"Burning Coal: Our Nation's Power Plants,"June 2007, *Sierra Club Magazine*, p. 9; and OMB Watch,"Coal Miners Experience Unusual Occurrences of Black Lung Disease,"www. ombwatch. org.

[6]Ecomall,"Study Says Coal Plant Pollution Kills 30 000 a Year,"www. ecomall. com/greenshopping/cleanair. htm; and Union of Concerned Scientists,"Fact Sheet: Healthy Children, Healthy Communities, and Healthy Economy in ten San Joaquin Val-

ley Act of 2005(SB 999),"www. ucsusa. org/assets/documents/clean_vehicles/SB_999_Fact_Sheet. pdf.

[7]Natural Resources Defense Council,"Sneezing and Wheezing: How Global Warming Could Increase Ragweed Allergies, Air Pollution, and Asthma,"Oct. 2007, www. nrdc. org.

[8]Center for Health and the Global Environment,"Experts: Childhood Asthma 'Epidemic' Among Inner-City Youths Seen in Absence of Steps to Curb Global Warming, Fossil Fuel Use,"press release, April 29, 2004.

[9]Jonathan A. Patz,"Impact of Regional Climate Change on Human Health,"*Nature*, Nov. 17, 2005, 310—17.

[10]Jose A. Suaya, et al. ,"Cost of Dengue Cases in Eight Countries in the Americas and Asia: A Prospective Study,"*American Journal of Tropical Medicine and Hygiene*, May 2009.

[11]Jonathan M. Gregory. "Threatened Loss of the Greenland Ice-Sheet,"*Nature*, April 2004, 616; and Dr. Richard Podolsky, "Bright Lights, Big Ocean," International Dark-Sky Association information sheet ＃ 193, June 2003, www. darksky. org.

[12]Central Ohio Public Information Network for Pandemic Flu,"History—Pandemic Influenza in the United States,"www. columbuspandemicflue. com/history, html.

[13]Climate Institute,"Human Health—Impacts of Natural Disasters,"www. climate. org/topics/health. html; and "Katrina-Ravaged Gulf Coast Struggling 2 Years Later,"*CNN. com*, Aug. 29, 2007, www. cnn. com/2007/US/08/29/katrina. day/index. html.

[14]Climate Institute,"Human Health"; and Natural Resources Defense Council, "Consequences of Global Warming: Unless We Act Now, Our Children Will Inherit a Hotter World, Dirtier Air and Water, More Sever Floods and Droughts, and More Wildfires,"www. nrdc. org/globalWarming/fcons. asp.

[15]John Everett, Fishery Resources Division, Ocean Atlas,"Human Health, Harmful Algal Blooms, and Pollution,"www. oceansatlas. org/world fisheries_and_aquaculture/html.

[16]U. S. Environmental Protection Agency,"Climate Change—Health and Environmental Effects,"www. epa. gov/climatechange/effects/health. html.

[17]Everett,"Human Health, Harmful Algal Blooms, and Pollution"; and Scott

Doney, "Effects of Climate Change and Ocean Acidification on Living Marine Resources," written testimony presented to the U. S. Senate Committee on Commerce, Science and Transportation's Subcommittee on Oceans, Atmosphere, Fisheries, and Coast Guard, May 10, 2007, http://www. whoi. edu/page. do?pid=8915&tid=282&cid=27206.

[18]Dan Bednarz, "Peak Oil and Healthcare," The Healthcare Bolg, Dec. 31, 2006, www. thehealthcareblog. com/the_health_care_blog/2006/12/policy_peak_oil. html.

[19]Howard Frumkin et al., "Peak Petroleum and Public Health," *Journal of the American Medical Association*, Oct. 9, 2007.

第十一章

能源与教育

在冷战的早期阶段,美国在一场重要的角逐中输给了其最强劲的对手。1957 年 10 月 4 日,苏联成功发射了一颗绕地球椭圆轨道运行的人造卫星。当其到达 538 英里(939 公里)的高度时,通过无线信号蜂鸣声来显示其位置。世界第一颗人造卫星改变了人类历史的进程。当美国人得知苏联成功发射了一颗人造卫星,很多人感到惊恐,他们担心苏联拥有发射卫星到高空轨道的火箭动力和技术,拥有轰炸美国城市的核弹头。曾被苏联政府打败,现在又让其在太空领域捷足先登,这让美国这个伟大的民族感到十分羞辱。

然而,如果我们回顾过去半个世纪,那么在太空领域让苏联抢先一步的耻辱被证明是值得美国人庆幸的事。它让我们接受这样一个残酷的事实:要想在与别国的竞争中脱颖而出,我们必须从根本上改进我们的教育系统。人造卫星提醒我们这样一个事实:我们必须让美国学生在所有学术领域都变得更强,尤其是在科学和数学方面,因为它们是科技创新的基础学科。在人造卫星发射一年后,国会通过了《国防教育法案》,为国家公立和私立学校投入了 10 亿美元(以今天的美元换算则超过了 70 亿美元)资金。该法案通过提高美国人的智力水平而减轻了对国家声望的打击。它不仅让我们在航天科学方面领先于苏联,尤其以 10 年之后的载人飞船成功登月为高潮,还让我们几乎在技术和工程的各个方面都领先于苏联。

现在,美国正从事一项比征服太空更伟大的事业。这一雄心勃勃的事业比征战星球更需要脑力。满足未来能源需求的挑战及处理与气候变化有关的环境和社会问题,需要我们在接下来的几十年里找到革命性的新能源创新。为实现这些技术进步,我们需要确保我们的人民在生物技术、农业科学、清洁技术、创新碳回收系统、绿色建筑、绿色产品设计、政府能源政策及许多与更佳能源利用形式相关的其他重要科学领域受到好的教育。教育是美国给予其人民的最好礼物。它确保了未来美国的经济成功，尤其是通过清洁能源研发而取得的经济成功。

如果历史可以作为一个指示器的话，未来许多能源创新和工程学成就将来自美国的年轻人。他们有创新的勇气并且思想超前。可以发现最近几十年里，美国很多高科技领域的伟大成就都来自美国创新青年企业家，比如创立微软公司的比尔·盖茨、保罗·艾伦，苹果公司的史蒂夫·乔布斯、斯蒂夫·沃兹尼亚克，以及谷歌公司的谢尔盖·布林、拉里·佩奇，他们都是在20多岁的年纪就拥有了变革我们现代世界的创新想法。然而，如果不是受到了良好的教育，这些创新者也无法取得他们现在的成就。他们的课堂经验授予了他们知识、想象力及在前人创新技术基础上改进的知识学科。在未来的几十年里，教育将在为美国年轻一代传授获取能源独立的技能中发挥日益重要的作用。

遗憾的是，当前的美国学校总体上还不足以使广大的学生拥有实现能源独立这一重要事业所需的高智商。如果这个问题不能得到很好的解决，美国现行教育系统的现状将成为阻碍美国实现可持续能源社会的最大绊脚石。美国在为国家年轻一代提供其未来生存和发展所需的高质量教育方面落后于其他很多国家，这早已不是一个秘密。很多美国人意识到，我们的学校系统有缺陷，如果继续保持其当前的状态，将随着时间推移而对我们的全球经济和军事竞争力造成威胁。当前我们为下一代所提供教育的不足，将阻碍我们国家获得能源独立所需的开创性的技术想法。如果没有智力支持，我们作为一个国家，在创造可持续能源的未来道路上将走不了多远。

为了确保我们拥有能促进交通运输、农业、国防、制造业、通信业、高科技信息处理、建筑业及其他基础领域的能源效率提高的科学家、研究人员和工程师，改进美国教育是关键所在。高质量的学校可以为我们提供在生物技术、纳米技术、机器人科学和其他先进工具方面创新所需的知识型人才，这些都有助于加快美国可持续能源行业的发展。我们还需要改进美国教育系统的现状，以创建一个绿领的劳动团体，他们有着建设和服务美国可持续能源产业和基础设施的技能。如果我们不能为美国学生提供建设能源独立的未来所需的好的教育，那么在21世纪的某个时点，我们将悲哀地面对这样一个事实：美国将无法从与那些更重视向民众提供优质教育的国家的竞争中胜出。

数学与科学

科学家、数学家和工程师们呼吁为美国学生提供更好的学术指导，以应对未来几十年里的能源问题。美国国家科学院（NAS）2006年的报告《激流勇进：激励与雇佣美国人为更光明的未来奋斗》揭示了，如果我们没能逆转当前青少年教育质量逐渐下降的趋势，那么我们的美国式生活将面临严重的威胁。这份报告指出，如果我们竞争不过拥有更好教育系统的国家，尤其是那些为其国民提供科学和数学方面（这两个学科是先进能源技术创新的基础学科）扎实基础教育的国家，那么我们将面临着全球竞争优势持续减弱的威胁。NAS的报告还指出，信息技术革命前的经济调查就已显示，美国人均可计收入中有85%来自技术变革。[1]如果我们持续美国现行的教育趋势，不能大幅度地提高我们的教育标准，那么美国很多公司，包括那些实现能源独立的关键行业公司，将没法雇佣到足够的数学及科学和工程各个分支的人才。

由于高质量教育可以带来技术进步，而先进的技术可以带来清洁能源独立运动的新进展，因而美国教育的不足将危及我们的未来。在与其他国家学生的学术表现进行比较后，我们已经开始看到美国学校的衰落影响了学生的学术表现的警示。国际学生评估项目（PISA）调查结果给我们敲响了一个警钟：与国际水平相比，我们学生的表现如此不足。这项调查每隔3年进行一次，由政府间机构经济合作与发展组织（OECD）进行，旨在改善其成员国的教育系统。PISA调查通过测验所有参与国家的15岁学生，以衡量其在数学和科学方面的能力差别。2006年，这个3年一次的调查着重强调了科学。根据调查，美国学生在科学知识方面的得分比29个OECD成员国中16个国家的学生要低。2003年的PISA调查着重强调了数学技能，其显示美国学生的数学表现在29个OECD成员国中排在了第24位。2009年的PISA调查，在参与项目的65个国家中，美国学生的科学表现排在了 23 位，而数学表现排在了 31 位。[2]

美国那些对在发展能源独立技术中十分关键的数学、化学、物理、工程和生物学科事业感兴趣的人，几乎都是从其早期学习期间培养起来的。而且通常是学生时代时，有优秀的老师向其传授在这些领域所需的真正激情。美国教育系统的一个突出问题是社会对学校的认知问题。我们当中很多年轻人不愿意付出努力以在工程科学上脱颖而出。我们必须改变社会环境，使得人人都能尊重为学术成就而努力的教育者和学生。美国很多学校都有这样的问题，即它们无法提供激励学生从幼儿园到 12 年级都能在数学和科学领域表现优异的环境。州教育预算的财政紧缩加剧了社会和学校环境问题，使很多学校很难吸引和留住优秀的数学和科学老师。很多获得数学和科学学位的潜在教育者都选择了薪酬更高的企业去做工程师而不是从事教育。

为了解决美国学校衰落的问题，布什总统于 2002 年 8 月 1 日签署了《不让任何孩子落后法案》(NCLB)。这项联邦立法旨在让美国公立学校回到为美国学生提供更高教育质量的轨道，并设计了一个标准测试来测定表现差的学校。如果它们教学失败，很多学校将面临着联邦资金补贴减少的威胁。NCLB 法案的结果充其量是喜忧参半。该法案要求学校和老师为学生的学术表现承担更多的责任并提高教育质量。但有个问题就是，很多老师和管理者不得不采用"应试教学"以应对这项国家性教育法案，他们开设的课程以保证学生通过测验其英语和数学技能的指定考试为目的。因此该法案导致美国很多学校减少了科学教育的时间，而将更多的教学时间放在核心英语技能和基础数学的教学上，以通过 NCLB 要求的水平考试。[3] 由于各个州分别设置自己的标准，所以没有一个测试美国学生的统一方法。因此，这里存在一个潜在危险，就是一些州可能会降低其教育质量标准以使其学校显得教育质量高。NCLB 所带来的另一个问题是，不是所有的学校都是平等的。很多州都有一些区域，其社会经济条件差别很大，还有英语技能的差别，因为很多孩子并不是将英语作为其第一语言的。这些差别对学习表现有很大的影响，通常使一些学校，尤其是那些贫困区域的学校，很难提供能通过水平考试的教育质量。贫困的城区学校想要达到标准将有更大问题，因为它们很难雇佣到优秀的老师，很难为学龄孩子提供好的教学资源和好的学习环境。

创建更好的学校

美国人必须清楚地认识到，我们教育系统的现行状况对我们实现能源独立和长期繁荣承诺的阻碍作用。将美国学校从“辍学工厂”向世界一级学校转变，需要对教育资源进行更好的管理：以确保美国日益增加的教育者拥有最好的教学工具和与时俱进的知识来指导学生。解决美国教育问题需要投入大量的资源，包括金钱。但如果认为这只是钱的问题，就大错特错了。简单地将美元投入我们的教育系统并期待更好的教育质量是没有用的。NAS 报告提供几种解决方案以应对改善美国学校的挑战，使其学生在竞争日益激烈的环境中做更好的准备。其中一项建议是，创建一个项目以提高幼儿园至 12 年级老师传授数学和科学知识的技能。

由于在未来 10 年，美国将面临教学劳动力的退休潮，NAS 建议每年新招 10 000 位科学和数学老师以弥补日益增长的教师空缺。[4]我们正向此方向努力。2007 年 8 月，布什总统签署了国会通过的一项法案，以加强美国的科学教育和增加技术创新方面的科研。《美国竞争法案》(America COMPETES)建立了专门项目，以为小学和中学老师提供他们改善学生数学和科学技能所需的工具。该法案还包括一个计划，即在未来的 8 年时间里鼓励 30 000 多名科学和数学专家去美国学校从事教学活动。

美国改善其教学系统的机会无处不在，并且如果这么做了，美国就打开了能源独立社会的大门。其中一个机会就是，在孩子早期，最好是在学龄前就开始传授学习技能，以提高他们的信息处理能力以及开发他们批判思维的技能。当然，不同的孩子有着不同的学习能力。如果学生在学习上太落后，尤其是在像数学和科学这样需要扎实基础的复杂学科上落后太多，他们就会变得沮丧，最有可能的是再也追赶不上，除非情况很快得到改变。

美国发起了各种项目，使志愿者进入学校为学生提供额外的帮助。其中一个最著名的项目叫做“退休人员通过实验和示范加强科学教育”(RE-SEED)，该项目始于 1991 年，以协助中学的数学和科学老师。RE-SEED通过每周至少一次将退休的工程师和科学家引进科学和数学课堂，给那些有困难掌握学术信息的学生一些指导。志愿者们经常引进科学实验，以演示物理、化学或生物学原理。他们彼此分享对其专业领域的热情，而且由于有职业经验，他们可以为学生提供真实世界的知识。作为导师，志愿者们采用"一对一"的方式指导学生，可以鼓舞学生将来从事科学或工程方面的工作。另一个成功的项目叫做"国家能源发展教育"(NEED)，特别把焦点放在帮助幼儿园至 12 年级的老师开设能源教育项目上。通过与美国能源信息管理局合作，NEED 为老师们提供课程和材料，以帮助学生学习能源问题背后的复杂科学。为加强和现实世界的联系，该项目加强了老师和企业、社区组织的联系，将专家引进课堂开展实践活动，为学生演示能源科学。

培训与绿领工作

在追求能源自由的过程中，如果美国人能接受更好的教育，那将有助于促进美国的经济，因为在此过程中，绿领工作将快速扩张。目前，世界清洁技术行业开始繁荣，由此将在世界各地产生数百万个新工作。如果美国要成功地实现可持续的能源基础建设，就需要组织起一个庞大的拥有清洁能源技术的劳动力群体。美国需要这些工作人员制造出一些比现在更为高效的节能建筑和节能车辆。工程师必须知道如何使用先进技术和工具来制造收集太阳能、风能、水能和地热能的坚固设施，并能够把能量分配到每家每户。未来，全国的工厂都会需要训练有素的绿领工人来制造大量的产品，以满足扩大了的可再生能源市场需求。还必须有一群训练有素的建筑工人来安装这些产品，技术人员必须有足够专业的知识来服务这些复杂的可再生能源设备。

美国才刚刚开始逐步培养绿领工人，给他们一些必要的培训。越来越多的美国人在上大学、社区学院和职业学校，无论他们是刚从中学毕业还是已工作多年，目的就是为了获取在绿色能源领域工作所需的专业知识。有如此多的人从事该行业，基本可以确保该行业不需要外包工了。当美国开始迈向能源自由时，绿领工作将比许多过去的行业持续更长的一段时间。

虽然高质量的课堂学习对民族的长远发展是至关重要的，但是实际工作经验对人们在绿色行业的职业发展也非常重要。例如,“民众参与创新”组织主张通过全民学习计划来建立更多的美国清洁能源技能培训场所。该组织的“能源资源保护队”项目(由民间资源保护队在 20 世纪 30 年代创建)提出了一些口号:“扩大工人阶级和穷人的绿领工作机会,扩大全民的绿色服务机会,共同应对气候变化,兑现清洁能源未来的诺言。”[5]美国也可能仿照约翰·肯尼迪总统在 1961 年发起的自由和平队来发展自己的能源自由计划。“能源和平队”计划把训练有素的志愿者输送到各个贫困社区,帮助当地的人们在一年时间里学会怎样更高效地利用能源。志愿者们可以提高低收入家庭的能源利用率,安装太阳能电池板、能量采集和节能技能设备,以此来完成任务。志愿者也可以在公立学校的屋顶上安装太阳能设备,从而帮助学区减少能源成本,节省下来的钱就可以用于增加教师和增添书籍与电脑设备。也许这个项目可以发展到与其他国家志愿者一起合作,帮助他们实现经济的跨越式发展。

美国政府也可以作出努力促进绿领工作市场的扩大,对其退伍军人多年来为国家作出的贡献进行奖励,并提供给他们免费或低成本的培训课程,让他们可以在可再生能源行业获得工作机会。1944 年成立的《军人修正法案》——又称为《蒙哥马利退伍军人权利法案》——帮助从第二次世界大战回来的军人支付他们也许负担不起的大学教育,重新过上普通老百姓的日子。《蒙哥马利退伍军人权利法案》在战后数年里添加了退伍军人的房屋所有权,从而建立起一个稳固的中产阶级,促进了美国经济。该计划后来被证明是非常有效的,今天依然可以效仿它来帮助如今的退伍军人增强教育,增加职业发展机会。2008 年,美国通过了一项新的《退伍军人权利法案》——《21 世纪美国退伍军人权利法案》,它增加了退伍军人的教育机会,作为第二次世界大战后的额外奖励。也许这将帮助美国增加其就业机会,从而更独立于化石燃料。随着时间的推移,《21 世纪美国退伍军人权利法案》也将不断调整,给美国军人提供更大的奖励,刺激他们把职业追求转向绿色行业。激励方法之一就是,给完成可再生能源职业培训的合格老兵提供购买节能房屋时的低息贷款。

绿领工作岗位的增长将帮助许多经济困难的人们找到走出困境的办法,最终也将提高全美的社会质量。《能源独立与安全法案》于 2007 年 12

月成为正式法律，为想要走出困境的人们提供了机会。它包括《绿色就业法案》，该法案旨在为30 000名求职者提供每年1.25亿美元的培训费用，使得他们能在关于太阳能电池板安装、房屋节能改造项目等的清洁能源领域工作。[6]其中一部分资金专门用于脱贫致富项目，以帮助低收入工人获取绿色能源工作技能。如果这项计划试验成功，就可以把它作为一个范例激励国家、州和地方政府创建类似的计划，增加对低收入家庭的培训。高危青年和贫困少数民族如果接受了高薪绿领工作的培训，就能很快找到工作来改善自己的生活，他们也可以为美国实现能源自由提供劳动力。

可能会有一些人担心绿领行业培训工人时需要投入资源。当我们从大局着想时，这些政府设立的绿色培训项目将会在长远产生更多的财富。让更多的美国人拥有高薪的清洁技术工作，不仅可以减少政府援助项目的开支，而且可以创造新的经济增长点，稳固国内工人和美国企业的税基。为能源自由而开展绿领工作培训，也将节省美国原本花在化石燃料上的数十亿美元开支。

能源素养

显然，改善美国教育来刺激可再生能源产业，对美国在未来几十年里取得能源全面自由是非常重要的。增加美国公众在能源生产和消费方面的基础知识，将在这场行动中产生重要的影响。公众所接收的能源信息的数量和质量，将对我们的能源未来产生巨大影响。我们国家的能源素养将成为实现能源自由的一个重要组成部分。当我们在能源问题上的知识积累到一定程度时，美国才会有进步的余地。

由罗普民意研究中心展开的一项调查，研究了美国对能源和环境问题的了解程度。这项研究结果由国家环境教育与培训基金会(NEETF)在2005年的《美国环境素养》报告中发布。调查显示，大部分美国人对能源的生产存在很大的误区，他们对美国能源需求的了解已经过时了。只有12%的公民可以通过美国能源基本知识的测量。37%的受访者并不知道美国用何种能源发电，有55%的人认为美国大部分的电力由水力发电、太阳能发电等无污染的能源产生。只有27%的受访者知道，美国大部分的电力由燃烧煤炭及其他可燃材料产生。这个报告还表明,83%的美国人不知道美国的核能产业如何处理废弃的铀燃料。约34%的受访者错误地认为,这种放射性废弃物是被保存在西方某地区的地下存储区,只有17%的受访者知道,美国目前把这些核废料都存放在各个核电站内,等待一个永久性处理放射性废弃物的办法被发明出来后再处理。[7]

美国人对能源知识的了解程度影响着我们日常生活的方方面面,包括开什么样的车、我们居家和工作时遵循什么样的耗能习惯。无知将使我们自食其果。在21世纪,我们有如此多的危机问题要处理——石油峰值和气候变化,我们不能继续放纵自己的国家做一个能源文盲。如果我们想要成功应对化石燃料供应的下降,就需要对能源知识进行了解。然而,美国民众对能源知识的普遍缺乏,使得能源方面的国际对话完全没有办法进行。在未来几十年,它还会严重地影响我们在能源自由方面的抉择。如果立法者和商人不具备能源科学方面的基本知识,他们根本不太可能做出明智的决定。非理性的能源政策将会对数亿人造成伤害。另一方面,如果一个人能很好地掌握能源知识,尤其是它对环境的影响,他就能更好地养成节能的生活和工作习惯,减少对化石燃料的消耗。能源知识和环境素养使得人们自觉在居家和驾驶中节约电量和燃料的使用,经常保持回收习惯,并采取节水等保护措施。美国人对能源及其强大影响了解得越好,他们为实现能源自由采取的政治和社会行动就越多。提高公众对燃料现状的认识将在美国产生一种新的氛围,激发起一种全国性的信心,相信我们一定能够实现我们的能源目标。

媒体在公众教育方面也可以发挥重要作用,在民众当中普及能源方面的重要信息。公共信息媒体在塑造民意和普及知识上具有重大的责任。电视新闻、广播谈话类节目、杂志和报纸都要比以往更加大力地影响美国人对能源自由问题的看法。近年来,受戈尔等领导人的影响,媒体已经增加了对全球气候变化的报道。公民越知道这个问题,我们便越容易给政客们施加压力,让他们对此采取行动。美国媒体也开始用更大的篇幅报道能源自由——特别是未来越来越高的石油价格,使得能源问题获得更大的关注度。不管是报道美国遭遇的世界石油峰值威胁,还是告知人们绿领工作的未来经济前景,报纸、广播、电视和互联网都在加强对能源挑战与机遇的报道,使得公民和决策者们对美国燃料的未来做出更有效的讨论。

吸取人造卫星方面的教训，21 世纪的美国将理智地改革教育体系，给人们提供一个良好的教育，为实现能源自由做准备。我们需要在优化教育方面从长计议，增强数学与科学课程的教学工作，以培育出研究可持续能源的新一代研究人员、工程师和技术人员。我们提高美国普通民众对能源基本知识的了解程度，从而帮助我们做出更好的社会和政治决策来管理我们的能源。1957 年苏联人发射了人类史上第一颗卫星之后，美国果断改善了美国的教育，从而赢得了太空竞赛。这一行动使得我们成为更高效、更先进、更富裕的国家。它还引发了通信与信息革命，最终极大地改善了国民的生活。我们必须再次采取果断的行动，为能源自由计划建立起一个智囊团。如果我们不这样做，我们将永远落后于其他国家。如果我们成功，我们将为下一代敞开一扇通往清洁能源国的大门。

注释：

[1]Norman R. Augustine et al. ,"Rising Above the Gathering Storm：Energizing and Employing America for a Brighter Economic Future,"statement prepared by National Academy of Sciences' Committee on Science,Engineering,and Public for the Committee on Science,United States House of Representatives,Oct. 12,2005.

[2]National Center for Education Statistics,"U. S. Performance in Mathematics Literacy and Problem Solving," Dec.6,2004, www. nces. ed. gov/surveys/pisa/pisa2003highlights_2. asp;"Highlights from PISA 2009：Performance of U. S. 15-Year-Old Students in Science and Mathematics Literacy in an International Context,"Dec. 4, 2007,www. nces. ed. gov/pubsearch/pubsinfo. asp?pubid=2008016;"Highlights from PISA 2006：Performance of U. S. 15-Year-Old Students in Science and Mathematics Literacy in an International Context,"Dec. 7,2010,www. nces. ed. gov/pubsearch/pubsinfo. asp? pubid=2011004;and June Kroholz,"Economic Time Bomb：U. S. Teens Are Among the Worst at Math,"*Wall Street Journal*,Dec. 7,2004.

[3]Center on Education Policy(CEP),"Choices,Changes,and Challenges：Curriculum and Instruction in the NCLB Era"(Washington,DC：CEP,Dec. 2007).

[4]Augustine et al. ,"Rising Above the Gathering Storm."

[5]Innovations in Civic Participation,"Legislative Update:The GIVE Act, Summer of Service, and the Energy Conservation Corps," www. icicp. org/ht/d/sp/i/1988/pid/1988.

[6]Derrick Z. Jackson,"Green Energy Meets Jobs,"*Boston Globe*,Sept. 29,2007.

[7]Kevin Coyle,"Environmental Literacy in America"(Washington,DC:National Environmental Education and Training Foundation,Sept. 2005).

第三部分

美国能源的未来

整个世界都站在十字路口，等待太阳的升起，等待崭新的一天。在事关美国能源未来的这一节点，我们会发现我们如何迎接那崭新的一天：通过探索世界人类如何从21世纪的文明（以清洁和可再生能源以及具有更高能源效率的社会结构为基础）中获得最大利益。第十二章考察了加利福尼亚北部的两个区域如何通过实施可持续能源项目和计划来改善其经济。第十三章通过考察美国将如何从其他国家在争取能源独立的进展中获得启发，而开阔了我们的视野。第十四章主要涉及了保障美国能源未来安全问题，以保卫国家安全、国家经济、公共卫生和食物供给。在第十五章中，我们看到了领导的力量，将《2009年美国清洁能源和安全法案》作为将来立法工作的学习榜样。最后，在第十六章中，本书以这样的方式结尾，即告诉我们怎样从过去受到启发，来促进现代美国人走向更好的能源未来。

第十二章

能源与两“谷”

加利福尼亚的人们喜欢冒险。这种冒险精神需要追溯到火热的淘金时代，这是美国历史上19世纪中叶的一段冒险时期，来自全世界的人们不辞辛劳地来到黄金之州，期待一夜暴富的奇迹。在20世纪70年代、80年代和90年代，硅谷开启了新一轮的淘金热潮，即高科技风暴。再一次，全球各地的人们参与到了这一激动人心的财富创新潮中，并且大多数人获得了比他们能在最初的淘金富矿带获得的更大财富。当今，对新能源技术的冒险精神超出了人们想象。加利福尼亚市民从这场运动中获得巨大的潜在收益，证明了这比任何追求加利福尼亚黄金和高科技都有利可图。

当谈到在能源创新方面的真正进步时，我们应该将目光放在加利福尼亚的两个特殊地方。虽然我们不可能准确地知道任何创新发展最终会走向哪里，加利福尼亚的硅谷和圣华金山谷至少可让我们对更好的能源未来产生乐观的态度。而且不同于旧的“四十九淘金者”，当今的冒险者不需要希望和预感在哪里可以发现黄金。相反，他们知道研发新技术和对能源进行更有效的管理将毫无疑问获得经济利益。让我们更仔细考察加利福尼亚两个著名的“谷”在未来发展的新兴产业和能源基础设施。毫无疑问，它们可以提供一些启发性的想法，刺激其他城市和农业地区为在未来几十年实现能源自由而去冒险。

硅谷

环绕在旧金山湾南部的硅谷是自第二次世界大战后全世界高科技思想

的温床。这里的公司致力于处理和分发数字信息，创造了这一区域惊人的繁荣。其电脑和电信行业使得很多商业人士成为了千万富翁和亿万富翁。现在硅谷将其注意力放在了地球的能源需求上，研发了很多突破性的技术并启动当地政府项目，这些可以让人们从可持续能源中获得更大数量的燃料。

圣何塞城市

圣何塞拥有大概 100 万人口，对硅谷自治州造成了极大威胁。2007 年，市长乔克·里德提出要将圣何塞变成世界清洁技术创新的中心。里德打算用 15 年的时间通过整合更高的能源效率和可再生能源到现有的全部基础设施，使人均化石燃料消耗减少 50%。为了达到这个宏大的绿色目标，乔克·里德提议在接下来的 20 年里，圣何塞改变其公用事业的标准，要求全部的电力都来源于可再生能源，使用 100%的垃圾填埋场的废物生产能源，100%地循环或再利用整个城市的废水（大概 10 000 万加仑/天）。他还要求整个城市的公共车辆使用可再生燃料，新建或翻新了至少 5 000 万平方英里的城市建筑，使其更环保。在里德的计划中，圣何塞将会用零排放的照明系统来取代所有的路灯。此外，圣何塞还计划在公园和街边种植 100 000 棵树，降低高温天气时市中心的温度并吸收二氧化碳的排放。里德预计，这场清洁绿色的城市变革将为市民创造至少 25 000 个新工作岗位，从而活跃了当地的经济并以此作为补偿。[1]

谷歌公司

用其非官方的座右铭“不作恶”来说，搜索引擎公司谷歌是清洁能源的大力提倡者，并在 2007 年通过使用能源效率和可再生技术达到了碳平衡。公司哲学激励着各个项目在日常操作中采取可再生能源。其中一个最显著的例子是，谷歌山景城总部的建筑物顶部安装了 9 212 块太阳能板。在安装太阳能板的时候，谷歌是全世界安装最多太阳能板的公司。[2]公司创始人谢尔盖·布林和拉里·佩奇还成立了 Google.org，即一个混合的慈善机构，专门处理气候变化和能源挑战问题，以及全球卫生和贫困问题。在该机构的首批项目中，有一个项目是将混合动力车转换成插电式混合动力车以展示电动汽车技术的潜力。[混合动力车装有中等大小的电池来储存刹车时的能源，并利用这些能源使车辆行驶更高效，尤其是当汽车启动的时候。插电式混合动力车装有更大的电池，通过接入外接电源比如公用电源来充电，一旦充满电，汽车可以单独依靠电池电力行驶 20～40 英里（32～64 公里），当电池电力耗竭时，它们还可以启动汽油或其他内燃机来实现更长的旅程。]Google. org 还投资于突破性的技术，提倡有助于研发比煤炭便宜的公用规模的可再生能源。其中一个布鲁姆盒项目利用固态氧化物燃料电池技术，使用天然气或沼气发电，大概每千瓦时 10 美分。Google. org 还成立了内部研发部门来探索太阳能、高空风能和增强型地热能技术。Google. org 计划在未来几年里投入数亿美元，从可再生能源中开发 10 亿瓦特电力（足够 75 万家庭的用电）。[3]

卡利拉公司

斯坦福大学做了一个关于海洋珊瑚石如何利用二氧化碳产生碳酸钙的研究，这可能在将来某一天会成为一个可行的清洁技术体系，减少煤和天然气发电厂的温室气体排放量。一个以洛斯盖图为基地的公司卡利拉（Calera，西班牙语称“limekiln”）正在研发这种技术，通过将海水喷洒在排放出来的二氧化碳上，就能使其转化成碳酸钙，最后可以变成类似混凝土的小球。然后，可以用这种材料建造房屋和高速公路。如果卡利拉公司的技术被证明是可行而且容易负担的，就有助于减少从我们能源设施排放到地球大气层中的二氧化碳量，并将其转化成安全和可利用的普通建筑材料。[4]

奥多比公司

这个总部设在圣何塞市中心的软件制造商成为了在能源效率方面公司学习的楷模。2006 年，该公司获得了由美国绿色建筑委员会授予的三个能源与环境设计认证（LEED）的白金奖项，这是对三个办公用的环保塔的最高荣誉。这三个建筑组成了100万平方英里的办公空间和附加的940 000平方英里的停车场。奥多比通过花费120万美元来翻新其大厦以达到在能源使用、节约用水、室内空气质量、减少垃圾方面的更高效率而获得了此项认证。该公司还因为其升级，从加州公用事业公司太平洋煤气与电力公司获得了389 000美元的退款。这一切的努力都是值得的，因为每年可以节省超过100万美元的能源和水成本。奥多比公司减少了35%的电能使用量、41%的天然气使用量。使这一切变为可能的一项重大改进是安装了低功率的照明系统和实时电表，从而公司经理们可以检测到低效率的能源使用，比如供暖和空调设备是否运行正常。[5]

电动汽车

硅谷的工程师们希望可以通过创新技术及能源设施，使美国从化石燃料汽车向电动汽车过渡。美国电动汽车集群中最具开创性的公司要属特斯拉汽车公司了。这家设在帕罗阿尔托的公司对开拓高性能电动汽车的商业市场抱着很高的希望，其座右铭是“不烧汽油，烧橡胶”。特斯拉的工程师们开发了一种基于锂离子技术的更先进的电池，使得能源储存装置更便捷和耐用，一次充电可以行驶220英里(345公里)的路程。汽车的发动机重约70磅，可将85%～95%的电能转换成机械能。该公司的第一辆电动汽车是2008年初面市的特斯拉跑车。该电动跑车可以在不到4秒内从0加速到60英里/小时，最高速度达125英里/小时(201公里/小时)。该汽车公司称，每英里只需要2美分的电力。2010年春天，特斯拉公司投入5 000万美元和丰田汽车公司合伙制造里程为300英里(483公里)的电动轿车，汽车制造地址为硅谷非蒙市，即昔日的新联合汽车制造公司的地址。

电动汽车能否被广泛使用的关键是能否建设电力能源基础设施，使电动汽车能像燃油汽车一样很方便地获取动力，从而减少司机们关于半路上汽车电池没电的顾虑。帕洛阿尔托是一个更好的地方，其一家公司在2007年启动了一个计划，即生产一种可以让司机们在电池交换站将没电的电池更换成满电电池的电动汽车。这种交换站点使用电动叉车可以在一分钟内进行电池交换。坎贝尔的一家公司——库伦博技术公司——也致力于制造电动汽车的基础设施，即为这些电动汽车制造一种特殊的充电站。2010年，库伦博技术公司公布了其3 700万美元的充电美国计划，该计划将在美国9个大都市区安装超过4 600个充电站。为增加美国就业，能源部门拨款1 500万美元作为这一计划的部分支出。[6]

太阳能技术

硅谷领导集团是一个非营利组织，该集团汇集了各种商业、政府机构及其他组织机构来处理硅谷的能源、运输、教育和住房问题。该集团成立了太阳能技术财团，企图将硅谷建成世界级的太阳能研发中心，同时还计划创建太阳能精进中心，为太阳能技术提供技术和教育资源。该中心就像催化剂，促使太阳能产业同硅谷闻名世界的高科技、生物技术和生命科学等商业一样，对其经济生活至关重要。如果最后目标能实现，太阳能技术将会降低太阳能发电的成本，从而使得太阳能相比化石燃料更具竞争优势。其中一个研究焦点是制造相对便宜但效率更高的光电(PV)技术。太阳能技术还致力于解决阻碍太阳能广泛使用的各种问题，包括行政和金融障碍。它将致力于开发更高的太阳能装置和性能的标准，以及探索改进与公共线路的连接问题，并简化获取退税、房屋建筑许可证和太阳能板升级金融支持的过程。该中心还将想办法改进太阳能工作者的教育和培训问题，包括行业专业人士培训及太阳能技术领域认证等。[7]

硅谷的太阳能产业

利用太阳能的技术被预计将成为下一个有利可图的高科技增长领域，而硅谷正准备好好利用太阳能的商业机会。州长阿诺德·施瓦辛格的“百万太阳能计划”加快了这一领域中以太阳能为基础的公司成立速度，以及既有公司重组生产任务以生产更多的太阳能产品。在这些为增加利润而转向太阳能的老公司中，有一家名为应用材料公司。该公司成立于1967年，总部设在圣克拉拉。它最初是为芯片制造工厂提供产品和服务而设立的。因为很多太阳能板都需要使用硅，同制造芯片所用的主要材料一样，应用材料公司意识到了这一新兴市场巨大的潜在增长能力，现在开始为制造平板太阳能显示器和太阳能电池的公司提供生产设备。另一家总部设在圣何塞的硅谷公司，即太阳能公司正开发创新技术，以提高家庭和商用的太阳能板的使用效率，同时降低制造成本。其太阳能产品被公认为整个行业中效率最高的，但其竞争对手纳米太阳能公司可能在不久的将来就能赶上，该公司成立于 2001 年，总部也设在圣何塞。纳米太阳能公司不是使用传统材料硅来制造其产品，而是用铜合金来生产一种轻巧、便携的太阳能电池，这种材料降低了制造成本。纳米太阳能公司正在圣何塞产业区建造其宣称的全世界最大的太阳能电池工厂。建造完成后，该工厂一年能制造 430 兆瓦太阳能电池，大大超过了之前的美国生产率。设在圣克拉拉的 Miasolé 公司也在制造一种薄膜光伏电池，这种电池的重量只有传统玻璃板太阳能电池的 10%。该公司宣称，这种电池可以装在像薄膜屋顶的建筑材料中。同样设在圣克拉拉的太阳能光伏公司 Solaicx 正将注意力集中于一种其网站主页上所称的“高容量材料管理”的产品。该公司坚信，这种产品将会引起消费者的购买价格降低。圣何塞的太阳能公司 Solexant 制造了一种超薄薄膜光伏产品，该产品使用一种可印刷的纳米技术来生产高效但低商用成本的太阳能电池。[8]

位于圣何塞的共和国碟式太阳能公司将把硅谷作为测试安装在主要高速公路上的加密光伏发电系统的测验场地。该公司计划和加利福尼亚交通部门合作，在位于圣克拉拉郡美国 101 高速公路的 7 个道路立交处安装 64 000个太阳板。预计该计划将于 2012 年 1 月完成，这些太阳能板将产生 15 兆瓦太阳能，足够为 3 000 个家庭提供电力。如果这个试点项目成功的话，就可以为美国各州提供一个学习的案例，即通过在数千亩未经使用的高速公路绑定土地上使用太阳能发电来提高收入。[9]

可持续性硅谷

这一非营利性机构作为加利福尼亚环境保护局项目成立于 2001 年，旨在帮助硅谷的组织机构在重大环境和能源问题上联合协作。受到各种基金会的资金支持，该机构同各种公司、商业机构、城市政府和其他公共或私人组织合作,共同减少化石燃料能源的使用。这些组织包括思科系统、英特尔、超微半导体、惠普、美国宇航局研究中心、旧金山国际机场和圣克拉拉大学。该机构倡导各种能源密集型产业,包括交通、淡水加工和传送。制造业采用成本效益好的节约能源的方法。为减少其成员,可持续性硅谷组织了一系列论坛和交流机会,以分享有关减少二氧化碳排放量的有效创新想法。该组织的另一目标就是,在减少二氧化碳排放量上倡导更大的社区参与度,使得硅谷可以为未来的市民创造一个健康的环境和充满活力的经济。它不将标准强加于其合作伙伴,相反它鼓励合作伙伴们自行决定,对其各自特定的组织而言,什么才是从经济上和技术上最有意义的节能方法。[10]

节能数据中心

硅谷因为其推动全球经济的计算机创新而闻名世界。全球很多现代数据储存中心在其每天 24 小时、每周 7 天的运行中要消耗大量的能量。一个由超微半导体公司(AMD)进行的调查显示,美国数据中心使用的服务器和各种电动设备的能源消耗量相当于 5 个 1 000 兆瓦核电厂或火电厂的发电量。全球的消耗量则相当于 14 个这种电厂的发电量。[11]这些服务器产生很多热量,所以储存服务器的设备必须要持续降温才能提供可持续的服务。这些降温设备使它们的运营增加了额外成本。随着能源运动的进展,越来越多的人看到了潜在的好处,许多硅谷的高科技公司将焦点放在如何提高硬件的能源效率上。这不仅有利于保护环境,同时还能为消费者和企业节省电费上的支出。例如,芯片制造商英特尔和超微半导体公司的工程师们正处在一场角逐中,他们探索如何在提高处理能力的前提下减少其产品的能源消耗。如果将电脑的能源效率提高 30%～50%,就可以为消费者和企业在能源成本上节约很大一笔钱。同时,硅谷的电脑公司,如惠普、思科、IBM、谷歌、易趣、英特尔、微软、赛门铁克、NetApp 等联合起来成立了产业联合组织——绿色网格联盟(www. thegreengrid. org),创建了一系列标准和指标,以应用于设计新的计算进程和发明,来降低能源的消耗以及满足服务器的冷却需求。这个组织机构得到了环境保护局 EPA 的支持。[12]

圣华金山谷

加利福尼亚中部的圣华金山谷位于硅谷的正东方，在代阿布洛岭的另外一边，是一个富饶的农业区，盛产美国大部分的水果和蔬菜。圣华金山谷也因为引进新兴可持续能源技术，为城镇开发新的能源项目而正经历着一场经济和社会的变革。圣华金山谷拥有大量的资源，使得它将来可能成为全国可再生能源的生产中心。就如下面的例子所展示的，内陆山谷拥有风能、丰富的太阳能，并且可能具有全国最大的潜在生物能源机遇。另外，由于夏日的高温和水资源的短缺，圣华金山谷在供热设备、通风设备、空调负荷和水资源使用方面的许多创新都进展得十分迅速。如果这一趋势能够持续，该山谷将成为能源和能源技术的领先输出者。

阿尔蒙特山口风力农场

沿着穿过阿尔蒙特山口(连接圣华金山谷和硅谷)的州际 580 高速公路行驶，就可以看到代阿布洛岭南部绵延的小山丘上坐落着全世界最早的风力农场。该农场建立于 20 世纪 80 年代，当时的能源危机使得很多加利福尼亚的企业家关注可再生能源的研发。之所以选择阿尔蒙特山口，是因为其为风的流动提供了一个自然通道，即中部河谷的相对高温、低压吸入了来自海岸的相对低温、高压的海洋空气。然而，风流并不总是可靠的，因为内陆偶尔的高压条件会导致空气流动的停止。阿尔蒙特山口有 5 200 个风能漩涡机，是世界风能研究中心的先驱之一。很多从此地获得的东西有助于提高风能涡轮机的技术，使得后期建立的风力农场可以更高效地运转。此地还是下一代风能涡轮机的试验场地。[13]

全国引燃设备

可以看到，阿尔蒙特山口的一些风能涡轮机是 21 世纪的科技奇迹。得益于位于代阿布洛岭(硅谷和圣华金山谷之间)的劳伦斯·利弗莫尔国家实验室全国引燃设备(NIF)正在开展的研究,美国人可能在将来的某一天打破技术障碍,实现商业性的核聚变能源。建设成本超过10亿美元,NIF在10层的建筑物(相当于3个足球场大的空间)中安装了192束巨型激光。这些激光器将200万焦耳的紫外线能量集中在位于目标室中心的一个装满氢气的豌豆大小的容器内。科学家们希望这个能量的爆炸可以迅速加热和压缩氢气燃料,从而产生核聚变反应以释放出比启动核反应需要的更多能源。[14]

ACE火车项目

很多在硅谷工作的人居住在圣华金山谷,因为这里的土地相对便宜,从而使得在这里定居要比在旧金山海湾区更容易承担。每个工作日,那些开车上下班的人在连接两个区域的阿尔蒙特山口会面临严重的交通堵塞。随着20世纪90年代硅谷开始繁荣,更多的人在清晨和傍晚行驶在州际580高速公路上,浪费的不仅是时间,还有等待交通时的汽油。为了帮助缓解重大的交通拥堵问题,政府成立了“阿尔蒙特通勤急行”(ACE)火车项目,以连接位于硅谷的圣何塞和圣华金山谷的斯托克顿市。这个举国赞成的通勤服务最早是由圣华金政府委员会、三角洲建筑行业协会和斯托克顿市商会推动的。ACE由圣华金区域铁路委员会发展,其发起了阿拉米达和圣克拉拉县之间的协议来实行这一计划。1998年10月19日火车服务开始推行,并在过去10年里变得日益流行,现在每个方向每天均有4辆火车行驶。火车使用了由联合太平洋公司拥有的86英里(138.4公里)路线,并在最终两个站点间的很多社区设有站点。ACE系统开发及持续运作的资金主要来源于交通运输的半销售税。[15]

农场

一些人认为,“粪便能源”可以帮助美国从化石燃料中解放出来。得益于圣华金山谷牛奶场——如位于西弗雷斯诺的温特哥农场——正在进行的实验,美国每年产生的数百万吨牛粪可能在将来的某一天会成为能源的一个普遍来源。温特哥农场是美国首批通过降解牛粪产生沼气，然后注入天然气管道以运送到太平洋天然气和电力公司发电厂而赚取额外收益的农场之一。公共事业公司通过燃烧高质量的沼气来产生电能。该系统减少了农场释放到大气层的温室气体排放量，从而减轻了其对气候变化的影响。温特哥农场的 26 00 头牛每年排泄 130 吨牛粪，足够为 1 300 户圣华金山谷家庭提供以生物气体为基础的电能。该系统运行得如此有效，以至于温特哥农场主大卫·阿尔博斯开始了一项商业，称为“生物能源解决办法”，以帮助其他大农场经营者从动物粪便中提取沼气，然后再卖给公共事业公司。[16]

25x’25 倡议

圣华金山谷的人们看到了，为农村城镇和城市社区开发可再生能源的潜在社会和经济效益。这正是许多人们支持到 2025 年能源中要有 25%的来源是可再生能源的倡议的原因。该倡议被称为国家 25x’25 倡议。这种环境、商业、能源、劳动、市民、政府组织间的日益联合，将有利于新能源技术的开发，活跃美国乡村经济。一项由美国田纳西大学进行的调查预测，如果这个倡议成功地为农业社区创造了一个更好的能源未来，它将使美国整个乡村经济每年增加 7 000 亿美元，并在整个进程中创造 500 万多个就业机会。加利福尼亚中央谷区域被称为这种全国性项目的重点试验平台，以决定农民和大农场经营者从风能、太阳能和生物燃料中获益的方式。2007 年，圣华金山谷清洁能源组织（SJVCEO）投身于“25x’25 创造”，采取积极措施开发区域可再生能源潜能，从而使其成为美国其他乡村区域的学习榜样。[17]

弗雷斯诺太阳能农场

作为美国北部阳光最充裕的区域之一，圣华金山谷拥有巨大的潜力将大量的太阳能转化为电能。出于这种考虑，总部位于旧金山的美国清洁技术公司正同国王河保护区（KRCD）合作，建立加利福尼亚最大的光伏太阳能生产设备，该设备将位于弗雷斯诺市附近。一旦建造完成，它将覆盖 1 平方英里，为城市及周围城镇提供超过 80 兆瓦的零排放能源。一个备受期待的好处是，通过减少约 10 000 万磅二氧化碳的排放量，即约20 000辆汽车的排放量，而使区域空气质量得到整体改善。新的太阳能工厂将通过创造成千上万个建造和维护的工作机会而拉动当地经济发展。[18]

维塞利亚市

维塞利亚市的 100 000 多位居民对能源效率和可再生能源的潜在效益持非常乐观的态度。为减少美国对国外石油的依赖和改善区域空气质量，城市领导人处在了促进维塞利亚市日常运作能源效率项目的最前线。该城市已经改装了许多废物处理卡车和公交车以使用压缩天然气，鼓励新建设备结构中引进新的能源效率特征，并在当地机场安装太阳能板。同时还积极寻求方法以鼓励居民使用可再生能源，包括乙醇、太阳能、风能及从垃圾和运物粪便中提取的生物基础燃料。2007 年，一家主要制造铝门和窗框的当地企业——卡瓦尼尔有限公司——在其 200 000 平方英尺的屋顶上安装了 4 300 多个薄膜光伏电池板，从而获得了 588 000 瓦的太阳能，满足了其 80%的电力需求。[19]

美国城市和乡村社区可以借鉴像硅谷和圣华金山谷这些创新区域取得的进展，以激励自己的能源独立行动。既然我们已经考察了加利福尼亚区域层面上能源项目的进行情况，让我们以全球视角，看看整个人类建设更好的能源未来的进展情况。我们现在将考察全球的能源情况。

注释:

[1]Office of Mayor Chuck Reed,“San José’s Green Vision,”Oct. 5,2007,http://www. sanjoseca. gov/mayor/goals/environment/greenvision/san%20jose’s%20green%20vision%20fnl. pdf.

[2]“Google Says,‘Here Comes the Sun,’”*msnbc. com*,Oct. 17,2006,http://www. msnbc. msn. com/id/15301514.

[3]Niki Fenwick,Global Communications and Public Affairs,Google Inc. ,e-mail correspondence with author,April 23,2008.

[4]“Our Story,”Calera website,http://www. calera. com/index. php/about_us/our

_story.

[5]Adobe Systems Inc. ,"Adobe Headquarters Awarded Highest Honors from U. S. Green Building Council,"press release,Dec. 5,2006;and Katherine Conrad,"Platinum Is the New Green:Adobe Takes Triple Kudos for Healthy Downtown Buildings," *San Jose Mercury News*,Dec. 6,2006,business section.

[6]Electric car information comes from various sources:"About Tesla,"Tesla website,http://www. teslamotors. com/about;Tom Abate and David R. Baker,"Tesla Joins with Toyota to Reopen MUMMI Plant,"*San Francisco Chronicle*,May 21,2010;Better Place website,http://www,betterplace. com;"Government Lists Solar,EV,Digital Grid Projects Among 100 'Changing America,'"*Sunplugger. com*, Sept. 17, 2010, http://sunpluggers. com/news/government-lists-solar-ev-grid-projects-among-100-changing-america-0932.

[7]SolarTech,"Creating a Solar Center of Excellence,"June 2007,http://www. solartech. org/STWP. pdf.

[8]Information on Silicon Valley's solar power industry is from the various company websites.

[9]Information on Republic Cloverleaf Solar is from Michael Moore,"County to Be the First to Install Solar Highway,"*Morgan Hill Times*, November 19, 2010, http://www. morganhilltimes. com/news/270554-county-to-be-first-to-install-solar-highway.

[10]Rick Row, executive director, Sustainable Silicon Valley(SSV), e-mail correspondence with author,April 23,2008;and SSV's"CO_2 Report 2007."

[11]Marianne Kolbasuk McGee,"Data Center Energy Consumption Has Doubled Since 2000,"*InformationWeek*,Feb. 15,2007.

[12]"About the Green Gird:Our Mission,"http://www, thegreengrid. org/en/about-the-green-grid/our-mission. aspx.

[13]Matt Carter,"New Generation of Wind Farms at Altamont Pass,"*Oakland Tribune*,March 31,2005,http://findarticles. com/p/articles/mi_qu4176/is_20050331/ai_n14615598.

[14]"The National Ignition Facility:Ushering in a New Age for Science,"NIF website,www. lasers,llnl. gov/about/nif.

[15]Altamont Communter Express,"History of ACE Passenger Railroad Service," http://www. acerail. com/about-ace/history-of-ace/history-of-ace. htm.

[16]Jennifer Baldwin,“Manure Power:Dairies Harness Methane to Create Renewable Energy,”*Bakersfield Express*,Nov. 11,2009.

[17]San Joaquin Valley Clean Energy Organization,“California's 25x'25 Commitment,” http://www.25x25.org/storage/25x25/documents/summit2008/Summit2008Presentations/rollie_smith.pdf.

[18]Cleantech America,“KRCD Enters Long Term,Zero Emission Solar Power Plan,”press release,July 6,2007,http://www.cleantechamerica.com/Press Release/07—06—2007/9.

[19]“Rx for Clean Air:Clean Energy,”*Visalia Times-Delta*,Sept. 18,2007;and Alcoa,“Photovoltaic Solar Power System at Alcoa's Kawneer Facility in California Begins Operation,”press release,Aug. 23,2007,http://www.alcoa.com/locations/alcoa_location/en/news/news_86.asp?code=86.&strNumber=1.

第十三章

能源与世界

1884年6月6日，一名28岁的塞尔维亚科学家乘坐一艘客船抵达纽约港，他梦想着在这个崭新的世界创造新的生活。不久，尼古拉·特斯拉就在托马斯·爱迪生的发明工厂找到了工作，即重新设计电动机和发电机以提高它们的能源效率。这位移民者的创新使得爱迪生拥有了多项专利，并且都是相当有利可图的。然而没过多久，这两位脾气暴躁的天才吵了一架。特斯拉认为，作为一种通过传输线传送电力的方法，交流电比直流电具有明显的优势，而爱迪生拒绝承认这一点。拉特斯很快离开了发明工厂，在做了短时间的挖沟机工人后，他成立了一家竞争公司，致力于研发商业用的交流电源技术。[1]他的发明极大地改变了美国和世界其他地区的用电方式，并帮助创造了一些新的企业，使得美国成为了一个工业强国。

"大熔炉"的比喻描述了美国独一无二的特点，即融合其他国家的文化，重塑了一个新国度。数以百万计的像特斯拉一样怀揣梦想的合法移民漂洋过海来到美国，在这里开始新的生活。一波又一波的移民已经成为美国发展的推动力，为我们的边界带来了拥有世界创造力的活力。通过历史我们一次又一次看到，不同文化背景下的人们络绎不绝地穿过我们的大门，赋予我们国家充满奋斗和远见的成果，创造了无数有利可图的发明和创造。合法移民通过建立新的企业和创造成千上万个工作岗位，使美国成为一个强大的国家。他们帮助推动我们的经济，进而促进了我们的国防事业。

然而，随着通信技术的进步和全球化的兴起，利用海外的奇思妙想并不需要移民者亲自来到美国这片土地。在开发自由燃料的这些年里，我们可以在其他国家找到鼓舞人心的新能源想法。通过研究其他国家如何面对能源危机和与能源相关的各种项目，我们从中获得许多灵感。尼古拉·特斯拉的革新精神，使得我们现在可以期待从世界邻国中寻找激动人心的能源机遇。他们的想法可以作为美国能源创新的跳板。

亚洲

亚洲地区的经济繁荣越来越依靠化石燃料，因为它是现代工业的加速引擎。中国和印度持续的经济发展，使得这两个国家在世界石油储备方面成为美国主要的竞争者。中国是仅次于美国的第二大石油消费国。由于建造了更多的燃煤发电厂来满足发展需求，中国的二氧化碳排放量也将大幅上升。世界最大的二氧化碳排放量来自化石燃料和其他人类活动，中国这种温室气体的排放量超过了全球排放量的21%。（相比之下，美国人类活动产生的二氧化碳排放量占全球总排放量的20%，位居世界第二。[2]）显然，使用可再生燃油能源和提高能源使用率对整个蓬勃发展的亚洲地区维持经济增长至关重要。

考虑到逐渐增加的化石燃料危害的挑战，中国当地环境面临着严重破坏的威胁，因为迅速增长的人口将使用越来越多的煤炭和石油。在中国的城市里，河流和空气里都充满着来自化石燃料和相关工业活动的严重污染，导致数以百万计的中国人承受着严重的健康后果。为缓解这一可怕的困境，中国政府在2005年通过一项法律，要求增加清洁、可再生资源的能源生产，从2003年的3%至少增长到2020年的10%。随着中国将自行车逐步替换为汽车，这个国家同时面临着未来找到足够多的石油燃料来运行汽车的窘境。增加能源利用率是必要的，一个主要的原因是中国的汽车制造商，例如奇瑞、比亚迪、吉利，开始集中精力制造混合氢燃料电池和电力的汽车，旨在帮助这个国家实现这一目标。[3]

绿色精神也在其他方面席卷中国，例如这个国家正经历能源转型，特别是在寻找太阳能。超过3 000万个家庭和企业已经在屋顶安装了太阳能板用于洗澡和冲洗碗碟。在中国的许多投资商不仅看到了环境和社会方面的收益，还发现了提供清洁能源给众多人口的巨大经济利润。其中一位就是中国富商施正荣，根据2008年福布斯排行榜，他身价29亿美元。[4]他认为清洁和可再生能源将成为21世纪亚洲主要的增长行业。尚德太阳能电力控股公司是施正荣的公司，主要生产硅基太阳能电池。其目的在于提高技术以降低制造这些能源产品的成本，以便最终使数百万中国人和其他世界各地的人们能够买得起。像尚德电力这样的竞争者还可以刺激美国太阳能行业的发展，迫使美国公司进行更先进的太阳能创新来扩张世界市场。

印度同中国一样，也试图通过太阳能减少对化石燃料的依赖性。印度国家太阳能任务计划到2020年生产200亿瓦特电力，大约相当于2009年国家装机功率基地发电的1/8。日本也专注于建立起太阳能产业以满足本国居民短期和长久的能源需求。夏普公司，世界上最大的太阳能产品制造商之一，早在1963年就通过给在横滨港口一个依靠太阳光发电的灯塔提供太阳能电池来开发这种能源市场。至此，日本人建立起了他们的太阳能产业，利用这种可持续资源发电的成本下降了2/3。太阳能将更加廉价，由更好的技术得出的研究结果将大量用于更节能的电池板生产，进而降低成本、提高需求。

由于日本岛地理位置的原因，化石燃料的储存量贫乏，迫使日本人不得不寻找技术解决方案来减少他们对煤炭、石油和天然气进口的消耗。这就是为什么日本是众所周知的节能汽车和交通系统的生产国的原因。大多数美国人都熟悉很受欢迎的普瑞斯，这是丰田混合动力车的尖端，可以依靠电力和汽油行驶，当驾驶员刹车时蓄电池系统会进行充电，以达到节约燃油的目的。一些日本的现代火车也会使用高级的刹车系统来发电，这些电可以储存在一个高级的电池系统中。这个系统可以减少多达60%的能源使用和二氧化碳排放量。[4]着眼于更高效的化石燃料节能，日本中央铁路公司一直在测试先进的磁悬浮高速列车。使用一个强大的磁场来产生对立的电磁力，火车被略向空中抬起并且在轨道之上运行，被线形磁马达所产生的力量推动着。[6]与传统的铁路列车相比，这种悬浮法通过降低摩擦产生的能量流失来减少燃料损耗。

中东

在中东，最激动人心的能源项目就是一种主动权，在将来能够在阿拉伯半岛和北非沙漠地区采集太阳能和风能，并出售盈余电力到欧洲国家。电力将通过现代高压直流输电线路网络传送至北部欧洲客户，到 2050 年可以满足欧洲大陆多达 25%的能源需求，如果有效传输技术可以使电力从沙漠地区传输到欧洲仅损失 10%～15%的能量，跨地中海可再生能源计划(TREC)被许多科学家认为在技术上是可行的。[7]然而，这个有争议的项目需要相当大的财政支持，同时还需要中东、南非和欧洲等国的政府支持。不过，这一挑战也伴随着未来几十年里化石燃料消耗的增长，在撒哈拉沙漠和阿拉伯沙漠建有太阳能和风能发电厂，将电力提供给有利可图的欧洲市场，这些潜在的好处可以为 TREC 带来足够的经济杠杆使之成为现实。

以色列也积极发展清洁能源基础设施建设。历史上，以色列几乎所有的能源都是国外进口的煤炭和原油，一旦禁运就会使以色列的经济面临窘境。但近些年来，以色列投入巨大的努力研发太阳能采集设备，将其用于加热水和其他用途。目前，以色列家庭是世界上太阳能热水器配置率最高的国家之一。该国还发明利用太阳能池塘和抛物柱面镜技术这些创新方法采集太阳的能量。

欧洲

第二次世界大战以后，整个欧洲和英国的公民被迫使用有限的燃料资源建设战后生活的家园，这使得他们形成了良好的节能习惯。欧洲人也明白全球变暖的气候威胁带来的毁灭性后果，他们当中的大多数人希望政府能坚定地发展节能基础设施。

欧盟(EU)制定了一个雄心勃勃的战略，即“20/20/20 目标”，到 2020 年将二氧化碳的排放量至少减少 20%(以 1990 年为基准)。它提出通过在成员国中改进 20%的能源效率和提高 20%的可再生能源使用率来实现这一目标。经济学家计算，这个计划每年将花费欧盟 880 亿美元，相当于国内生产总值的 0.5 个百分点。[8]然而，这一计划具有争议性，因为需要消耗大量煤炭和石油的行业担心，相比二氧化碳排放量要求低的国家，它们将失去市场份额。欧盟执行机构，即欧盟委员会，已找到方法加快接受能源技术降低碳排放。其中的一个想法就是成立欧洲能源研究联盟，与大学和研究机构一起合作，专注于实现可再生能源发展的技术突破。另一个建议是部署欧洲工业行动计划，领导整个欧洲的企业合力创新，降低成本并改善诸如风、太阳和生物燃料等资源的能源发电。

总的来说，许多欧洲国家正雄心勃勃地采取措施实现国家的能源自由。丹麦用废物焚化炉燃烧垃圾发电供其550万国民使用热力和电力。这种发电厂通过减少垃圾填埋场的使用和消除腐烂垃圾的温室气体排放来保护环境。德国和荷兰也建立了类似的垃圾焚烧发电厂。仅拥有300万人口的冰岛，计划到2050年减少50%～70%的温室气体排放，实现这个目标的一种方法就是成为世界上首个使用氢的国家。不计其数的瀑布和温泉是该国70%的电力来源，使冰岛拥有丰富的天然电力。冰岛将逐步成为节能经济体，采取激励措施使依靠燃料电池发动的车队、公共汽车和渔船改为利用可再生电力资源氢发电。另一个北欧国家瑞典与冰岛同样列为欧洲最具能源自由雄心的国家。瑞典旨在2020年利用清洁燃料资源为其900万国民提供49%的电力。瑞典40%的能源都是清洁能源，以氢能为主，目前正在建立地热能、风能、太阳能发电站以满足未来需求。法国已经开创了太阳能炉或塔技术，利用一组镜子将太阳光集中反射到一个焦点，能使温度加热到4 500华氏度(2 500摄氏度)。[9] 1969年，在法国比利牛斯山脉的奥德约市(Odeillo)建立了全球最大的太阳能炉。63年里，这些镜子抛物面反射器产生了1 000千瓦的电力，用于燃料炉将铁矿石生产成钢铁。

对于欧洲的可持续能源来说，风能发电正成为一种效用突出的形式，该能源在2009年提供给欧盟国家74 676兆瓦的用电量。欧盟风能协会制定了一个产业目标，到2020年提供180千瓦的电力，供1.07亿家庭使用。德国是欧洲无可争议的风能领导者，2007年风力发电已达到25 777兆瓦(25.7千兆瓦)。西班牙以风车为名的拉曼查地区，近年来也在积极发展风能，2009年已有19 149兆瓦(19.1千兆瓦)的风能发电。丹麦在浅海岸开发了大规模风能农场并安装风力涡轮机，成为欧洲开发风能农场的先锋。2003年，丹麦人在洛兰岛附近建造了世界上最大的海上风力发电厂。Nysted风能农场的72个涡轮机可以产生高达166兆瓦的电力。丹麦的风能行业预计，到2025年风力发电将满足国家高达50%的电力需求，其中大部分电力来自海上风力农场。[10]

英国在清洁能源方面也有很大的雄心，政府在2000年设定了一个目标:截止到 2010 年,10%的电力供应来自可持续能源。根据国家审计局信息,英国并未实现这一伟大的目标,仅达到 2.3%。风能在致力于绿色发展的道路上将扮演重要的角色。2005 年,英国开始规划在泰晤士河河口 12 英里(19.3 公里)的肯特海岸建立一个风能农场,341 个高耸的涡轮机将产生 1 000 兆瓦的电力,供 25%的伦敦居民使用。一个规模更大的风电农场将考虑在英格兰西部的布里斯托尔海峡建立。如果建成,估计有 370 个涡轮机在 500 英尺(150 米)的高海拔地区耸立,产生 1 500 兆瓦的电力供 100 万户家庭使用。拥有如此广阔海岸线的英国,正积极研发创新技术,利用海浪来发电。由于许多机器受到暴风的重创,仅取得了好坏参半的结果,英国人仍坚持测试这项技术。于 2003 年在布里斯托尔海峡北德文郡的 Lynmouth 的试验系统,使用可以连续提供的强大电流来推动水下涡轮机运转。这个实验电厂可以产生 300 千兆瓦的电力。英国也正在试验一个"水下风筝"系统,即使用 100 米长的电缆绑定海底 1 米长的涡轮机。使用这种技术的潮流涡轮机理论上可以产生 500 千瓦的电力。苏格兰湖泊可能提供一个可行的方法使水能成为英国可自由使用的能源。1966 年在 Argyll 建立的 Cruachan 抽水蓄能发电站是一个非常有趣的项目,用电高峰时可以产生 440 兆瓦的电力。当电力需求较低时,剩余的能量将用于 4 个泵力设备,把水储备在3 280英尺的地下。这些水在下一个用电周期来临时可重新用于发电。[11]

伦敦已经开始采取措施提高能源效率,缓解其运输系统在其边界的交通拥挤现象。2003 年,伦敦政府实施了一项颇具争议的举措——要求私人汽车在穿过城市中心时支付 10 英镑(2010 年相当于 15 美元)的拥堵费。这使得越来越多的人们选择伦敦出色的公共汽车运输系统和著名的地铁系统出行。为减少空气污染,伦敦的公交车也采用更清洁的燃料,比如天然气和氢燃料电池。[12]

北美

拥有将近 340 万人口的加拿大,处于北美能源自由的前沿,开发了一系列可再生能源项目致力于减少燃料的使用。我们北边邻居开展的一个更加有趣的项目是，更多地使用地热能来给建筑物供暖制冷，还有发电。在不列颠哥伦比亚一个叫做 South Meager 的地方进行了地热项目的试点，能将温度加热到 240 摄氏度，产生高达 100 兆瓦的电力，能够满足 80 000 个家庭的用电需求。在多伦多，一家名为 Enwave 的私人公司使用安大略湖的冷却水来给城市中心地区的 140 幢办公大楼制冷。这个工程称为"深湖冷却水"，工程造价为 1.28 亿美元。这个工程的水泵通过湖底的网路地下管道吸取冷却水供应给大楼，可节省 75%的空调用电。[13]这些水同样可用于家庭饮水。

海洋是另一个丰富的能源水库，加拿大人正用波浪来进行技术创新。海洋可再生能源集团正在与工业和大学合作，提高利用海平面水流和盛行风吹向海岸形成波浪产生的能源技术。安纳波利斯皇家电厂位于加拿大新斯科舍省的芬迪湾，是一个捕捉潮汐能源并将其转化为电力的项目。这个正在进行的海洋能源提取项目，是北美自 1984 年以来第一次也是最大的海洋能源实验室。该发电厂利用高达 14 418 立方英尺/秒的水流穿过水下 100 英尺(30.5 米)的水闸形成的海洋潮汐可产生 20 兆瓦的电力，相当于每年 50 千兆瓦时的能源。[14]（瓦特、千瓦、兆瓦、千兆瓦是电力的计量单位——如开灯或运行汽车的耗电量；瓦时、千瓦时、兆瓦时、千兆瓦时是能源随时间可使用的计量单位。所以，一千瓦时就是一千瓦电用一小时的能量。电力是支付时的能源单位。）

同加拿大一样，墨西哥也一直积极建设各种创新的能源项目，这是由于其石油产量开始下降使 1.12 亿人口面临不确定性。墨西哥一直与全球环境基金和美国的桑迪亚国家实验室在一个价值 3 100 万美元的可再生农业能源项目上亲密合作。这个项目安装了风能和太阳能光伏发电系统来发电，使居住和工作远离电力的农民和牧场主的生活变得更美好。这些能源技术已在墨西哥 200 多个地区实现，许多农业社区实现了节能务农。[15]这个项目还节省了农民几千美元的饲料费，因为现代太阳能水泵代替了过去由马、牛甚至是人类劳动力进行的灌溉。

拉美

因原油价格上涨和能源供应短缺导致拉美洲国家经济受损，几个国家已经相应颁布了法律支持可持续能源和提高能源效率。危地马拉和智利已经制定财政激励，例如，建立可持续能源实验室可以减免税收。一个在尼加拉瓜的小规模项目显示了很大的可能性，鼓励贫穷国家进行可再生能源生产。非营利组织“绿色赋权”帮助圣何塞的220家农户建立了一个260千瓦的小型水力发电厂，利用当地小溪的流动来运行稻谷脱壳机。然后用烧毁这些谷壳产生的生物质来操作水稻干燥机。

南美洲河流密布，可作为可再生能源用于水电站发电。但拉美洲的人们担心，由全球变暖造成的干旱可能会大幅减少这些河道的水流。这种顾虑使南美国家提倡能源多样化，鼓励使用风能、太阳能、地热能和生物质能等替代能源。绿色赋权连同另一个非政府组织——自然资源保护组织(Fundación Nutura)，在亚马逊地区与当地人民合作安装了太阳能电池板，可用于双向电力收音机和给电池驱动的木工工具充电，帮助工匠打造木材家具，进而产生收益。[16]

巴西近年来已成为南美洲的自由能源巨星，利用可持续的资源生产了近45%的燃料供1.92亿人使用。最值得一提的是，利用甘蔗作物提取高浓度的乙醇。该能源被称为沙特阿拉伯的生物燃料，巴西75%的汽车使用纯乙醇或者与汽油混合，这极大地减少了进口石油的需求。巴西有超过35 000个加油站提供汽油和乙醇。(美国在此方面远远落后于巴西，2010年9月只有2 389个加油站提供E85燃料，即一种85%乙醇和15%汽油的混合燃料。)研究人员还在努力寻找技术突破，利用从巴西农场提取的甘蔗榨渣(或甘蔗原料)给巨大的蒸汽锅炉发电，这些锅炉产生的电力将用来提炼乙醇。[17]炼油厂也能够将盈余的电力出售给国家电网。

南太平洋

南太平洋的国家有着独一无二的优势发展自有能源。特别是澳大利亚，已经成为可再生能源企业家的温床。其中一个例子是澳大利亚政府实施的价值7 500万美元的太阳能城市项目，已经在五个地理位置不同的地区建立了城市太阳能试点。澳大利亚南部城市阿德莱德(Adelaide)是该项目的第一个太阳能城市，收到约1 500万美元来研发太阳能技术。多达

1 700个光伏板安装在住宅区和商业区，产生高达 2 兆瓦的电力。包括在该市安装的 7 000 个智能电表的其他能源改进，让消费者知道他们的能源消耗，进而为节省金钱和电力做出改变。这个项目在高峰用电时为城市节约了 9 兆瓦的电力，每年节省 28 千兆瓦时的能源，还为整个城市节省了每年 500 万美元的电力成本。爱丽丝泉镇是澳大利亚的中心，同样参加了太阳能城市试验。收到 1 600 万美元的政府资金支持用来进行各种能源改善，这个小镇在诸如飞机场、游泳池、污水处理厂等许多公共场所安装了太阳能板，并在 1 000 个家庭中安装了太阳能热水系统。安装在 225 个家庭和 5 个商业社区的光伏系统预计将产生 1.3 兆瓦的电力。多达 850 家能源统计部门将帮助企业和居民找到更好的方式来提高能源效率，减少能源使用，这些参与者能减少高达 20%的能源费用。在爱丽丝泉镇 400 个家庭和企业安装的智能电表将进一步帮助消费者减少高峰用电时的用电需求。[18]

除了澳大利亚大陆，分散在南太平洋的岛屿也设法获得自由能源。例如密克罗尼西亚地区，必须高价进口汽油和石油来发动汽车、船舶和柴油发动机。为避免有一天无法与经济强大的国家竞争石油，密克罗尼西亚现在正研发利用太阳、风力和海浪来收集自然能源的技术。它看到了这些资源的潜力，能够利用有限的分布式系统提供电力，从而维持村庄和城镇的能源需求，却不依靠强大的电力传输线路。南太平洋的岛民们发现，椰子油是巨大的液体能源，可作为这些国家的独特的创造性生物燃料。[19]作为太平洋文化的一部分，能源丰富的石油相对容易生产并可有许多用途。维珍(Virgin)椰子油可作为一种不使用柴油发动机的汽车和发电机的燃料。

非洲

许多非洲国家都面临能源挑战，并引发社会和经济危机。非洲是世界上消费生物质能源最多的地区，2/3 的能源来自柴火、动物粪便、木炭和农业废料。不幸的是，燃烧生物质能源严重危害了非洲人的健康。尤其是妇女和儿童因吸入燃料的废气患有呼吸道疾病。非洲的发展中国家也必须面对这个破坏性的结果，即因全球变暖造成的气候改变所带来的经济和自然环境的损害。西非拥有世界上第二大仅次于亚马逊的热带雨林，该地区茂密的植被从大气中吸收碳，是重要的自然系统。气候变化和人们使用燃料或者开垦农田、燃烧植被带来的多重影响，可能大大加剧非洲大陆的沙漠化(沙漠扩散)，因而该地区吸收碳能力的降低加剧了全球变暖。

这些经济和环境的挑战促使非洲国家开发除生物质能源以外的其他能源，包括风能、水力发电，还包括太阳能。其中最令人兴奋的一个项目是1986年肯尼亚建立的分散式电力系统，即在城镇和村庄安装20 000个光伏系统。[20]纳米比亚共和国也实施了类似的项目，帮助100家远离电力的农户安装光伏板。南非政府投资4 930万美元促进清洁能源产业的发展，致力于更有效和经济的燃料电池。这些设备将使用铂作为催化剂，该金属在南非含量非常丰富。此外，非洲国家也在尝试利用海浪能源发电。未来，阳光普照的撒哈拉地区很有可能为非洲提供电力。例如，仅阿尔及利亚就有足够的太阳能潜力为整个世界提供4倍的电力需求。正如我们所看到的中东的发展，其拥有的巨大的能源可以出口销售到欧洲国家，同时仍有足够的电力来供非洲其他国家使用，从而帮助非洲国家实现现代化并发展产业来维护经济和社会稳定。

没人知道世界上哪个地区会成为下一个能源创新地。也许在世界的某个角落，在一个简陋的家用车库或者一个先进的大学实验室，存在着一些像物理学家尼古拉·特斯拉这样智慧的清洁能源科学天才。甚至就是现在，这些人正研究着先进的能源技术，并有能力提供能源创新技术来减少全球能源消费，对未来的人类社会产生积极的影响。不管创新者是生活在亚洲、欧洲、中东、拉美、加拿大、南太平洋、非洲还是就在美国，全人类将会受益于这种革新的思想，使用这些能源资源给文明社会带来更高效的生产。通过保持开放的心态在全世界寻找使所有人都获益的新想法，并帮助开发这些创新，我们美国人领导全球清洁能源运动将享有巨大的财政和环境奖励。任何或全部能源项目的开发将使所有人受益，这将使得世界更安全、更繁荣，避免破坏人类和其他物种赖以生存的生物圈。

注释：

[1]Jill Jonnes, *Empires of Light: Edison, Tesla, Westinghouse, and the Race to*

Electrify the World(New York:Random House,2003).

[2]International Energy Agency(IEA),"World Energy Outlook 2007"(Paris:IEA, 2007),http://www. worldenergyoutlook. org/2007. asp; and Keith Bradshet,"China to Pass U. S. in 2009 in Emissions,"*New York Times*,Nov. 7,2006.

[3]Lascelles Linton,"Chery Has Huge Plans for Hybrids in 2008 and Beyond,"Autoblog Green,posted on Nov. 16,2007,www. autobloggreen. com; and"Chery to Go Hybrid Crazy by 2010,"*China Car Times*,Nov. 16,2007,www. chinacartimes. com.

[4]"Heat for the Tubs of China:Cheap Solar-Powered Devices Bring Hot Water to Millions,"*Wall Street Journal*,March 31,2006,Marketplace section; and "The World's Billionaires, # 396 Shi Zhengrong,"*Forbes. com*, March 5, 2008, http://www. forbes. com/lists/2008/20/billionaires08_Shi-Zhengrong_EP46. html.

[5]David McNeil,"Japan's Hybird Train Hailed as the Future of Rail Travel,"*Independent*(U. K.),Aug. 1,2007.

[6]Hiroko Nakata,"Fast Track to Controversy:JR Tokai Generates Friction with Costly Maglev Train,"*Japan Times*,Feb. 27,2008.

[7]DeserTec,"TREC:Clean Power from Deserts,"Jan. 15,2008,http://www. desertec. org/downloads/summary_en. pdf.

[8]Ian Traynor and David Gow,"EU promises 20% Reduction in Carbon Emissions by 2020,"*Guardian*(Manchester, England), Feb. 21, 2007; and Leo Cendrowicz,"EU Aims to Chock Carbon Emissions,"*Time*,Jan. 23,2008.

[9]Information on European-wide energy initiatives comes from Hjálmar W. Hannesson,"Climate Change as a Global Challenge,"statement to United Nations General Assembly,Feb. 8,2007;Reuters,"Sweden Aims for Renewable Sources of Half Its Energy,"March 6,2008;and Ida Kubiszewski and Cutler J. Cleveland,"Oedillo Font-Romeu, France,"*Encyclopedia of the Earth*,June 14,2007,www. eoearth. org/article/Odeillo_ font-Romeu,_France.

[10]European Wind Energy Association(EWEA),"Pure Power on the Horizon,"press release,April 16,2008,www,ewea. org;"UK Wind Power Reaches Milestone,"BBC News, Feb. 9,2007,www. news. bbc. co. uk; Danish Wind Industry Association,"Nysted Offshore Wind Farm," www. windpower. org/en/pictures/offshore. htm; and "Denmark to Increase Wind Power to 50% by 2025,"*Renewable Energy World*,Dec. 5,2006.

[11]Descriptions of energy independence projects under way in Britain are from

"Shell Pulls Out of World's Biggest Wind Farm, Draws Criticism," *Environmental Leader*, May 5, 2008; Simon de Bruxelles, "Giant Wind Farm Planned for Bristol Channel," *Times*(London), May 18, 2007; Government of Hong Kong, Energy Efficiency Office of the Electrical and Mechanical Service Department, "Marine Renewables," http://re. emsd. gov. hk/english/other/marine/marine_tech. html; and "Cruachan Power Station," *Gazetteer for Scotland*, www. geo. ed ac. uk/scotgaz/featurefirst2013. html.

[12]Transport for London, "Congestion Charging," www. tfl. gov. uk/roadusers/congestioncharging/6741. aspx; and "Hydrogen Bus Trial," http://www. tfl. gov. uk/corporate/6585. aspx.

[13]Western GeoPower Corp. , "South Meager Geothermal Project," www. geopower. ca/meagerdescription. htm; and Enwave, "Our Vision," http://www. enwave. com/home. php.

[14]"Nova Scotia Power... A Tidal Power Pioneer," *Electrical Line Magazine*, March/April 2002, 28—29.

[15]Sandia National Laboratories, "U. S. -Mexico Renewable Energy Programs Help Farmers, Ranchers South of the Border," press release, Dec. 18, 2000.

[16]Green Empowerment, "Renewable Energy for International Development: San Jose de Bocay," http://www. greenempowerment/home-mainmenu-1/156. html?task=view; and "Renewable Energy for International Development; Ecuador," http://www. greenempowerment. org/projects-topmenu-28/ecuador-topmenu-35. html.

[17]Adam Lashinsky and Nelson D. Schwartrz, "How to Beat the High Cost of Gasoline. Forever!" *Fortune*, *Jan*. 24, 2006; Wan Imran Wan Chik, "The Ethanol Magic?" *Malaysian Business*, June 16, 2007; and Thomas L. Friedman, "The Energy Harvest," *New York Times*, Sept. 15, 2006.

[18]Australian Government, Department of Environment, Water, Heritage, and the Arts, "Welcome to Australia's Solar Cities," www. environment. gov. au/settlements/solarcities.

[19]Doug Kelly, "Renewable Energy for Micronesia," *Micronesian Counselor*, Sept. 2006.

[20]U. S. Department of Energy, "Major African Environmental Challenge: Use of Biomass Energy," http://www. eia. doe. gov/emeu/cabs/chapter7. html.

第十四章

保卫美国能源的未来

在未来几十年内，要把美国建成一个清洁能源国，将带给我们一个人类历史上的巨大挑战。只有我们相互协作，才可以实现这一技术和社会的转型。我们此前在民族企业方面的成功促使我们携手向前，奔向一个有着更环保、更清洁燃料的未来。

回想起 19 世纪 60 年代第一条横贯大陆的铁路，这条铁道横跨北美大陆，极大刺激了美国西部的扩张。该项目已被林肯总统推到了政治的理想高度。他看到了拥有一个大规模交通系统背后巨大的经济和社会价值，通过这个系统，搭载乘客和货物从东海岸到西海岸只需要几天，而不是几个月。巴拿马运河经过 10 年的建设，于 1914 年竣工，同样也引发了一场商业和国防的革命。受总统西奥多·罗斯福的推动，完工的项目为往返两大洋之间的船只提供了一条便捷通道，这样节省了航行的时间和燃料，避免了经过南美洲的艰难旅程。州际公路系统开始于 19 世纪 50 年代，使得美国民众能轻松而快速地在全国长途跋涉，这彻底改变了美国社会。德怀特·D. 艾森豪威尔(Dwight D. Eisenhower)将高速公路推入建设轨道，如今它已经穿越美国的 48 个州，在我们的城镇间形成了一个强大的经济和社会网络。20 世纪，我们国家最具抱负的太空探险就是阿波罗计划了，它在 19 世纪六七十年代为人类创造了 9 次探月旅行。约翰·肯尼迪总统带着他对阿波罗计划的愿景去探寻地球的姊妹世界，帮助人类完成天体航行的共同心愿。

这四项专长是他们那个时代的工程奇迹。他们身上的品质和精神鼓舞我们在朝着清洁能源国的旅程上继续前进。他们的创造力将技术创新推到极限。这一行动为美国民众提供了新的就业机会，建造了新工厂，产生了巨大的经济机会和商业生产力。在我们心中，他们是国家活力和团结的象征，从而加强了民族凝聚力。如今，他们的创造力依然激励着人们实现非凡的事业，给全球带来积极的影响。最重要的是，这些构想被一一实现了，从某种角度来说，这是我们加强国家安全的必要行为。

在加强国家安全的前提下倡导能源自由，将带领我们聚焦能源自由的根本利益，激励美国人取得革命性的进步来完成这项创举。美国人不再想遭受石油存有国在社会、经济、政治上的操纵了。越来越多的公民认识到这对我国国家安全所产生的威胁。这一日益增长的不安最终将推动相关部门颁布新的有效法律，促进我国建立起清洁能源方面的基础设施，在全国创造出新的产业。

保护国家安全获得了实现这一宏伟目标所需的政治支持。正如我们过去实现的伟大工程成就一样，美国要想建立清洁能源国，就需要在研发新科技和改善基础设施方面投入必要的资金。当我们观察过去的项目，我们可能会顾虑短期的费用。但是，从长远来看，一个积极成长、管理妥善的清洁能源工程将为广大纳税者和企业节省数十亿美元的年度能源成本。更为重要的是，随着时间的推移，这项工程将产生一些新能源企业和清洁技术行业，从而成立一个全新的经济部门，为美国人提供大量的新工作。清洁能源革命还将帮助我们降低对国外石油的需求，从而削减我们在保护波斯湾及其他地区石油利益中所产生的金融和军事支出。当我国变为一个清洁能源国时，国家安全将变得更加强大。

共同防御

保卫国家安全将成为促进我们改变美国能源政策、实现燃料自由的主要原因之一。我国《宪法》前言特别要求我们政府“建立共同国防”。为了实行这一宪法义务，美国如今被公认为世界上军事力量最强大的国家。要履行宪法对维护国家防御的授权，军事实力成为推动美国实现清洁能源国愿景的力量之一。

美国能取得如今的军事成就，碳氢化合物燃料发挥了关键作用。但随着本国石油储量的减少，我们变得越来越依赖国外石油，这种获取能源的方式迅速成为美国的致命弱点。它使得我们难以逃脱外国暴君的指使，他们并没有把美国的利益放在心上。许多军事领导人已经告诫我们，美国的国家安全在化石燃料使用和气候变化的影响下已变得岌岌可危。他们还提醒我们一个令人不安的事实：我们已经没有太多时间采取积极措施来减轻气候变化和石油储量下降的影响了。

管理国家安全的主要一点就是采取有效行动来缓解紧张的国际政治局势，努力降低战争和冲突的可能性。在接下来的 40 年里，世界上的国家将为越来越少的水、能源和食物展开竞争。当世界人口扩张到 90 亿时，这种竞争将变得更加激烈。我们必须警觉到即将发生的全球冲突。非洲国家的苏丹和卢旺达发生的种族灭绝，就是环境压力对社会产生实质性影响的一个例子。如果我们现在不能采取行动来应对资源下降的影响，那么这些潜在的冲突可能危及我们的国家安全，在未来几十年内把我们推到代价高昂的战争中去。就像他们在巴拿马运河、州际公路系统、阿波罗计划上取得的成功一样，美国的军事领导人可以提供更多的组织和监督才能来建立一个清洁能源国，从而加强美国的国家安全。许多曾在军事上服役的人们——尤其是武装部那些开发先进工程技术的老兵——可以发挥重要作用，他们可以将由军事政府研究中心开发的能源技术推广到私人部门。把实现能源自由看做对国家安全问题的一种解决办法，这使得美国更能调动人才、专家以及国防部的组织功能来完成这项艰巨的任务。军方可以也确实能与能源部门密切合作。这两个组织在一起能够建立起阿波罗计划那样的工程来显著提高我国的能源效率，并在全国生产清洁燃料产品。军方和能源部在与其他各部门和联邦及州级政府打交道的过程中有很多机会。国家实验室里的高级研究和大学及私营实验室里的技术创新，将推动最先进燃料技术的发展。当我们进入一个清洁能源国时，这将为美国创造全新的商业和成千上万个工作岗位。

保卫经济

如果我们希望在未来几十年里维护美国的国家安全，我们将需要从一个强有力的经济体中获得金融力量。负责我国企业、金融机构和工业的领导者们将在提供财力和技术专长方面发挥基础性的作用。我们在二次世界大战期间已经认识到拥有商业和工业的重要性,工业生产的武器抵御了法西斯主义暴政,保卫了我们自己和其他国家。美国的工商业领导者现在需要付出同样的努力来作出一些行动,停止经济对化石燃料的过度依赖。银行、风险投资公司和证券投资公司可以并且正在通过支持清洁能源事业来刺激经济发展,这就引发了巨大的金融增长和良性的货币回报。人们对清洁能源和节能产品的需求增加将鼓励美国制造商扩大对可再生能源产品的生产,从而重振我们的经济。它还可以产生一个劳动和服务行业,人们可以通过安装和维护清洁技术系统来获得高收入。涟漪效应也会带动其他行业提供更多的工作岗位。实现能源自由将为美国提供一个强大的经济和更广泛的税收基础,这些将使得我们有足够的资金投资于国家转型,把美国从一个化石燃料社会转变为一个清洁技术社会。

随着能源自由运动的不断发展,美国企业将会看到,当它们提高能源效率时,它们将达到一个更高的收益水平。当美国企业执行能源系统方面的现代化改革后,它们都将节省大量的运营开支和燃烧燃料的费用。如今,国内许多企业消耗大量的矿物燃料来运行它们的取暖和照明系统以及其他操作设备,如电脑、复印机。能源高效的经济性和针对性的激励措施可能会迫使它们采取行动。美国公司雇佣专业顾问对它们的能源使用进行一次彻底的审计,公司将从此获利。整理出来的数据可以反映削减开支后和高效办公后的变化,包括雇佣能源审计师和安装技术人员。

如今,美国的工厂和制造场所使用大量的能源——尤其是化石燃料能源——来生产它们的货物。一项研究显示,美国超过 30%的能源是用于生产目的。美国对化石燃料高度依赖,一旦石油资源被突然切断,这将使得国内 1 400 万工人中的大部分面临失业的风险。随着能源自由运动的开展,美国的劳动者将获得更大的工作保障。如果更多的工厂现代化改进其设施以提高燃料利用率,那么它们可以与海外制造商保持持久的竞争力。比如,用低效发动机那样的过时设备运行一台电梯,要比高效发动机消耗更多的能源。虽然工厂重置高效系统时面临初始投资的问题,但是节省的燃料可以削减多达 60%的年度能源成本。这两个结论是由同一项研究得出的。[1]

现代化的工厂也显著提高了生产率，弥补了其改造设备的支出。许多美国大型制造商也可以通过与联邦及州级政府的能源机构合作，将更节油的系统应用到它们的生产中去，从而节省下一笔资金。受节约能源和税收抵免的推动，新的商业建筑和制造场所实行了节能改造，安装了太阳能电池板和风力涡轮机等可再生能源系统。随着时间的推移，节能将带给它们相当大的回报。

运输人、商品及货物的过程中燃烧的化石燃料造成了巨大的环境污染，这对我国的经济一直起着极大的影响。实现能源自由的过程中最引人注目的行动就是，我国的运输行业领导者与联邦及大学实验室联合起来，大力开展一些能提高汽车、卡车燃料使用率的研发项目。我国的汽车与卡车制造商可以生产装有高效引擎的高性能车辆，采用改良的动力学设计来减少阻力，同时采用碳纤维和轻型钢这样轻而坚固的材料，这样使得汽车更省油，又不会降低性能。我们国家还可以大规模地投资于研究支持快速充电的更轻便、持久的电池系统。这种高密度电池系统在日后将成为商业化电动汽车产业和刺激美国汽车行业的关键环节。当清洁能源汽车和卡车的消费市场迅速扩大时，美国汽车制造商将快速投入生产。类似的节能技术可以用于对飞机、火车、船舶等运输工具的改进。这些及其他能源改进项目将帮助整个国家获得动力，从而在能源自由之路上迎来一个好的开端。在这个过程中，它将使我国经济更强大、更稳固。

确保公共卫生和食品供应

要建立一个强大的国家安全系统，需要美国用足够健康蓬勃的经济来支付数十亿美元的军事和防御费用，同样，美国的经济状态需要身体健康的人民。美国的经济正在依靠数百万的员工运转，而他们只有具备处理日常工作的条件才能工作。如果太多的公民生病了，美国的生产力就将遭到破坏，经济则会下滑。美国向清洁能源国的转变将有助于确保美国工人的幸福，使他们免于遭受化石燃料燃烧引起的空气、水及土壤污染。当美国的交通运输更清洁环保时，工人也变得更健康，这样就使得美国经济和国家安全更加有力而稳定。

气候变化给美国公民的健康带来巨大的危害。干旱、暴风雪等极端天气以及虫灾的蔓延会破坏我们的身体健康。气候变化也将破坏其他国家人民的健康，这也影响他们的经济、危害他们的社会。有句谚语叫做“一分预防胜过十分治疗”，这句话特别适合于公共卫生保护这个话题。转型为清洁能源国将帮助我们抵御疾病，而不用花高昂的费用来医治。

美国食品生产的数量和质量在维持公众健康方面发挥着举足轻重的作用。人们如果没有足够营养的食物可吃，他们就不会健康有力地工作，这反过来也会伤害美国的国民经济和国家安全。虽然人们现在拥有充足的食物，但是美国的食品供应同样会受石油储量降低的影响，因为美国在农作物和牲畜生产过程中用到了石油。全球变暖引起的气候变化会对环境产生一定的冲击，这也会损害美国的食品生产力。对美国农场和牧场实行现代化，使用更清洁绿色的能源，在一定程度上会促进国家出台相关的能源和气候政策，以便使我们达到目标。为了达到这个目标，州政府正在与美国农业部进行紧密的合作，鼓励美国农业和牧场区开发和使用更节能的粮食生产方法。

许多美国的农牧业家庭都在燃料、化肥及杀虫剂的价格上涨中苦苦挣扎。然而，当美国稳步过渡到绿色国家时，清洁能源技术不断发展，更高效和可持续的农业生产方法也随之被开发出来。联邦及州级农业管理人可以采取的一个办法是，鼓励农场主使用海藻生物柴油生产过程中产生的副产品——碳基肥料。添加这个新一代的绿色肥料会帮助农民节省很多资金和劳力，因为它不像传统肥料那样需要很多的拖拉机耕种。这种碳基肥料也许可以让旱地开花。全国各地数以百万计的耕作农田可以吸收大气中的二氧化碳，有助于缓解地球的气候变化。

保护美国的淡水资源免于化石燃料的污染，对保卫国家的公共卫生和食品供应也至关重要。改善美国水资源的分布将为美国赢得能源自由提供额外的帮助。目前，美国每年需要消耗4%的电力来分配和治理水。大多数的水被人们用于农田灌溉。州和联邦农业研究者们应该继续研究出更先进的技术来减少粮食生产及牲畜养殖中水和能源的使用。美国人在未来几十年里可以通过使用乙醇、生物柴油等液态生物燃料来帮助美国的农场维持生产，并缓解气候变化。按照环保的精神，我们在生产高粱等环境友好型农作物时应该节约用水。这种环境友好型的生物燃料延续乡村的经济发展点,创造更多的工作和更多的繁荣。

州政府也可以激励农民和农场主们与公共部门合作,将风能、太阳能技术推广到乡村地区。美国大多的农场和牧场有大面积的土地,非常适合安装太阳能电池板和风力涡轮机的机组。这些清洁能源技术可以给农民和牧场主们带来额外的收入,他们可以向公共部门出售额外的电量,由公共部门向各区域分散传输。联邦政府可以给美国农场主和牧场主们提供资助、增加贷款,以鼓励他们采取措施来使用可再生能源,并提高农业设备的能源使用效率。联邦政府与州政府合作可以帮助美国保护农业安全,保卫能源自由。

国际伙伴

人类是地球生物圈中的一环。我们都需要新鲜的空气、水、食物来维持生命。这些基本的需要将共享世界资源的我们联系到一起。然而,我们作为一个物种生存下来,如果我们过于破坏这个生物圈维持生命的能力,我们就将面临风险。气候变化会危害这种能力。当化石燃料到达峰值,然后开始下降时,我们的全球工业文明也将受到威胁。这就是美国寻找和培养国际伙伴关系并把国家安全政策寄托于新兴的清洁能源革命之上的合理理由。

当我们寻找创新方法来实现我国能源自由时,我们必须密切关注美国与世界其他国家的关系。随着逐渐意识到我们必须分担共同的能源和气候变化问题的挑战,因此,美国人将越来越多地看到国家心态的转变——转向与其他国家更加合作。我们知道,我们必须共同应对气候变化,这种态度的调整将被证明是至关重要的。一旦美国开始构建新的国际能源合作伙伴关系,美国将开启巨大的经济和商业机会。这些伙伴关系将帮助国外拓展能源自由运动,这样播下民主的种子,施以照料和滋润,它就可以在世界其他国家开花结果。随着这些国家越来越稳定,政府越来越适应公民,美国的安全风险就降低了,美国就更加安全了。在接下来的 40 年里,美国还可以采取有力措施使用节能和碳限制的项目,稳定政治和社会动荡。例如,美国可以在联合国人道主义援助项目上提供强有力的领导组织,促进太阳能、生物燃料和风力发电设备的安装。

能源革命

工业革命造成了美国社会对化石燃料的依赖。创造性的浪潮引领了清洁能源产品和系统方面的技术革命,这将帮助我们摆脱对化石燃料的依赖。要想保证一个国家的安全,美国的领导人就必须鼓励和推动清洁能源的开发。在接下来的40年里,如果我们能优先改善美国的教育系统,能源技术方面将可能爆发一场全新的、意想不到的革新。我们必须给我们的孩子提供高质量的教育,激发他们的思维,以便在21世纪清洁能源和绿色革命到来的时候,能创造出一些精致的能源产品和系统。如果政府工作者能给出明确的立法信号促使企业和产业节约能源并生产清洁能源产品,那么我们也可以期待一些令人兴奋的创新。如果我们鼓励试验和发明的精神,也许我们可以更快地实现能源自由。那种精神是我们民族性格中固有的一部分,也是一个自由公平的市场环境的基础。

能源自由运动早期最重要的关键创新将是大规模地生产更轻便、牢固的工业材料,如碳纤维,它可以用于制造美国的新型汽车和卡车。纳米技术——极微小空间里的建筑科学——可能对材料科学的技术进步起到重要的作用。它还可以用更先进的方法生产出更高效、更便宜的太阳能电池板和燃料电池产品。美国工厂在生产可再生能源产品及其他物品时,人工智能和精密机器人可以帮助它们削减在化石燃料上的支出。机器人制造技术的进步如果能成功地应用于现代工厂,我们有望在未来40年内用上高质量、低价格的能源技术产品。在未来几十年里,美国创新的种子生根发芽,并将会在可再生能源领域取得惊人的技术进步,有些进步是我们现在都难以置信的。例如,硅谷正在开发的一种远程传输系统也许有一天可以帮助商人实现"数字旅行",或与他们的同事和客户进行"数字会面",尽管他们身处世界上不同的办公地点。当全球化步伐继续加快时,这些发明就可以为美国员工省去远途旅行所耗费的大量时间和金钱。它还将减少运输日益昂贵的化石燃料所花的费用。

未来40年中另一个令人兴奋的趋势就是,美国可能率先建立高效脱盐工厂，利用风能、太阳能和海洋热能转换(OTEC)技术从海水中提取盐和其他矿物质。利用这些渠道生产淡水，将在能源自由运动中起着至关重要的作用。这些淡水除了维持城市用水和农业生产之外，大部分可以用于干旱地区种植作物和森林，从而有助于减少全球变暖的影响。从本·富兰克林发明的炉到美国革命领袖发明的电，美国更富创新力的平民百姓实现了很多令人兴奋的节能想法。毫无疑问，未来几十年中，如果清洁能源倡导者们能适当推动，我们将提出更多革命性的能源创新来改善人们的生活质量。

确保未来40年

正如我们在横贯大陆铁路、巴拿马运河、州际公路系统的建设和载人登月的阿波罗计划中已经看到的，创新精神使得美国的经济、社会和国防安全更加强大。这种创新精神会推动我们实现能源自由，这不仅仅是为了现在的自己，还是为了今后世世代代的美国人。自1776年诞生以来，美国一直是一片充满奇思妙想的大地。历史上很多时候，美国都会产生一个超乎寻常的想法，然后把它变为现实，很多想法在当时看来几乎是不可能做到的。这种品质在美国用新方法实现新理想的道路上屡屡得以验证。无论是为先锋者们修建从东到西的俄勒冈小道，还是为数字信息建立电脑间的传输网络，美国人一直都是开拓者。当我们专注于一个颠覆世界的大胆愿景时，我们总是能发挥最佳水平。这就是为什么会提出能源自由运动这个大胆的想法，因为这非常符合我们做大事的风格。以一种乐观的眼光来看待未来40年，我们会看到2050年7月4日，美国人将站在世界的高处，为如今的能源自由运动感到骄傲。如果美国人民现在就选择能源自由之路，为保卫国家和星球采取措施，那么全人类在21世纪中期就能够享受世界和平和国家繁荣。要达到这种幸福的愿望，我们只需要从今天开始采取措施一起行动来确保美国的能源安全。

注释：

[1]Apollo Alliance, "Clean Energy Strategies for the Manufacturing Sector," www.apolloalliance.org.

第十五章

领袖的力量

很多美国人得知是乔治·W. 布什启动了美国最成功的清洁环保能源项目,会感到十分惊讶。1996 年中期,得克萨斯州州长布什和帕特·伍德进行月度聊天,后来伍德就成为该州公共事业委员会主席。他们正在讨论得克萨斯州电力运输网络的扩张问题。当伍德准备离开州长办公室的时候,布什在桌前大叫道:"帕特,我们喜欢风。"吃惊的伍德这样回答道:"我们什么?"布什回答:"你听到我说的,去风上要聪明。"[1]

一个在当时看来并非传统想法的意见调查在得克萨斯州民众中间开始了,该想法是从横扫平原的风中提取能源。结果委员会成员们发现,在一个拥有著名石油产业的州里,人们的确愿意为可再生能源支出一些额外的成本。在布什的命令下,公共事业委员会和能源公司及环境保护者合作,开发全州范围内的风能计划,并写入 1999 年的产业重构法律。这个项目,即得克萨斯州可再生能源组合标准,要求全州电力公司到 2009 年要从可持续来源中产生2 000兆瓦的电力。这个项目实施后,嗅到商业机会的个人和公司迅速开始建造风力涡轮机以达到授命的标准。州政府的激励措施是如此成功,使得目标在 2005 年就完成了,比预计整整提前了 4 年。下一年,得克萨斯州的风能产量超过了加利福尼亚州。到 2007 年底,得克萨斯州的风能产能超过了 4 370 兆瓦,足够为 120 万个家庭提供一年的用电量。[2]多亏了州长布什,这个"孤星之州"现在是美国风能产量最大的一个州。

州长布什推动得克萨斯州风能产业的背后故事说明了领导的力量可以推动人们去冒险,为自己建立一个可持续能源的经济和社会。这种领导力量中的一个主要部分就是利用有效的沟通,为真正的改变而行动。领导者们必须为清洁能源的未来提供一个清晰的视野。有效的沟通使得国会和美国总统连接大部分美国人的心声并不容易，特别是在像美国这样有着许多不同观点和看法的国土上。然而，如果我们要为自己和我们的后代创造一个更美好的未来，我们在寻求成为清洁能源国家的路上，必须利用有效的沟通，共享一个鼓舞人心的愿景。

《美国清洁能源和安全法案》

2009 年美国众议院在通过开创性的《美国清洁能源和安全法案》(ACES)的进程中遇到了挑战，我们可以从中学到许多有关领导力量的东西。这个法案计划通过慢慢地转变，使我们的国家到 2050 年实行清洁能源经济，以惠及所有美国人。它将创造清洁能源技术方面的工作，减少我们对外国石油的依赖，限制正在改变全球气候的温室气体的排放量。国会为将清洁能源载入法律而所作的努力，充分说明了跨越华盛顿政治系统的阻碍使清洁能源合法化的困难性。

2009 年 3 月 31 日，加利福尼亚州议员、能源和商业的众议院委员会主席亨利・维克斯曼，以及马萨诸塞州议员、能源和环境小组委员会主席爱德华・马基，递交了 ACES 的讨论稿给能源和商业众议院委员会。这个讨论稿是维克斯曼、马基及委员会的其他成员和工作人员多年准备的结果。之前许多涉及气候变化问题的法案被用做整个 ACES 法案的基础。在一系列的听证会中，委员会成员们听取了专家们就设立一个联邦政府授权的控制碳排放的限额交易系统以应对气候变化的问题所发表的赞成和反对的意见及理由。证据来自能源产业、制造业和环保组织中的官员和科学家们。最具戏剧性的听证会辩论来自前副总统戈尔和前众议院议长纽特・金里奇。戈尔提倡美国在应对气候变化时必须坚定地站在清洁能源的立场上。金里奇则称，其坚信美国面对的真正能源问题是，我们没有开采足够的国内石油。在整个听证会中，限额交易令是讨论焦点。联邦政府对二氧化碳排放量的设限问题遭到了大量的争论，因为可能会形成一个市场，催生一个在未来几十年减少排放到大气中温室气体数量的交易机制。经过一个半月激烈的讨论，能源和商业众议院委员会于 2009 年 5 月 15 日向议院提交了法案的最终版本。ACES法案的编号是H. R. 2454。

无论是在议院还是在整个国家，关于ACES的功过都受到热烈的讨论。领导人们都意识到ACES是美国的一个综合能源法案。如果成为法律，它将影响每一个美国市民。它包括可再生电力标准的部分，该部分要求电力公司到2020年将有20%的电能是从可再生能源（如太阳能、风能、地热能）及能源效率节约中获得。它还要求到2025年提供900亿美元的新补贴，投资于美国清洁能源技术和能源效率。促进美国清洁能源技术产业的创新，有助于刺激国民经济的发展，因而通过投资200亿美元于科学家们的基础研发来加速创新的过程。美国环境保护委员会（EPA）预测到，该法案对美国消费者的影响是相对较小的，每个家庭每天大概花费一张邮票的成本。国会预算办公室分析了限额交易系统中碳排放允许量的经济影响，估计ACES在10年间将增加联邦政府收入8 730亿美元，直接支出增加8 640亿美元，最终使联邦预算赤字减少90亿美元。

在艰辛的立法过程中，民主党和共和党都提出了修正意见。佛罗里达州的代表凯西卡斯特提供了一个修正案，将让美国采取“可再生能源上网电价”。密歇根的众议员约翰·丁格尔提出了这样一个修正案，即创建一个金融系统，通过此系统可以更有效地为清洁能源发展提供贷款服务。反对清洁能源政策法案方面，竭力阻止ACES法案通过的反对者们试图设置“毒丸”修正案，比如一项可能使法案“流产”的修正案，除非印度和中国政府采用了相同的能源战略，才有可能化险为夷。

与很多重要、有争议的立法过程一样，要协调众议院内部不同利益关系，需要一个相互妥协的过程。为得到足够的支持以通过ACES，需要做一些妥协。很多共和党反对这个法案，但也有来自民主党的几个障碍，比如代表煤矿业州的民主党，他们担心这一法案可能对他们选民的就业及能源价格产生影响。来自重工业制造区的民主党担心交易碳价格上限可能对产业竞争力带来的影响，意图保障工人们的就业。来自石油生产州的民主党则提倡石油冶炼。ACES关于农业部分的设计是在法案实施后将重大的管辖权从EPA转移给美国农业部。这么做是为了获得农业委员会主席、众议员科林·彼得森的支持和认可。彼得森的支持还将带来乡村农业区域的其他众议员们的选票。在辩论的妥协阶段，85%的碳排放允许量将在早期免费给予能源密集型企业，以帮助它们适应清洁能源的转变。10 年后，这些免费配额将逐渐减少，大部分的配额将会被拍卖。

在众议院热烈辩论的过程中，ACES 做了很多修正和改变。这个法案以非常接近的票数 219：212 通过。在辩论过程中及法案通过后，美国人开始讨论 ACES 的利弊。一些共和党看到了气候变化的立法价值。共和党环境保护组织支持 ACES 的通过。在众议院通过后，REP 政府和政治事务副主席大卫·詹金斯在新闻发布会上说，不作为不是一个选择。不限制温室气体排放的成本和风险实在太高。我们要为我们的国家和我们的后代采取行动。如今，众议院着眼于未来，为我们的经济、安全、环境做了正确的事情。[3]

为获得众议院最终通过 ACES，到底需要做多少妥协，引起了激烈的讨论。但相比国会完成了什么，这一点就不太重要了。但高级成员乔巴顿的言论需要进行仔细考察。他缅怀过去那种开发资源没有成本的日子。他是对的，旧模式的确创造了财富，并帮助美国获得了国际经济主宰的地位。但遗憾的是，它也造成了财富分配的极端不平等，以及对发展中国家的专横。另一方面，通过像 ACES 这样的法案以便快速地实现能源独立，有助于我国实现经济稳定。法案的通过确实令人惊讶，尤其是在当前的政治形势下。如果法案通过，国会民主人士可以成立国会成员联盟，开启经营商业的新方式，引领世界其他民族走向可持续的未来。不幸的是，尽管法案最终得到了众议院广泛的通过，但还不足以吸引参议员的共和党人士。与众议院反对者们类似，他们十分坚定地阻止 ACES 的通过。然而，《美国清洁能源和安全法案》的政治意义就在于，它展示了领导层克服巨大挑战的决心。ACES 指出了未来立法将采取什么形式来处理全球变暖的问题。人为的气候变化问题和其他全球挑战是可以解决的。我们还未受到我们无法操控的力量的控制。人类有能力站起来判断长期威胁，改变历史的进程，使之通向和谐和可持续方向。

尽管我们国家领导人没能成功地将 2009 年的《美国清洁能源和安全法案》作为一项立法，但该法案仍然可以为帮助国会将来通过类似的立法提供重要的借鉴。从 ACES 中吸取的一个重要教训是，所有在位官员从不放弃为美国民众提供稳固的国家能源政策以维护整个国家利益的重要性。另一个重要的心得是，聆听受清洁能源法案影响的各利益团体的有效观点的重要性。通过 ACES 法案，众议院代表们听取了支持立法的商人、环境组织领导人的意见和想法，还有商人和环境组织领导人的想法。这个交流的过程有助于在与通过法案相关的众议院各领导人间建立信任。

从 ACES 中学到的最重要的教训是，要想创造有效的能源立法，获得美国人的支持是十分关键的。如果美国将来有机会通过类似 ACES 的法案，美国民众必须明白，这样的立法对改善其生活的重大意义。而且他们必须积极表达他们对清洁能源立法的支持。没有一个创建清洁技术经济和社会的愿景，美国人将不会支持美国向清洁能源国家转变的努力。我们必须同心协力去创造和交流这种愿景。然而到目前为止，为与民众共享这一愿景负有主要责任的领导人是美国的总统。

总统的权利

美国人民为自己选出了许多伟大的国家领导人。在过去的 230 多年里，代议民主制的尝试一直在进行着，我们已经看到许多人领导我们的政府和人民取得了自由。在追求清洁能源国的道路上，我们仍然可以把许多这样的总统领导人作为榜样。最伟大的总统之一——乔治·华盛顿——履行了总统的职责。作为美国第一位总统，他为后人做出了表率。华盛顿总统是一个正直的人，他将美国几个经常斗争的州统一起来，共同归属于星条旗之下。他还警告说，交战各方太过分裂对于国家是一种威胁。美国的第一个共和党总统亚伯拉罕·林肯，同样也可以作为美国清洁能源领导人的一个榜样。在他任职期间，国内正进行着暗无天日的战争，美国人在为“人类是否可以像动物一样被奴役”的问题争论不休。不管怎样，林肯总统还是克服了所有困难，巩固了国家统一，尽管牺牲了 60 多万美国人的生命。他的政治实用主义和同情精神为人类实现了伟大的解放，也使他成为了我们最伟大的总统。

20 世纪是美国过渡到世界超级大国的时期。在上世纪初，我们非常幸运地拥有了一位精力充沛的领导——西奥多·罗斯福总统。这位积极的共和党总统推动国家加强了国防的海军力量，为俄罗斯和日本带去了和平和调解,促进了全球贸易,并建造巴拿马运河加强了美国国防。21世纪美国要想转变为一个清洁能源国,罗斯福式的领导无疑是很受人民期待的。他通过反对洛克菲勒标准石油公司的寡头垄断行为保护了美国的资本主义遗产。他还花了大量的精力来保护美国大部分地区的环境,并创建了美国食品和药品监督局来保护美国人的身体健康。伍德罗·威尔逊,一位民主党总统,被人们称为高效领导者。在任期内,他带领美国为第一次世界大战期间长期不和的欧洲国家实现了和平,尽管是暂时的和平。他想通过建立国际联盟来维持和平,不幸的是,1919年这个想法没有通过美国参议院的批准。世界就此失去了防止第二次世界大战的机会。威尔逊统一世界的梦想没有完成,但其中饱含的和谐精神使得美国现在与其他国家合作,并鼓励全球各国都向清洁能源国转变。民主党总统富兰克林·罗斯福也可以作为一个领导模式来实现我们的能源自由。在美国经历世界上最严重的经济危机后,他通过著名的"炉边谈话"鼓励人们仍然可以发挥作用,帮助普通美国民众重返工作岗位。作为总司令,他带领美国振兴民族工业,增强武装力量,成功战胜了法西斯。我们需要现在的领导人具备罗斯福总统的鼓舞技巧,激励我们的爱国公民为能源自由做出必要的小小牺牲。

罗斯福总统在1945年去世后,帮助美国度过冷战时期的责任被交到杜鲁门总统手中。民主党总统杜鲁门,是一个非常务实的政治家、一个极具眼光的人,他看到了在日本和欧洲建立现代基础设施的重要性,这样世界才不会再次发生类似《凡尔赛条约》那样的错误。1947年,马歇尔计划提供了170亿美元来重建西欧,通过建立更高效的工厂、生产基地以及现代交通运输系统来刺激经济走向繁荣。此外,大西洋公约组织(NATO)开始与欧洲国家建立联盟,共同抵御外来侵略。关于美国在通往清洁能源世界的路上如何率先建立联盟,杜鲁门做出了一个很好的示范。继杜鲁门后,共和党总统德怀特·艾森豪威尔以他建设州际公路的独特视角,证明了他是一个真正的领袖。这个项目以国防的目的获得了自主,通过建立一个现代化的道路系统将人们团结起来,促进了美国的商业和旅游。这些公路的建设对美国的经济产生了积极的连带效应,使得我们不断从中受益。艾森豪威尔的深谋远虑在其1958年创建美国国家宇航局来对抗苏联太空竞赛的时候就可见一斑。"人造卫星危机"也激发了艾森豪威尔拿出一项10亿美元的教育基金来改善我们的大学教育。美国对未来的这些投资创造了新通信、新信息和新的运输技术，使得今天的我们从中受益。我们可以用艾森豪威尔总统创建的这些有远见的项目来激励我们自己，为清洁能源的明天走出一条创新之路，如此将会惠及我们自己和我们的子孙后代。

在 20 世纪 60 年代，魅力超凡的民主党总统约翰·肯尼迪从古巴入侵猪湾灾难中得到了惨痛的教训。在 1962 年 10 月发生导弹危机时，美国人非常担忧世界末日即将到来，人类将在核战中不复存在。而他把这些教训运用到了指挥的实践中，用他真正的领导力带领美国走上了登月之路，并用 10 年的时间完成了这个激动人心的旅程。他的事例表明，清洁能源运动中的领袖们也需要勇敢积极地设立一个具有挑战性但在一定时间内又可实现的目标。肯尼迪总统遭暗杀之后，民主党总统林登·贝恩斯·约翰逊成为总统，他把重点放在提高全美国人的公民权利和改善他们的生活上，他的口号是“建立伟大社会，向贫困宣战”。不幸的是，约翰逊不想在外交政策事务上显得软弱，于是不明智地推动了越南战争的升级。由此产生的社会动荡和战争成本严重损害了他的“伟大社会”愿景。约翰逊为我们提供了一个宝贵的教训，我们的国家领导人绝不能让我们的绿色能源行动受到国际冲突的影响。

共和党总统理查德·尼克松也为清洁能源运动提供了一个极富远见的领导者典范，尽管他的声誉将长期受到“水门丑闻”的影响。尼克松作为一个高效的外交政策领袖而名垂青史。他消除冷战时期的士兵意识，积极增进与别国的联系。他打开了与中国建立外交关系的大门，并缓和了与苏联的外交形势。尼克松总统的领导力为清洁能源国的领袖上了重要的两课。第一课是，如果我们希望与曾经的敌人合作，我们必须消除意识形态偏见。第二课就是尼克松的水门事件危机。我们从尼克松总统那里学到的就是，我们必须执行一套完整的高标准，不能让丑闻中断我们的清洁能源国计划。20 世纪 80 年代，共和党总统罗纳德·里根展现了他卓越的领导力，以其非凡的技能将美国人民团结起来，并让人们乐观地相信未来更加美好。里根学会了像尼克松那样放下他的冷战战士思想，积极地与苏联领导人米哈伊尔·戈尔巴乔夫建立密切的合作伙伴关系，将俄罗斯和东欧数百万人从奴役中解放出来。“伟大的沟通者”告诉我们的清洁能源国领袖，清楚地显现一个美好世界的愿景是多么重要。里根还为政治领袖们展示了如何在实现能源政策目标的过程中获得群众支持，那就是撇开对反对者的偏见，把他们作为人类同胞来对待。

20 世纪的美国历史上也有两位领导人未能提供一个明确的愿景来鼓舞美国人心，为如今的清洁能源国领导人提供了两个失败的例子。第一个是共和党派赫伯特·胡佛总统，他来到白宫不久就给美国带来了厄运，1929 年华尔街股灾引发经济大萧条，严重破坏了美国的经济。胡佛因其人道主义而盛名，提供救济给第一次世界大战中战败的比利时人。不幸的是，他在任总统期间未能传递给美国人民一个美好的理想愿景，从而未能将他们团结起来为重建美国经济而付出行动。半个世纪之后，也就是 20 世纪 70 年代，民主党总统吉米·卡特就任美国总统，当时正值能源危机的动荡时期。卡特在管理政府时的微观方法和时而阴沉的沟通风格，使得他未能向美国人民提供一个令人鼓舞的理想。1979 年，他发表的“信心危机”演讲让当时的人们深感沮丧，他们原本是渴望领袖带领他们付出行动走出困境的。当 1973 年欧佩克禁运引发能源危机时，尽管他也有一些非常积极的政策举措，但是他缺乏领导能力，使得美国经济减缓了原有的自身修复能力。两位总统——胡佛和卡特——都为我们的清洁能源国领导人提供了历史教训，今后的领袖们必须传达一个清晰而乐观的愿景，让美国人民团结起来，共同创造一个更加强大的未来。

爱国伙伴关系

伟大的美国政府各级领导者都必须知道，为了实现伟大成就，必须超越自我思想意识。近年来，我们越来越频繁地看到美国政治体系中的斗争，持有相反观点的领袖们相互攻击，以获得更高的公众关注度。一个有着悠久民主传统的政府一直鼓励，在重要时事问题上持相反观点的两方在口头上进行积极的争论。健康而自由的辩论是一种鼓励竞选者们进行思想和政策竞争的优良活动。然而，当我们的政治系统演变为一场不择手段的夺权竞赛时，辩论也就变得不再真诚有效了。相反，我们必须以一种合作的精神——爱国伙伴关系——在一起工作，共同造福所有的美国人民。

我们可以看到，1776 年第二届大陆会议上各成员在激烈讨论美国独立问题时展现出来的这种合作精神。负责撰写《独立宣言》的五国委员会由一些笃定和务实的人组成。一个名叫约翰·迪金森的宾夕法尼亚律师也是美国革命中的一位重要领袖，他是美国殖民地上最富有的人之一。他主张与英国和解，他代表了殖民地上思想保守的那部分人的观点，历史学家估计这些支持者的人数是现在人口的 20%～30%。这些支持者（也称为“保守党”、“保皇派”和“王的男人”）认为，抵制英王乔治三世的主权规则是不道德的行为。不幸的是，在我们讲述美国历史时，约翰·迪金森往往不会得到应有的荣誉。他提出了一个相反的观点，从而让争取美国独立的领袖们上升到了合法的高度。为了平衡迪金森和其他保守党之间的分歧，美国领导人决定考虑双方的观点。迪金森对托马斯·杰斐逊、约翰·亚当斯、本杰明·富兰克林和其他国会成员的反对，让英国人民知道美国人民在追求自治的革命道路上并不是草率的，而是认真考虑了后果的。我们在摆脱化石燃料控制和追求能源自由的过程中，也应该学习开国元勋对待争论的做法，力求平衡、公平。当我们超越了自我思想意识的局限，我们就能认识到，我们既不是“民主党人”也不是“共和党人”，我们都是美国人。我们都在参与一种被称为“民主”的爱国伙伴关系。清洁能源国领袖们要想实现有效领导，其中一个关键部分就是确保所有价值观和观点可以被自由表达，并且这些观点基于事实。正如我们从 1996 年布什州长在得克萨斯州发展风能的故事中看到的，领袖的力量可以给予民众一个清晰而光明的愿景，带领人民超越自我思想意识付出行动，来为自己和后代赢得最大的回报和财富。

我们国家目前除了需要对气候变化进行立法，还需要有一个发展可再生能源经济的未来展望，事实上每个国家都需要。现在，要想完全结束我们对化石燃料的需求几乎是不可能的，但是我们肯定可以制订计划，采取适当的激励措施，鼓励人们提高能源利用效率和节约自然资源，减少化石燃料使用对我们生活环境的影响。

通过这本书，我们已经从文化的不同角度讨论了能源生产与消费的关系。我们看到，有大量的技术可以应用到节能和清洁能源生产中。纵观历史可知，人类有能力在适当的时候改变和提升历史的前进方向。现在正是该做出这些改变的时候了。在这条慎重选择和精心描绘的能源自由之路上，我们将迎来经济繁荣，国家和世界也将获得一种真实的安全感。人类生来就有提前计划并为未来做好准备的能力，这是其他生物所不具有的。我们应该运用这种能力向前看，设想出一个美好的梦想，以激励自己为更多的人创造出清洁、安全、繁荣的生活，然后付出实际行动来实现梦想。

注释：

[1]Pat Wood Ⅲ，e-mail comments to the author，May 9，2008.

[2]Ibid.

[3]Republicans for Environmental Protection，press release，"Passage of House Climate and Energy Bill a Step in the Right Direction，"June 26，2009，http://www.rep.org/opinions/press_releases/release09-6-26.html.

第十六章

其他途径

1787 年的春天，美国处在一个十字路口。在费城宾夕法尼亚州议院里，13 个州中的 12 个共 55 个代表在 5 月的一个早晨集聚于此，探讨从英国手中获得政治独立后的新国家该何去何从的问题，而 10 多年前在同一间会议室曾争论过《独立宣言》。会议由乔治·华盛顿主持，这些天赋异常的人们在连续几个月的时间里专注于探讨如何成功地管理复杂的新国家的问题。为找到平衡州和联邦政府权力的最佳方法，他们创立了美国《宪法》。有了这一伟大的法案，他们试图实现一些人类历史上没有发生过的愿景。《宪法》制定者明白，他们所载入法案的每个字都将对跟随着他们脚步的数百万美国人的生活产生深刻的影响。在序文中，他们描述了其愿景：让我们自己和后代享受自由的幸福。这些话激励着所有的美国人去保护和捍卫自己的权力和自由，确保开国元勋们的伟大遗产可以传给共和国的世世代代。美国人民成功而持久地捍卫他们的独立传统。我们的历史上曾经出现过几次重大的危急时刻，让我们深深怀疑美国人的独立试验还能不能继续。但是，拥有民主和自由不可能从这个国家消亡的信念，早期时代人们与逆境做斗争，做出了重大牺牲，使得有必要保持自由火焰的燃烧。

现在，我们国家正面临着历史上的另一个危机。自由的传统正受到威胁。实现能源独立将可能成为 21 世纪美国人要处理的最重要的问题。由于事情的重要性以及将对美国民主和繁荣进程产生的影响，承认我们有义务去迎接这个挑战是明智的选择。想要成功解决这个问题并不是一件容易的事。它需要所有利益相关者的参与，共同维护国家成立时给予我们的神圣礼物。这一责任要求我们维护美国人的权利和自由，从而使得我们的后代可以从这些理想中受益。

不幸的是，有太多的美国人不能完全领会我们的生活、我们的家庭、我们的价值观，我们的财富将因我们对化石燃料的日益依赖而受到破坏。他们不能真正地看清未来几十年里我们必须处理的危机：国家安全的威胁，因日益减少的石油资源而受到其他国家的竞争威胁，疾病的人道主义威胁，贫困和气候变化。而这些危机将直接受到我们在通向能源独立途中所选择道路的影响。

一个清洁能源的国家

从美国故事的开端，我们的国人就开始了英雄式的旅程。当我们寻求生活自由的新路径时，我们在孜孜不倦地持续追求。从当前回顾，我们考察我们悠长历史的全貌，发现我们的国人总是努力追求超越人类存在的更好的东西。我们一直在另辟蹊径，这是一条没人走过的路。这条路上无尽的旅程从来不是容易做到的。历史告诉我们，为追求全人类都希望得到的自由，必须付出坚持不懈的努力。我们常在努力寻求这种珍贵的东西时和自己做斗争。炎热、潮湿的 7 月里的一天，也就是我们国家的成立日，我们在费城就《独立宣言》文件中的内容争论不休。在起草《宪法》即国家最高法律时，我们就如何分割州和联邦政府的权力问题而争论不休。19 世纪中叶，就因肤色而受奴隶制束缚的人们的自由问题而争论不休。20 世纪，我们就女人的选举权问题、消除社会种族歧视问题、保护我们的自然环境免受产业侵蚀问题而争论不休。我们总能发现，为自由而战是值得我们努力的。

如今，我们为我们的未来而战。从化石燃料中解放出来的这场战斗，我们必须要战胜。人类文明的保存依赖于这场战斗的胜利。我们作为人类，为获得更美好的能源未来，必须对自己更加严格。我们必须要有清晰的、振奋人心的目标，通过能源自由使美国变得更加和平和繁荣。我们必须给自己设立充满挑战性但又可达到的目标，比如到 2020 年国家碳排放量至少减少 20%，到 2050 年减少 80%。在实现这些目标的过程中，我们会分摊前期成本。从能源效率及社会、经济、健康和金融投资所得报酬中获得的财富，使得我们所做的牺牲和努力是值得的。由于其他国家的人民把美国看做全球最重要的领导者，我们必须要以行星般的视野看待能源自由，以使得生活在整个地球上的人类都能获得普遍的繁荣和持久的和平。我们必须翻开人类历史合作的新篇章。与能源自由相关的风险对人类来说是巨大无比的。这就是为什么证明我们有实现这一雄心壮志的勇气是十分重要的。

1776 年的精神要求所有美国人致力于这场新能源自由运动。通过我们的民主政府系统，每个个体都能为我们的国家创造更好的能源机会贡献一份力量。我们可以为规划国家未来发展道路而各出一份力。然而，只有我们积极地参与到合法的代议制政府程序中，美国的民主才能得到有效的发挥。如果我国人民真切希望我们及我们的后代能享受到能源自由，我们就有必要采取积极措施，直接管理我们的生活和能源。其中一个有效的方式就是，任何一个享有选举权的人发挥其作用，履行维持自由的基本义务。我们必须了解政治问题及选举时期我们有权决定的政治候选人。1787 年的爱国精神要求所有的美国人都投出选票。

我国人民必须充满热情，积极采取措施来解决能源挑战问题。而真正的热情是可以传染的。当大部分的人都拥有这样的热情，就能使我们的国家实现我们注定要完成的潜在伟大事业。我们要激励我们的人民，团结我们整个民族共同采取措施以实现能源自由。我们需要来自各个阶层的领导，引导我们为实现目标而做出必要的伟大牺牲。就如温斯顿·丘吉尔曾经说的那样，我们靠我们获得的东西生存，但我们靠我们给予的东西生活。美国精神激励着他的人民为其国家贡献价值。

通过分享想为自己和后代创造什么样的未来，我们民众应该积极行动，共同规划清洁能源运动。为了有效推进能源自由进程，美国人必须各抒己见。通过书信和交流，他们必须就他们所选举的城市、郡、州和联邦政府的能源问题发表意见和观点。民众们敲响能源自由的警钟越清晰、越刺耳，我们国家就越发感到实现能源自由的压力。

从广义上说，美国一直在重建，使之成为新的、进步的民族。在我们的国家生活中，我们能从道德和伦理的挑战中寻找到更好的解决方法。我们发现，当我们团结人们，设立清晰而值得的目标时，我们可以获得令人惊喜的结果。而实现能源自由就是这样一个目标。这是所有爱国的美国人都会拥护的目标。通过共同刻苦地努力去改变我们的生活、维护我们的自由，我们可以弥补最近几十年我国国民之间的裂隙，使美国真正地再一次团结成为清洁能源国家。

朝向更美好的世界

美国人热切期盼一个更好的改变。他们想要在清晨醒来，不需要担心今天可能没有可用的能源，使他们继续他们已经习惯了的生活方式。当他们意识到为帮助美国实现真正的能源自由而做力所能及的事和小小的牺牲是一种爱国和值得骄傲的行为时，大部分美国人应该真正热切地联合他们的朋友、邻居，共同为更美好的未来努力。团结一起为共同的美好事业而奋斗是美国成功的奠基石。从许多过去的事件看到，我们自然地理解和实践着合作的这种核心价值。这种价值使得我们在人类史上成为一个特殊的民族。美国人知道真正的改变只来自人们团结合作，共同关注值得的目标。结合我们的天赋和领导力，我们是能完成伟大事业的民族。作为美国人，我们必须激发与生俱来的乐观精神，将目标对准更美好的世界。我们必须团结在一起，将我们的经济基础设施转变成新能源模式，从而创造新的经济回报形式。这个伟大而崇高的事业将使我们团结在一起。结果将是美好的，值得我们从辛苦开创我们伟大国家的祖先们那里获得信任。我们怀着希望和美好的愿景——一个物质和精神财富共同增长的愿景，以至于我们的后代们会感到惊喜，赞赏我们这一代的远见卓识。另一方面，如果疏于行动，任何未来文明都将严厉批判我们的时代。

当 1787 年美国《宪法》制定者给予美国人民一个开创性的美国政府，他们无法证明他们采用民主系统来管理国家公共事务的实验将会成功。当这 55 位领导人试图用理想的代议制民主，创建一个更美好的联合体、建立公正、确保国家稳定、提供公共国防、促进全民福利、保证我们及我们的后代享有自由时，他们因开创新事物而承受了巨大的风险。这些人期待跟随他们的祖国，世世代代将珍惜这种愿望并保护它，避免被滥用和忽视。我们不能让这些人失望。更重要的是，我们必须不能让跟随我们的后代们失望。

正如美国成立之日开国元勋们所做的那样，今天我们也正处在一个十字路口。我们走上了一条道路，让我们过度依赖化石燃料的使用。现在，命运给予我们一个重生的机会，以实现全人类历史上从未有过的新自由。现在正处在一个岔道口，一条是通向毁灭的道路，而另一条是通向希望的道路，我们必须为我们的未来做出明智的选择。为了保护美国的价值传统，让我们启程走向更美好的世界，让我们选择通向希望的道路，让我们一起在路上。

致 谢

美国要想实现能源自由，就需要把许多人集中起来，汇聚他们的独特天赋和技能来为这项最高尚的事业作出贡献。就像本书一样，它也是很多人心血凝聚的成果，他们在创作期间贡献了很多时间和智慧。许多人对此给予了帮助，但是笔者要特别感谢：卡罗尔·伯格里和凯伦·布鲁格诺（优秀审稿人）；迈克·考克斯（Anaerobe 系统）；斯旺尼·爱德华兹（南谷民主党）；霍莉·费尔班克（校对者）；大卫·杰拉德博士（版权管理）；詹妮弗·霍尔德（爱默康出版公司）；尼克·郝德（国会议员迈克·纳尼的参谋）；夏尔曼·亚布（南谷民主党）；克里斯托弗·詹姆斯（Synapse 能源经济咨询公司）；保罗·约翰逊（圣华金山谷清洁能源组织）；金杰尔·立咖图（版式设计）；黛博拉·莫顿帕迪拉（提供了重要的编辑建议）；大卫·帕克森（世界人口平衡学会）；保罗·彼得森（Synapse 能源经济咨询公司）；巴里·理查森（爱默康出版公司）；里奇·罗森（泰勒斯研究所）；劳拉司·戈拉夫特（拍摄作者照片）；格雷格·塞勒（斯坦博太阳能）；埃里卡·斯佩尔曼（爱默康出版公司）；安迪·斯通和约翰·万利拉（两人为内容提供了建议）；斯坦·韦克菲尔德（爱默康出版公司）；凯文·沃尔夫（国际风能公司）。作者特别要感谢文学代理人——马丁文学管理会的夏勒妮·马丁，感谢她为这个项目作出的杰出贡献以及她在全程给予的鼓励。